高等学校规划教材·管理学

非营利组织管理概论

周恩毅　主编

西北工業大學出版社

【内容简介】 本书介绍了国、内外市场营销与非营利组织营销理论研究成果和相关市场营销实践经验。本书内容分为三篇(基础理论篇、管理实务篇和实践探索篇)十二章。每章都由教学内容和教学要求开篇引出,并以本章小结、专业名词中英文对照、思考题和案例总结正文内容,扩展相关知识面。

本书语言简明扼要,通俗易懂,注重案例分析,以此提高学生思考问题和解决问题的能力。

本书可作为高等院校经济与管理类专业的教材,也可供其他经济与管理类专业的人员自学和参考。

图书在版编目(CIP)数据

非营利组织管理概论/周恩毅主编.—西安:西北工业大学出版社,2014.2(2016.1重印)
ISBN 978-7-5612-3900-1

Ⅰ.①非… Ⅱ.①周… Ⅲ.①社会团体—管理—概论 Ⅳ.①C912.2

中国版本图书馆CIP数据核字(2014)第012935号

出版发行:西北工业大学出版社
通信地址:西安市友谊西路127号　　**邮编**:710072
电　　话:(029)88493844　88491757
网　　址:http://www.nwpup.com
印 刷 者:兴平市博闻印务有限公司
开　　本:787 mm×1 092 mm　1/16
印　　张:13.25
字　　数:317千字
版　　次:2014年2月第1版　　2016年1月第2次印刷
定　　价:35.00元

前　言

中国的非营利组织是伴随着市场化而逐渐形成并发展起来的。在社会转型期，各种问题与矛盾层出不穷，并越发严重。要解决这些问题与矛盾单靠政府与市场是不够的，还需要非营利组织的介入。非营利组织要介入，就需要其自身不断发展壮大，因此，非营利组织如何顺应国内外日趋严重的社会环境与市场压力，就有着非常重要的意义。

本书是在汲取国内外市场营销与非营利组织营销理论研究成果和相关市场营销实践经验的基础上，结合高等院校培养目标及教学特点而编写的。

本书具有以下几个特点：

第一，注重基本理论和基本原理。基本理论和基本原理是一门学科的核心与灵魂，掌握了它，就可以纲举目张，就可以有针对性地解决其他问题。

第二，简明扼要，通俗易懂。本书秉承把复杂问题简单化这一理念，通过大量朴实无华的语言和生动鲜活的实例，来解释非营利组织营销的经典理论与原理，学生更加容易理解与掌握。

第三，模块清晰。本书由"基础理论篇""管理实务篇"和"实践探索篇"三个模块组成，这三个模块是一个有内在联系的有机统一体，使学生在学习过程中，能清楚地知道理论是如何指导实践的，实践又是如何检验理论的。

本书是由西安建筑科技大学长期从事市场营销、非营利组织管理的教学与研究的教师编写的。具体编写人员如下：占绍文（第一章）、张小刚（第二章）、金青梅（第三、九章）、赵尔奎（第四章）、方永恒（第五章）、宋祺（第六章）、周恩毅（第七章）、林淞（第八、十一章）、胡金荣（第十章）、王丹（第十二章）。全书由周恩毅教授担任主编并负责统稿。

本书稿付梓之际，要感谢西安建筑科技大学教务处把本书作为学校教材建设项目给予的支持；要感谢西北工业大学出版社何格夫老师给予的支持和帮助；最后，要感谢书中所引用著述的作者们，没有他们的研究成果，我们也无法完成本书的编写。

由于水平有限，不妥之处在所难免，真诚欢迎读者批评与指教。

编　者

2013 年 3 月

目　录

第一篇　基础理论篇

第二篇　管理实务篇

第三篇　实践探索篇

第一篇 基础理论篇

第一章 非营利组织概论

教学内容：

(1)厘清并把握非营利组织的定义和分类。

(2)当前研究的理论与实践背景。

(3)非营利组织的基本特征，以及非营利组织作用及活动的主要领域。

教学要求：

(1)了解非营利组织的定义及其特征。

(2)非营利组织兴起的理论基础。

(3)非营利组织的活动及其作用。

20世纪是社会创新层出不穷的一个时代，也是自然科学、人文社会科学硕果累累的一个时代。然而，在很大程度上，20世纪最值得人们去关注、记取的一次重大社会创新在很长一段时间里始终处于人们的视线之外。这个创新就是第三部门，也即非营利组织的兴起。非营利组织存在的历史应当说相当遥远了，但是，直到20世纪80年代，它似乎始终作为学术研究“被遗忘的角落”而存在着。在很大程度上，这显然是由于非营利组织本身的存在总是被一系列相关的概念所掩盖着，就连统计系统往往也未能将它考虑进去。直到20世纪的最后十几年里，伴随着有组织的志愿性活动在全球范围内如火如荼地开展，以及各种非营利组织在全世界各地的建立，非营利组织才史无前例地跃然成为国内外学者们新的兴奋点。如果说代议制政府是18世纪的伟大社会发明，而官僚政治是19世纪跨时代的创见，那么，可以说，大量的非营利组织的兴起也正代表了20世纪最伟大的社会创新。

从全球视角观之，该领域内有针对性的理论与实践研究呈现出日趋成熟与完善的态势：以非营利组织及其研究相对较为发达的美国为例，基本上经历了理论认识—实证分析—研究多样化、深入化三个阶段。20年前，只有耶鲁大学设立的一个非营利组织研究中心，以及一个规模很小的研究协会。个别研究者甚至处于比较孤立的状态。而到20世纪初，美国就已经具有30多个基于大学的非营利组织研究中心和两个主要的学会，并拥有会员近2 000多名。中国对非营利组织的研究可以说刚刚开始起步，依照上面所述三个阶段的划分，可以认为中国学者对非营利组织的研究仍然处于理论认识的层面上，研究者们从各种现象中发现了全球及中国非营利组织的出现和发展，试图结合中国的国情来探究其发展的道路和前景。然而，在现在学术界的各种理论分析中，首当其冲存在的困惑和障碍就在对中国的非营利组织内涵的界定上。由于本身处于研究的初级阶段，因而现在对非营利组织的界定可以说是百花齐放，百家争鸣的。

第一节　非营利组织的定义及其特征

一、非营利组织的定义

近 30 年来，中国政治、经济体制改革的稳步发展如同一个温室，在百花齐放的同时也孕育出各种前所未有的新问题、新现象。正是在这种变动不居的社会发展背景下，非营利组织逐渐从传统社会的二元体系——政府与市场——中分离出来，形成一个具有特定社会蕴涵与功能的社会组织群体。随着非营利组织在社会生活中的作用日渐凸显，仅从社会现象和群众生活对其进行的研究已不再适应时代的需要。学者们开始试图摆脱传统的政治、经济研究路径的禁锢，更多地从现象学、解释学、结构与功能等多角度将研究重心转移到对其社会价值、制度安排及组织的运行与监管等实践领域进行研究。

目前，中国的社会科学研究体系正经历着从追踪介绍向本土化研究变迁的路径转移过程中。而当前学术界对非营利组织的研究显然侧重于后者。学术界对非营利组织的研究主要有四个方向。

(1)国际比较研究：主要研究在不同国家和地区非营利组织的不同特点，以及我国非营利组织相对于其他国家非营利组织的发展程度和特点。

(2)总体研究：把非营利组织作为一个群体，从宏观角度研究非营利组织在社会、经济和政治等领域内的发展和作用等问题。

(3)个案研究：从个体的非营利组织入手研究非营利组织的组织特征和所面临的挑战。

(4)非营利组织内部管理研究：从组织的内部结构入手研究非营利组织如何建立良好的治理体制。

无论哪种研究方向，首当其冲应当厘清的一个问题就是对非营利组织的定义及其内涵的界定。

对于非营利组织的概念可谓仁者见仁，智者见智，不同的国家、不同的学者存在各种分歧和不同的定义方法。目前，国外对于非营利组织有几种较有代表性的定义：第一种是从法律上定义，例如，美国税法第 501 条中有 26 个条款对各类组织免征所得税，凡是符合这些条款的就定为非营利组织。第二种是从经济上定义，认为非营利组织的大部分收入不是来自于产品或服务的销售，而是成员的会费和捐赠。第三种是从职能上定义，强调凡是该机构的职能是促进公益性事业或公共目的的就视为非营利组织。第四种是从“结构运作”上定义，约翰·霍普金斯大学非营利组织比较研究中心认为，凡符合组织性、民间性、非营利性、自治性和志愿性等五个特性的组织都可视为非营利组织。

然而，以上几种定义太过广泛，缺少实际意义。基于此，非营利组织可以这样恰当地定义，非营利组织(Non-profit Organization)是指除开政府部门和以营利为目的的企业(市场部门)之外的一切志愿团体、社会组织或民间协会。这些组织的集合就构成非营利组织或者称第三部门(The Third Sector)，它与政府部门、市场部门共同构成现代社会的三大支柱。

与非营利组织相关联的还有诸如非政府组织、民间组织和社会团体等概念，为了明确研究对象的具体范围,本章对这些相关定义及其相互关系给出界定。

非政府组织(Non-governmental Organization)是与非营利组织最为相似的,同时也是中国学者经常接触、使用到的一个概念,将该概念与非营利组织混淆使用的情况在国内学术界比比皆是。实际上,非政府组织最早是指得到联合国承认的国际性非政府举办、成立的组织。后来,随着该词被越来越频繁地使用,非政府组织的定义也逐渐被扩大,并将发达国家中以促进第三世界发展为目的的组织也被包括进来,现在则进一步扩大为主要指发展中国家里以促进国家经济和社会发展为己任的组织,尤其是那些草根(Grass-root)层次的组织。从这个意义上说,非政府组织是一个比非营利组织要狭窄得多的概念。

民间组织是中国官方使用的概念,官方也翻译为"Non-governmental Organization",民间组织的定义体现了政府希望"政社分开"的改革取向。尽管在英语语言中,它同非政府组织没有什么区别,但实际上两者之间并不完全是一个概念。尤其是在国内,民间组织包括社会团体和民办非企业单位两类社会组织。无论是这两类中的哪一类,它们都有一个共同的特点:必须是中华人民共和国国内的组织机构。而非政府组织则不受该限制。由此可见,民间组织和非政府组织在其内涵上其实是有较大区别的。

社会团体与以上两个定义相比则范畴相对比较狭窄,与之相对应的概念是民办非企业单位。社会团体是指中国公民根据自愿组成,为实现会员共同意愿,按照其章程开展活动的非营利性社会组织。民办非企业单位是指企业事业单位、社会团体组织(这里不同于上文的社会团体)和其他力量以及公民个人利用非国有资产举办的、从事非营利性社会服务活动的社会组织。

二、非营利组织的特征

由于研究领域、视角和方法的不同,以及对非营利组织的定义上的差异,人们对非营利组织的特征的认识也是多种多样的。比如上面提到的美国霍普斯金大学萨拉蒙教授认为非营利组织具有6个特性:自治性,正规性,非营利性,民间性,志愿性,公益性。王绍光教授则从相对于政府和市场的角度提出了理想化了的非营利组织的十大特征。然而我们更倾向于借用王军、文世军在《非营利组织与中国社会发展》一书中提出的非营利组织在以下几个方面的突出特征:

1. 非营利性

非营利组织的非营利性是指它们不以营利为目的,法律也禁止它们将营利分配给组织的经营者。一方面,非营利组织的非营利性使它们愿意进入营利性组织一般不愿涉足的领域,如无利可图的慈善事业和环保事业等;另一方面,非营利组织的非营利性也是人们对这些组织的信任大大高于对营利组织的信任,为它们在某些领域里(如医院、托儿所、养老院等)与营利组织竞争奠定了优势地位。

2. 中立性

当人们谈论非营利组织时,有一个未经言明的共识:政党和政治组织是排除在非营利组织之外的。排除了政党和政治组织的非营利组织是狭义的非营利组织。一般而言,狭义的非营利组织在政治上采取中立立场,即不与特定的政党结盟,不卷入推举公职人员的党派斗争。

3. 自主性

中立性是指非营利组织相对于政党的独立性;自主性则是指相对于政府的独立性。这些组织之所以被统称为非营利组织，就是因为人们相信它们不受政府支配，能够独立地筹措自己的资金，独立地确定自己的方向，独立地实施自己的计划，独立地完成自己的使命。非营利组织或非政府组织这个叫法也是为了强调这些组织不是政府的附庸和尾巴。

4.使命感

非营利组织往往是由强烈使命感的人发起的，其成员和支持者通常也是些对该事业具有奉献精神的人。对事业的执著和对组织的归属感是非营利组织的巨大资产，是其他类型的组织无法比拟的。使命感使那些从事非营利组织的成员对所从事的事业锲而不舍，对关注的对象无比细致，对自己的工作兢兢业业，对付出的心血无怨无悔。这一切都为提高服务质量，降低劳务成本奠定了坚实的基础。

5.多样性

非营利组织的多样性使得它具有相对政府组织的优势。政府组织提供的服务特点在于整齐划一，难以满足人们千差万别的偏好，而非营利组织正好弥补了这一块空白。一般的私人物品可以由市场来提供，而公共物品提供方面的缺口就得由非营利组织来承担。非营利组织数量众多，或大或小，遍布社会生活的方方面面。

6.专业性

非营利组织的多样性是针对整体而言的。具体到每个非营利组织，它们是十分专业化的。绝大多数非营利组织在成立之初就将自己的目标定得很明确。它们要么关注某个社会问题，努力去解决它；要么关注某个社会群体，努力去帮助它。所以定位对非营利组织来说是很重要的，这关系到公众对它的信任度以及相应的捐助。非营利组织的专业性使得它在某个特定的领域内积累丰富的经验，具有高的服务质量和效率。

7.灵活性

在面对新出现的社会问题的时候，政府部门的反应要么不是很强，要么反应迟钝，或者干脆没有反应。非营利组织由于不必受僵化体制的束缚，反应相当迅速，善于灵活地调整自己的工作方向和运作方式，以适应时代的需要。当然这种灵活性也是有弊端的，有些时候，出于筹款的考虑而置受援对象的利益于不顾。这种情况当然不能褒之。

8.开创性

开创性是非营利组织在多样性、专业性、灵活性后的副产品，是非营利组织相对于政府部门的优势之一。一般来说，能够对变化的环境做出灵活反应的组织，是开风气之先的组织，亦即具有开创性的组织。

9.参与性

非营利组织之所以被称为志愿组织，就是因为它具有参与性。这是非营利组织区别于政府组织和市场的又一特征。几乎所有的非营利组织都或多或少、或直接或间接地依赖于人们的志愿参与行为。这些行为可能采取捐款的形式，也可能采取义务贡献时间和技能的形式。

第二节　非营利组织兴起的背景及其理论基础

非营利组织作为一种特殊的组织形态，从它诞生的第一天起，就是在政府与市场的夹缝中寻求自己的生存空间。非营利组织之所以能从政府的手里“抢饭碗”，同时又在激烈的市场竞争环境下得以生存、壮大，这从根本上是源自于非营利组织在政府与市场的夹缝中探求生存空间的能力。而这种能力的获取，从理论源泉上正是归因于非营利组织在公民社会发展的背景下与政府、市场和公民社会的互动中作用的。

1. 非营利组织的活动与国家政治

非营利组织的基本职能之一就是作为政府的有效补充形式为社会提供公共产品和公共服务的。因而非营利组织的主要活动就必然是在公共领域内展开的。在传统社会中，公共产品领域主要是由政府部门承担和垄断着的，而非营利组织之所以能在该领域内得到自身发展的空间，主要是因为非营利组织能克服政府部门的一些与生俱来的缺点和局限。非营利组织经常将自己与政府进行对照，从而界定自己。政府被它们描绘成僵化的、没有灵活性的、官僚主义的、等级森严的以及无法接触到社会底层的。然而非营利组织与政府之间的关系实际上经常是错综复杂的。可以说，它的基本活动离不开与政府的互动作用。

非营利组织的计划与政府的宏观经济政策之间有着密切的联系。比如，如果对汇率的估计过高或者由于城市偏见而以其他方式区别对待农村，那么即使地方非营利组织能够提供使农民高效率生产更多食物和更好的庄稼的最好的计划，最终也会由于与政府总体计划背道而驰而导致失败。如果对新的种子不进行任何灌溉或者不进行任何研究，那么正确地估计汇率也还是纸上谈兵。一般来说，只有当非营利组织的计划、行动与好的政府政策实现有效结合时，才会产生有效的行为。同样，好的宏观经济框架是那些依靠外在投入和市场计划的非营利组织行动获取成功的前提条件。从不依赖于宏观经济政策而纯粹从社区汲取所有的资源的计划在实际中是不可行的。

一个非营利组织计划经常是由政府来提供的。一个非营利组织的健康计划的成功可能以来源于中央政府提供的护士培训和费用支付。协调政府与非营利组织的计划关系成为非营利组织是否能够成功的关键。非营利组织之所以能够在这种情况下成功是因为：此时，它们能有效地将自身的农村基础、经验及制度能力与政府强大的计划支持结合起来，获取政策和制度上的支持。比如肯尼亚的人口计划为非营利组织在政府计划中提供一定的服务树立了一个范例。国家人口与发展委员会在协调了政府与当地非政府组织管理的计划生育服务之间的关系后，提高了计划实施的有效性，充分让地方非营利组织负责起传递信息、教育和分发避孕药的工作。

非营利组织和政府之间的第三个联系是其财政上的联系。数据表明，非政府组织的财政收入越来越多地直接或间接来自政府、多国银行的捐赠和发展中国家政府。世界银行最近宣称，从 1983 年到 1996 年间，各国通过非营利组织渠道的捐赠援助比例从近 26%到 31%不等。在某些情况下，政府往往因为非营利组织获取了大量的资源而怨恨非营利组织。对于政府和非营利组织来说，合作显然是最明智的做法。

非营利组织可以对政府政策的制定起到一定的影响作用。非营利组织往往可以利用其基层优势对政府的政策制定人施加各种各样的影响。非营利组织可以参加政策对话，可以施加政治压力来改变政策，比如减少负债，还可以批评政策。这样非营利组织将有可能通过这种行为为既得利益和不平等而斗争，成为增进穷人权利的独立机构。

从以上非营利组织与政府之间密切的关联上可以看出，非营利组织在为社会基层提供更贴近社会现实所需的公共产品和公共服务，例如地方公路的修建、城区环境的维护等方面有着其独特的优势，并以此作为其活动的主要方面。同时，作为一个社会组织和公共产品的提供者，它们的活动也必然会受到来自政府方面的约束和限制。其计划与行为只有限制于政府宏观调控之下才有可能产生有效的行为结果。当然,不可否认的是,随着非营利组织力量的逐渐壮大,它们也必然会越来越多地对政府产生反作用,从而发挥其服务于公民社会的作用。

2.非营利组织的活动与市场经济

非营利组织的快速增长被许多人看作是对市场经济失败的一种反应。这种观点认为,把本土的非营利组织的增长看成是对涉及效益、成本、自身利益和腐败等实际问题的反应。同时,这样的观点也认为,非营利组织的主要活动领域由其非营利性决定必然会是在市场范围之外,而一旦介入市场经济之中,非营利组织就有可能产生异化,并失去其优势。这种观点在非营利组织发展的初期显示了强大的威力并严格地限制着非营利组织的活动区间。应当说在非营利组织发展的最初阶段,为了尽可能多地获取来自外部的资源和捐赠,非营利组织往往避免介入市场领域从而排除可能因此造成的腐败问题。此时的非营利组织主要依赖于会费和捐赠开展自身的各种公益性活动,如健康、环保宣传等,或者与政府合作,提供一些基层的公共服务。这样就形成了早期非营利组织发展的有限空间,这个空间主要是指一些政府无力承担的公共产品提供和不涉及市场竞争和利润问题的公益性活动。

但是,随着社会发展和非营利组织活动的扩大,越来越多的学者和非营利组织领导人开始质疑这种观点。如 R.L.斯蒂拉特和 H.亨克特在他们的文章中就争辩道,把本土的非营利组织始终排除在市场的领域之外是一种不全面的发展战略。理由之一就是,当发展中国家一步步地完成以市场为导向的经济改革的时候,非营利组织才开始作为具有相当影响力的行动者发展起来。理由之二就是,非营利组织在行为表征上与非营利组织之间的界限变得越来越模糊。非营利组织正在进入以营利为导向的商业活动中!

然而值得提出的是,这些行为表征趋同于企业的非营利组织在意识形态的定位上与市场经济的定位却是完全不同的。正如 B.桑亚指出的那样:非营利组织从市场和国家获得自主的程度是它们计划实施成败的关键。自主不仅是确定组织合法性的关键,而且对于它们进行灵活激动的实践活动也起了极其关键的作用。同时,他进一步指出,成功的非营利组织是那些在公共和市场领域同统治机构建立了战略性关系的组织。市场与非营利组织之间的关系,需要在日益开放和竞争加剧的国内、国际市场背景中理解。

由此可见,随着非营利组织活动的扩大以及这些活动所需资源地要求的增加,非营利组织不可避免地要介入市场领域,并成为那里的弄潮儿之一。只有有效地介入市场经济并从中获取其活动所需的尽可能多的资源,才会在未来的发展中为非营利组织提供更广阔的空间。在这里需要明确指出的是,非营利组织本身究竟能否保持其非营利性,关键并不在于其自身是否介入市场,而在于它是否将所获取的利润进行内部分配,还是将这些利润用于提供服务和公益活动。

从北美洲、欧洲和亚洲的发达国家到非洲、拉丁美洲再到我国及世界其他发展中国家,人们都在建立社团、基金和类似的机构以提供各种人类服务,促进基层经济发展,阻止环境恶化,保护公民权利和追求其他上千种先前未曾给予关注或曾经赋予国家去完成的任务。这一变革现象无论在规模上还是在其波及的范围上都是非常大的。应当说,在 20 世纪的最后 20 年里,我们正置身于一场全球性的社团革命之中。历史将证明这场革命对 20 世纪后期世界的重要性丝毫不亚于人类社会发展中的任何一次理论创新所带来的社会变革。这场社团革命的结果是出现了一种全球性的第三部门,即数量众多的自我管理的私人组织,这种特殊形态的组织并不致力于追求利润并将之分配给股东或董事,也不把获取政治权利作为其终极目标,而是在正式的国家机关之外追求公共目标。这些团体的激增显然必将永久地改变国家与公民的关系，它们的影响已经远远超过它们所提供的物质服务。

这场社团革命起源于三种形态的压力:来自于对公民社会的呼声，市场主体对政府服务的不满，以及政府本身的压力。它反映了一系列独特的由市场技术不足所导致的社会变化，以及长时间积累的对国家能力的信心危机。与市场、政府失灵相对应，应运而生的是能够对公共需求作出更有成效反映的替代性机构。正是这种替代需求为新兴的组织提供了变革和发展的契机。私人的非营利组织具有规模小、灵活机动和能够利用基层的活力等优点，因而较为理想地适合于补充由市场、国家的能力不足所带来的空白。由此产生了一种接近于塞缪尔·亨廷顿所辩明的“第三波”民主政治革命。应当说，在20世纪最后十几年里爆发的这场革命浪潮既影响着市场机制又影响着民主政权，在发达国家和发展中国家里同时发挥着这种作用。

第三节　非营利组织基本分类的依据

尽管在20世纪的最后十几年时间里，非营利组织凭借其迅猛的发展速度和广阔的影响力在现实和理论两个层面都引起了广泛的关注。但是，非营利组织到底是一种什么样形态的组织，它在社会发展中扮演着怎样的角色，究竟如何为各种各样形形色色的非营利组织划分归类，在人们的心目中都还是十分模糊的。对于还不十分熟悉这种特殊形态的学者们而言，要解答这些问题是十分困难的，这其中，对非营利组织的分类，则显得尤为困难。

造成非营利组织难以分类的原因主要有以下几个方面:第一，各类社会组织并不是截然分开的，相互之间的界限比较模糊。比如，同样是婚姻介绍所，有的可能是营利的，有的可能是不营利的。第二，各个国家对于组织、社团成立的相关法律界定不一样，使得研究者想给出一个普适世界的非营利组织的划分方法几乎不可能。第三，不同类型的非营利组织之间有时候差异性相当大，有时候差异性又十分微妙，要找到造成这些差异的原因并以此作为对非营利组织的分类依据，十分不容易。

用现有的组织分类方法来划分非营利组织之所以困难，最关键的一个因素就在于一个非营利组织在不同的环境下由于不同的作用(甚至有时是因为不同的名称)而被归为不同的类别，而且组织本身也会改变自身的身份。例如，美国的乡村银行(Grameen)，最初就拒绝称自己为非营利组织，尽管它具有和非营利组织十分类似的功能。但随着组织自身形态的发展和公民社会力量的不断壮大，如今它不但被认为是非营利组织中非政府组织形态的一个典型代表，而且还被试图在全球范围内加以模仿。因此，在许多国家和社会领域内，一个组织可以根据其自身的利益将自己的身份由福利组织甚至是营利组织改为自愿社团或以私人为主体的非营利组织。实际上，要理清各种非营利组织之间的关系并对其进行分类，可以通过对非营利组织的内在特征的一些总结展开。总体上，可以通过以下几个方法来对非营利组织进行分类:

一、寻找共同的异质特征

这是对各种社会组织尤其是非营利组织进行分类最常见的一种方法，其主要思路是希望通过归纳各种不同社会组织的特征，并从中寻找到具有共同特征的种群，这些种群内的共同特征又恰恰是区别于其他种群的特殊标志，即可以认为是该种群的异质特征。比如英国协会管理专家斯坦利·海曼认为，要给非营利组织进行分类有时候十分困难，因此，他不力求给这些组织进行一个完全清晰的隔离似分类，而是概括出组织所应具有的共同特征，并在这些组织所有特征中排除出共同特征后，再寻找各个组织之间相同部分的特征，以此作为划分各个组织类别的依据。

这种分类方法是对社会组织进行划分的一个基本方法。但是，运用这种方法来对非营利组织进行分类，有时会面对一些困境。这是因为，非营利组织作为新生的一种组织形态，它的特点和具体活动领域往往并不固定，许多非营利组织之间往往还存在相互矛盾和冲突的特质。而这些矛盾和冲突的特质又是和其共同特征交杂出现的。这就使得依照这种方法来对同一个非营利组织进行划分时，其特质会出现在两个以上的相互矛盾冲突的类别之中。

二、互益说

持这种观点的学者强调组织，尤其是非营利组织的互益性，他们认为“组织就是具有某些共同特征的相聚而成的群体”。这种分类方法源于美国著名社会学家布劳(Blau)，他认为将社会组织可以依此方法分为四种类型：第一是经营性组织，即以利润最大化为目标的企业组织；第二是互益组织，主要是指谋利于成员的组织，如职业组织、行业协会、工会、政党等；第三是社会服务组织，主要是指那些致力于服务对象的利益的组织，如学校、医院等；第四是公共服务组织，主要是指服务于社区公共利益的组织，包括政府、军队、科学院、图书馆和博物馆等。显然，布劳所说的互益组织主要是指社团组织。

然而用这种方法来划分也存在着不足，这主要是由于社会是一个庞杂而又相互联系的系统，存在于这个大系统中的任何一个组织都是彼此相互联系着的，这种联系往往并不是单纯的互益或损害，而是一种复杂的互动。严格来说，几乎所有的非营利组织与其他组织之间都必然是互益的关系，只是存在程度的不同。因此，要用互益说来对非营利组织进行划分，就必然存在一个互益程度的界定。而这种量上的界定是十分困难的。不同领域、不同性质的非营利组织的互益其程度的划分上往往是天壤之别的。

三、公益说

持这种观点的学者旨在强调非营利组织的公益性，比如岳颂东将社团与政府、企业单位、事业单位一一比较后，认为非营利组织是以促进社会发展和进步为宗旨的，按照一定的章程，经过法定程序组织起来，从事社会公益活动的组织，它与政府、企业单位、事业单位同时存在，成为全社会不可或缺的重要组织。

与互益说相类似，公益说的划分方法也存在着一个公益程度的界定问题。这同样是因为作为社会有机联系的一个组成分子，任何一个非营利组织不可能不对其他组织产生作用，而在这些作用中，也必然会有正面和负面两个方向。只要有社会联系的存在，任何一个非营利组织就会存在其公益的一面，问题同样是在公益的程度上。另外，产生这个问题还有一个方面的原因，就是大部分的非营利组织作为公民社会的重要支持力量，其形成的原动力之一就在于对社会公共利益的追求这一目标上。

四、成员说

非营利组织在其服务的对象和服务特征上差异十分大，甚至彼此之间还会存在相互冲突的矛盾，但是，无论其具体活动内容有何不同，但有一点是确定不变的，那就是，任何一个组织都必然由个体的人组成，必然有其组织成员。因此，当依照非营利组织的活动来进行划分变得十分困难时，依照其成员的特点和性质来对非营利组织进行划分，则成为另外一条思路。

通常，这种分类方法主要是按照非营利组织的成员是否固定不变来进行划分的。现存的各种非营利组织不同于其他社会组织形态，它们往往是由志愿者组成或民间自发形成的，从这个角度而言，有些非营利组织的成员就是暂时的或者是流动性的。当然与此同时，也有些非营利组织又具有固定的成员。因此，以这个标准为依据，可以根据非营利组织是否具有固定的成员即会员来对非营利组织进行划分。

第四节　非营利组织的活动及其作用

为什么非营利组织活动的兴盛会发生在 20 世纪的最后十几年里呢？应该怎样解释非营利组织现在出现的超增长现象及其社会地位的日渐显著呢？已经作为世界舞台上一个主要的行动者而出现的非营利组织，会在社会可持续发展中发挥出怎样的独特作用呢？所有的这些问题最后都必然会指向同一个标的，那就是在那最后十几年里，非营利组织究竟在社会发展中扮演着怎样的角色，发挥着怎样的作用？

在非营利组织的活动越来越显著的现代社会里，人们开始从概念上和经验上更多地关注 20 世纪社会现实板块中这块基本不可见的次大陆。究竟这个特殊的组织形态会在社会发展中扮演怎样的角色呢？有学者认为，非营利组织在社会中的主要作用可以包括以下几个方面：

1. 主要的经济和社会力量

尽管现代福利国家仍然在社会发展中占据主体地位，但是，公民社会部门还是被认为是一个潜在的主要的社会和经济力量。它在国民就业和中、长期的就业增长中占据的份额远远超出了人们的想象，而且它已经成为个人和社会追求各种公共和私人目的的普遍机制。

2. 就业

首先来看看就业问题，在收集到完整经验数据的 8 个主要国家(美国、英国、法国、德国、意大利、瑞典、匈牙利和日本)，公民社会部门 1990 年雇佣的人数相当于 1 190 万领薪的全日制工人。这意味着每 20 个工作中就有一个工作是在公民社会部门中的，在快速增长的服务部门中这个比例更高，达到了每 8 个中就有一个。除此之外，这些国家的非营利组织雇佣的志愿人员相当于 480 万个全日制雇员。将这些人数加入总人口中，将使非营利性就业再提高 40%。

3. 开支

除了成为大量就业的基地以外，公民社会也提高了相当大的业务开支。在能够收集到完整的业务开支数据的 8 个国家(同上)中，1990　1992 年公民社会部门有 6 140 亿美元开支。这相当于这些国家国内生产总值总和的 5%左右，相当于西班牙国民生产总值的 20%多。

4. 活动

国外非营利组织活动领域的分布特点各不相同。以就业指标为例，在 2/3 的非营利组织中就业集中在三个传统福利领域：教育、卫生保健和社会服务。这一点在西欧更为突出，其他发达国家也是以这三个领域为主导，其中英国、爱尔兰、比利时等国以教育领域为首要，美国、日本、荷兰等国以卫生保健为首，法国、德国等以社会服务为首，澳大利亚、芬兰等则三个领域比较平衡。不过拉美国家则以教育一个领域为主导，而在中欧和东欧各国，以文化和娱乐组织占据主导，在其他方面作用有限，显示了政府直接提供福利的传统。

5. 广泛的存在及其在社会发展中的角色

公民社会部门不仅在某些国家里是一个主要力量，而且它的存在比人们一般所想的要普遍得多。可以发现，广泛的公民社会部门几乎不是发达国家的独特现象了。除了在主要发达国家之间的差异程度十分相近之外，即使在发展中国家里，非营利组织的发展也十分迅猛。近年来，非营利组织数量增加得相当快，而且它并不严格限制在先进的工业国家内，而是越来越多的非营利组织出现在发展中国家的各个领域内。

显而易见，非营利组织在如此众多的关系和如此广泛的层面上运作，仅仅对它们进行一般化的论述就显得非常危险。从全球角度思考和行动使得非营利组织必然会对社会可持续发展提供必要的支持和帮助。当然，单从本地层面上的项目、基金、或提供基本的社会、经济服务，是很难看出非营利组织重新形成全球变迁的代价和利益的。相反，它们必须建立在外部基础上，即从基层的创新到把它与影响着贫困、偏见和暴力方式的力量联系起来。在某种意义上，这就是非营利组织已经在实行的了，在项目与咨询活动中把宏观与微观层面的行为整合起来，但变化中的全球关系向它们提出了挑战，使它们这种惯常的工作方式作为一种可选择的例外，取代已不再是主流活动的其他方式。从作为提供服务的发展到作为杠杆发挥作用的发展的转变是构成这种变迁特点的基本变化，这对非营利组织把自己组织起来，筹集并利用这些资源和同其他各方建立联系的方式等都有重要影响。

通过以上分析，不难看到：随着公民社会的理念日渐深入人心，在市场失灵与政府失灵交替困扰中，非营利组织以其独特的作用在社会的科学发展进程中，为有效治理各种社会问题提供了一个良好的对策出路，现代社会中非营利组织的发展状况从客观上必然直接关系着社会的可持续化发展进程。

本章小结

本章主要包含四部分内容：非营利组织的定义及其特征、非营利组织兴起的背景及其理论基础、非营利组织的基本分类及非营利组织的活动及其作用。非营利组织是指除开政府部门和以营利为目的的企业（市场部门）之外的一切志愿团体、社会组织或民间协会。这些组织的集合就构成“非营利组织”或者称“第三部门”，它与政府部门、市场部门共同构成现代社会的三大支柱。它包含非营利性、中立性、自主性、使命感、多样性、专业性、灵活性、开创性和参与性等多重特征。其活动能力的获取，从理论源泉上正是归因于非营利组织在公民社会发展的背景下与政府、市场和公民社会的互动中作用。作为主要的经济和社会力量，其在就业、社会发展及公民社会自主应对市场失灵过程中发挥着重要作用。

专业名词中英文对照

非营利组织	Non-profit organization(NPO)
市场经济	Market economy
公民社会	Civil society

思　考　题

1. 如何定义非营利组织？它有哪些特性？
2. 非营利组织的兴起源于什么样的社会背景？
3. 非营利组织的分类标准有哪些？
4. 试述非营利组织的功能及作用。
5. 结合现实生活谈谈非营利组织在构建和谐社会中发挥了怎样的作用。

案例：世界最大的非营利组织——BRAC

1972 年，孟加拉国正处在灾难之中。两年前，一场毁灭性的热带风暴横扫孟加拉全国，近 50 万人口惨遭劫难，成为当代最惨烈的自然灾害。几个月后，孟加拉解放战争爆发，建立了独立的孟加拉共和国，与巴基斯坦脱离。战争夺走了数十万人的生命，并导致近千万人口逃亡到印度。1971 年 10 月，巴基斯坦承认失败，逃亡的难民潮水般涌回孟加拉国。他们面临的境况是，家园破碎，工作无着，经济被完全摧毁。

不过，法佐·阿比德找到了一个帮助孟加拉人民摆脱困境的思路。阿比德是土生土长的孟加拉人。20 世纪 60 年代的大部分时间，他在英国度过。大学本科他读的是财经和商务，毕业后曾在壳牌公司从事金融工作。1970 年的热带风暴灾难期间，阿比德正在孟加拉。战争爆发后，为了争取对孟加拉独立运动的支持，他又回到伦敦。战争结束后，他决定回到家乡。他说："毁灭性的灾害再加上战争，改变了人们的命运，面对这一现实，我终于下定决心，要为帮助祖国人民而献身。"他放弃了自己舒适的生活，返回偏远的孟加拉东北地区。用卖掉自己在伦敦的公寓的收入，建立了孟加拉乡村进步委员会(Bangladesh Rural Advancement Committee，BRAC)。

BRAC 建立后首先面临的任务是解决战争难民最紧迫的生活困难。在大约 200 个偏远的乡村，BRAC 为村民建造住房，成立诊所，分发食品，给在风暴灾害中失去船只的渔民提供渔船。在一年时间内，这个机构安置了绝大多数难民，使他们脱离了险境。但是，他们并没有摆脱贫困，他们再经不起任何的打击。

于是，BRAC 开始建立自己的企业，这不仅会帮助受助对象实现自给自足，而且也使得机构本身和它的许多项目得以继续运作。BRAC 的第一个社会企业项目是印刷出版，为机构的学校和培训项目提供书籍和其他材料。它自己拥有出版社，是降低运营费用和获得收益的一个途径。这个作为私营部门的出版社，优先考虑的是获取利润。与此同时，这样的商业运营机构也为救助对象提供了工作机会和职业培训，实际上，也是在为 BRAC 减少贫困的宗旨服务。运作的第一年，出版业获得 17 400 美元的利润。2007 年的利润是 34 万美元。

现在，BRAC 是全世界最大的非营利组织，每年通过医疗保健服务、教育以及经济开发项目，所覆盖的受益人口达到 1.1 亿。该机构每年所需的 4.85 亿美元的预算的 80%，来自于所属的社会企业产生的利润，这些社会企业包括它所属的小额贷款机构、工艺品销售、印刷出版和乳品业等项目。BRAC 的成功在孟加拉国和全世界引发了巨大反响：著名国际组织世界银行(World Bank)称赞BRAC和其他一些非营利机构在经济上扭转了孟加拉国的局势。尽管这个国家的治理程度还很不尽如人意(两位前任总理谢赫·哈西娜和卡莉达·齐亚都因受贪污罪控告而入狱),但是孟加拉国现在却取得了可喜的经济成长。据世界银行的预测,孟加拉国有望在2016年进入中等收入国家的行列。

在美国,许多人对社会企业持怀疑态度,认为这种企业多数是无利可图的。而只有少数非营利组织可以依托社会企业勉强维持,而能够仅仅凭借社会企业的收益而充满活力的非营利组织,更是凤毛麟角。不过,BRAC正在用自己的成就改变这种流行的看法。他们的社会企业已经获得巨大的利润,同时,非营利组织本身和所服务的对象也有丰厚得益。BRAC由于把握了运营社会企业的基本原则,已经获得成功,这些原则包括首先建立一个健康的组织,明智地选择确定商业经营项目,懂得抓住时机奋力拼搏,倾听利益相关者的意见。

资料来源:Kim Jonker. In the Black with BRAC. Stanford Social Innovation Review, Winter 2009.

第二章　国外非营利组织的发展

教学内容：

(1)国外非营利组织的起源。

(2)国外非营利组织发展的现状、特点及其管理机制。

教学要求：

(1)掌握国外非营利组织发展的现状和特点。

(2)理解国外非营利组织兴起的推动力量和运行机制。

(3)了解国外非营利组织迅速发展的原因和经验。

20世纪的最后十几年里，伴随着有组织的志愿性活动在全球范围内如火如荼地开展，以及各种非营利组织在全世界各地的建立，非营利组织作为一个普遍性的社会现象受到了越来越多人们的关注，也史无前例地跃然成为国内外学者们新的研究热点。诚如美国学者莱斯特·萨拉蒙所言："我们正置身于一场全球性的'结社革命'之中。"但是，在不同的国家，非营利组织却表现出广泛的多样性和普遍的差异性。当然，也确实具有某些重要的共性。因此，本章主要将视角延伸至国外，研究国外非营利组织的发展。

第一节　国外非营利组织的起源

非营利组织的活动在世界上几乎每一个地方都有着浓厚的历史基础。作为社会组织的基本形式之一，非营利组织的历史十分久远。非营利组织在西方最早出现在17世纪，它的历史至少和近代资本主义一样悠久。而在东方，其历史更加久远。在日本，慈善活动可以追溯到佛教时期，日本第一个现代的基金会——感恩会社(The Society of Gratitude)——建立于1829年，比美国的第一个基金会要早几乎一个世纪。在东欧，非营利组织最近的出现也建立在一种丰富的慈善传统的基础之上。甚至在非洲这样的制度背景下也不例外。在中国，也存在类似的现象。古老的中华文化滋养了深厚的慈善、自主、互助和志愿精神的传统，自发的民间结社和民间公益活动至少从8世纪起就在佛教的影响下得到加强和制度化。

一、非营利组织兴起的背景

在非营利组织兴起之前，人类社会经历了四次危机和两次革命性的变化，应该说，正是这些危机和变化为非营利组织的崛起开辟了道路，成为将非营利组织推上历史舞台的重要推动力。

1. 四次危机的推动力量

这些推动力量当中首当其冲的是人们普遍感觉到的现代福利国家危机。20世纪50年代以来，在西方发达国家形成的旨在消除市场失灵、提供社会福利的社会保障体系，在20世纪

80 年代以来受到了巨大的挑战。20 世纪 70 年代全球经济增长趋缓助长了一种观点，那就是在西方国家先前几十年中获得可观增长的社会福利开支正在排挤着私人投资。同时，还有另外一些见解也与这样的观念遥相呼应："一个负担过重和官僚化的政府没有能力完成不断安排给它的日益增长的任务。再者，福利国家的政治定期产生扩大政府服务的压力，这种政府服务的扩张超出了公众应付相应款项的意思。"

与福利国家相伴随的是第二个危机——发展危机。20 世纪 70 年代的石油危机和 80 年代早期的经济萧条急剧地改变了发展中国家的经济前景。在撒哈拉以南的非洲国家和地区、西亚和拉丁美洲部分地区，人均收入开始下降。尽管在某些地区如太平洋沿岸和拉丁美洲部分地区获得了某些进步，但全球性的经济发展的滞胀状态并没有因为局部的经济提升而得到改善。发展问题已经变得如此严峻以至于今天在全球范围内每 5 个人中就有一个生活在绝对贫困之中。这些令人沮丧的现实在相当大的程度上激发人们反思经济进步的必要条件。结果之一就是出现了一个新发现的兴趣点，即对"受援助的自力更生"(assisted self-reliance)而后"参与式发展"(participatory development)的兴趣，这是一种战略强调通过非营利组织来发挥底层民众的积极性的战略。这种方法已获得了重要的生产率收益，同时战胜了许多地方处于软弱无力状态的国家机构。

第三个危机来自于由全球性的环境危机所激发的民间首创精神。发展中国家持续的贫困只是穷人为了生存而破坏他们的周围环境。与此相对应的是，一些发达国家中的有钱人挥霍浪费的做法。这些因素导致了严重的环境退化。在 1950—1983 年间，中美洲森林的 38% 和非洲森林的 24% 消失了，现在土地的过度使用使非洲非沙漠土地的 2/5、亚洲非沙漠土地的 1/3、拉丁美洲非沙漠土地的 1/5 面临转化为沙漠的威胁。在某些地区如中东欧，酸雨和水污染已经危及食品安全和供应。随着环境危机的这些方面的恶化，公民对政府日益感到灰心并渴望组织起来实现自己的倡议。绿党在西欧令人吃惊的崛起便是这种反应的一个信号。同样的，环境退化是东欧和其他西方国家早期非营利部门出现的一个主要动力。

第四个危机，即资本主义经济生产方式和社会发展模式的日益衰落。这个危机同样有助于第三部门的兴起。东欧剧变和冷战的结束曾经让资本主义国家吃下一颗定心丸，然而，20 世纪 70 年代中后期实际的衰退取代缓慢的经济增长又摧毁了人们对资本主义生产方式的信心。来自经济增长和社会发展上的失败，在揭示资本主义生产方式危机的同时也引导人们开始寻找新的方式来满足自己先前没有得到满足的社会和经济需要。这种自发的探索行动有助于以市场为导向的公司制企业的建立，更重要的是，这个危机同样也为非营利组织提供了发展的契机。当国家日益失去其信誉时，这个危机推动着非营利组织不失时机地在国家职能范围之外去寻求提供各种服务和实现自我表达的空间。

2. 两种发展动向

与这四个危机相伴而生的是，两个最新的发展动向，也有助于解释非营利组织的崛起。

第一个发展动向是在 20 世纪 70 年代和 80 年代期间发生的戏剧般的通信革命。计算机、光缆、传真机和卫星的发明和广泛传播使世界上最偏僻的地方被纳入现代通信系统中来，而这为非营利组织开展其具体的草根层次的行动提供了技术基础。此外，教育水平的提高和文盲率的下降同样也为非营利组织的发展提供了必要的技术准备。

第二个对非营利组织成长十分重要的发展动向是随着社会科学的发展成果在实际中广泛的运用并对社会状况产生深远影响，社会组织尤其是非营利组织开始具备成为一个独立部门的条件：

(1)出现了一个广阔的适合非营利组织活动的社会空间。非营利组织的主要功能在于动员社会力量解决社会问题，在当今日趋复杂的社会中，非营利自诉制度越来越显示出它在解决社会问题上的优势。

(2)出现了多元化的资金来源。非营利组织的经费不再完全来自政府，还来源于会费、社会募捐和项目资金等。

(3)出现了适合非营利组织的经营和管理方式。经过多年的实践和理论探索，非营利组织已经找到一套有效的生存方式。非营利组织逐渐从传统社会中分离出来，形成一个具有自我意识的群体。

二、政府、市场和非营利组织活动

非营利组织作为一种特殊的组织形态，从它诞生的第一天起，就是在政府与市场的夹缝中寻求自己的生存空间。尽管非营利组织所提供的各种公共服务客观上减轻了政府的压力，但不可否认的是，从组织职能的角度来说，非营利组织提供公共产品的各种活动实际上是从政府的手里“抢饭碗”。同时，非营利组织自身的非营利性，又决定了它一旦涉足市场环节就会立刻引起营利的嫌疑。必须在夹缝中生存、发展的宿命决定了非营利组织必须在与政府、市场和公民社会的互动中进行自身的活动。

1. 非营利组织的活动与国家政治

非营利组织的基本职能之一就是作为政府的有效补充形式为社会提供公共产品和公共服务。因而非营利组织的主要活动就必然是在公共领域内展开的。在传统社会中，公共产品领域主要是由政府部门承担和垄断的，而非营利组织之所以能在该领域内得到自身发展的空间，主要是因为非营利组织能克服政府部门的一些与生俱来的缺点和局限。非营利组织经常将自己和政府进行对照，从而界定自己，政府被它们描绘成僵化的、没有灵活性的、官僚主义的、等级森严的以及无法接触到社会底层的形象。然而非营利组织与政府之间的关系实际上经常是错综复杂的。可以说，它的基本活动离不开与政府的互动作用。

第一，非营利组织的计划与政府的宏观经济政策之间有着密切的联系。一般来说，只有当非营利组织的计划、行动与好的政府政策实现有效结合时，才会产生有效的行为。同样，好的宏观经济框架是那些依靠外在投入和市场计划的非营利组织行动获取成功的前提条件。从不依赖于宏观经济政策而纯粹从社区汲取所有的资源的计划在实际中是不可行的。

第二，一个非营利组织计划经常是由政府来提供的。

第三，非营利组织和政府财政之间也存在着各种各样的联系。研究数据表明，非政府组织的财政收入越来越多地直接或间接来自政府及多国银行的捐赠。

第四，非营利组织可以对政府政策的制定起到一定的影响作用。非营利组织往往可以利用其基层优势对政府的政策制定人施加各种各样的影响。非营利组织可以参加政策对话，可以施加政治压力来改变政策，比如减少负债，还可以批评政策。这样非营利组织将有可能通过这种行为危机的利益和不平等而斗争，成为增进穷人权利的独立机构。

鉴于非营利组织与政府之间密切的关联可以看出，非营利组织在为社会基层提供更贴近社会现实所需的公共产品和公共服务，如地方公路的修建、城区环境的维护等方面有着其独特的优势，并以此作为其活动的主要方面。同时，作为一个社会组织和公共产品的提供者，它们的活动必然也会受到来自政府方面的约束和限制。其计划与行为只有限制于政府宏观调控之下才有可能产生有效的行为结果。当然，不可否认的是，随着非营利组织力量的逐渐壮大，它们也必然会越来越多地对政府产生反作用。

2. 非营利组织的活动与市场经济

市场经济是效益经济，以经济利益最大化为目的，它自然排斥一切妨碍它追逐利益的体制、机制和机构。而非营利组织是经济组织利益实现的最大障碍之一，因为它追求的是非营利、公平与和谐。因此，一种观点认为，非营利组织的主要活动领域由其非营利性决定必然会是在市场范围之外，而一旦介入市场经济之中，非营利组织就有可能产生异化，并失去其优势。

随着社会发展和非营利组织活动的扩大，越来越多的学者和非营利组织的领导人开始质疑这种观点。他们认为，无论是发展中国家还是发达国家，只有让非营利组织在市场经济条件下得到充分发展，才能有效遏制市场经济的负面作用，才能使众多弱势群体得到非营利组织所带来的好处，即自由的市场经济其放任性、自私性及贪婪性所造成的危害，才能不至于被市场经济所冲垮。

因此，非营利组织会随着市场经济的快速发展而得以迅速扩大，并且会不断发挥其更大作用。非营利组织只有有效地介入市场经济并从中获取其活动所需的尽可能多的资源，才会在未来的发展中为非营利组织提供更广阔的空间。在这里需要明确指出的是，非营利组织本身能否保持其"非营利"性，关键并不在于其本身是否介入市场，而在于它是将所获取的利润进行内部分配还是将这些利润用于提供服务和公益活动。

第二节　国外非营利组织发展的现状及特点

基于对全球 41 个国家非营利组织的实证研究，美国约翰·霍普金斯大学莱斯特·M.萨拉蒙(Lester M Salamon)教授发现，在世界上几乎所有的国家里，都存在一个由非营利组织或非政府组织组成的庞大的非营利部门。与规模相对应的是非营利组织更为惊人的发展速度。根据国际社团年度报告，国际承认的非营利组织的总数量已经超过 16 000 个。最近几年，通过非营利组织这一渠道提供的公共服务大概占到总量的 10%，而且还在显著增长。

一、国外非营利组织发展的现状

1. 具有代表性的国家中，其非营利组织发展概况

非营利组织存在于当今世界的各个国家和地区，在各相关国家和地区的经济社会发展中扮演着重要角色。这里选择 5 个有代表性的国家，分别来介绍其非营利组织的发展概况。通过对这些数据的观察和分析，会发现这些国家的情况有很多共性，如都在经济中扮演重要角色及解决了就业问题等。

(1)美国。美国一直被认为是非营利组织的温床。美国早期的民主政治形式就是为社会运动及公民发起联合成立志愿协会创造了足够的空间，即使是新政时期和凯恩斯经济政策时期，也限制政府在社会保障方面的权利，并给予民间非营利组织充足的活动机会。现在美国一半的大学和医院、近 2/3 的社会服务机构、大多数市民协会、几乎所有的交响乐团都属于非营利组织。不过，美国非营利组织总体上是一个很大的部门，但并不是世界上非营利组织最发达的国家。研究表明，美国非营利组织在活动范围、结构、资金和社会角色方面有如下特点：

第一,非营利组织在美国是一支重要的经济力量,占有总消费额和总就业数相当的份额。在数字背后,隐藏着相当大的工作量,大约 860 万全职支薪工人。代表全国 7.8%的非农就业,大约一半的联邦、州和地方各级政府工作人员。实际上,还不包括非营利部门大量的志愿者活动,估计有 49%的美国公民曾为非营利活动投入时间,这相当于增加 500 万全职的工作人员,从而非营利组织总就业人数达到 1 360 万名。

第二,美国有世界上最大的非营利组织之一,但不是最大的一个。尽管美国非营利组织的绝对规模很大,但考虑到全国的经济规模,相对比例却不是最大。相对比例最高的是荷兰,占非农就业 12.6%。

第三,美国特殊的文化和历史结构造就了非营利组织快速发展。强烈的个人主义文化特质产生特有的对集权的反对,无论是在政治方面,还是在经济方面。这使美国人民不太愿意依赖政府来处理社会问题和经济问题,留下了让志愿活动来解决问题的很多机会。其社会发展先于政府的历史使人们愿意接受集体提供公共需要的模式,而不愿求助于政府的权利。作为移民国家,大量移民流入带来的各自文化准则和社区机制,以及简便的组建和运作民间组织的法律程序都有助于非营利组织的快速发展。

第四,美国的非营利组织在卫生保健领域占主导。美国非营利组织的就业主要活动领域在健康、高等教育和文化领域。几乎有一半的非营利组织的就业从事于卫生保健领域,比各国的平均水平高两倍多。这反映了美国政府把健康护理方面的服务转移出去的事实。高等教育方面也有大量非营利组织的介入,很多有声望的大学,如哈佛大学、普林斯顿大学和斯坦福大学等。

(2)比利时。比利时的非营利组织直接来源于第二次世界大战期间采用的战时福利制度。这种模式是补贴原则和中心化公共管理的结合,促进了那些“不以营利为目的的组织”与政府机构之间的合作,共同承担诸如健康、教育等社会福利服务,这些组织中有很多就是非营利组织。与大多数西欧国家一样,比利时非营利组织的财政来源主要是政府支持。非营利组织的人力资源中志愿者的比例超过 1/3,即使仅从高级管理层的志愿参与来看,志愿者在整个组织内的作用也是很明显的,因而对组织的活力和影响力的发挥具有重要意义。

第一,非营利组织在国家经济中占有重要地位。从非营利组织就业来看,1995 年,比利时有将近 47 万人就业于非营利组织,经过折算,相当于 35.9 万个全职工作。尽管非营利组织的就业支付在很大程度上对国家经济起到了相当的促进作用,但是不能忘记志愿者是非营利组织一个重要特点,他们承担了组织相当于 10 万个的全职工作;从非营利组织对国内生产总值的贡献来看,所有非营利组织的资金资源大约有 250 亿美元,相当于国内生产总值的 9.5%。根据有关就业支付数据分析,其中大概有 150 亿美元用于支付工作人员的工资,还有相当于国内生产总值的 6%的附加值。这个数据已经相当于工业对国内生产总值贡献的 1/4,非营利组织对国家财富增长的巨大贡献由此可见一斑。

第二,非营利组织的组成。从非营利组织内的就业现状来看,支薪雇员主要就业于三个领域:教育研究(占非营利组织就业 38.7%)、卫生保健(占 30.4%,包括医院)和社会服务(占 13.8%)。在比利时,志愿者机制是非营利组织一个至关重要的组成部分,在社会服务和文化娱乐两个动员志愿者能力很强的领域尤其如此,它分别吸收了大约 55%和 33%的志愿者;从非营利组织的收入来看,1995 年,在全部 250 亿美元的收入中,公共部门提供的收入占 76.5%,私人经营性收入和会费占 18.7%,私人捐赠只占 4.8%。如果不计医院和学校的收入,非营利组织的总收入刚超过120亿美元。在这种情况下,公共资金部分只占52.8%,经营性收入占现金资源的31.6%。私人赠与和会费分别占全部收入的10.2%和5.3%。

(3)荷兰。荷兰的非营利组织传统上是指由私人发起的或处于社会中间地带的组织,大量的"中间地带"形成了荷兰社会的一大特色,在很大程度上,这也反映出荷兰根深蒂固的补贴传统。荷兰政府将自身角色主要限定在为非营利组织服务提供经费上,这也经历了一个缓慢的、逐步发展的过程。非营利组织本身也具有不可或缺的重要意义。

第一,非营利组织是一个重要的经济力量。即便除去宗教因素,1995年荷兰非营利组织的支出已达604亿美元,占国内生产总值的15%。这些支出后面是一个巨大的劳动力队伍,相当于65.3万个全职工作,是全国非农劳动力的12.6%,是服务行业就业人数的28%,是各级政府就业人数的90%。非营利组织的就业人数比很多产业全部就业人数还多,比如非营利组织就业人数大大超过公共事业、纺织业、出版业、化工业和交通运输业,甚至超过这些产业总的就业人数。据各种调查显示,在荷兰有30%～50%的人口将部分时间贡献给非营利组织,即使按最保守的30%计算,也相当于为非营利组织又增加了39万个全职人员。

第二,荷兰具有西欧最大的非营利组织之一。荷兰的非营利组织在相对规模上超过其他欧洲国家,荷兰非营利组织的就业人数占非农就业人数的比例为12.6%,是其平均水平4.8%的2.5倍。同时,非营利组织的规模不随志愿者因素而改变。如将志愿者贡献的时间也计算在内,荷兰非营利组织就业人数占总就业人数的19%,仍是西欧平均水平10%的近两倍。

第三,非营利组织活动历史悠久。从获得独立开始,荷兰就成为一个自由民主自治国家。在这样的环境下,由私人发起的行动开始盛行,很少受到来自政府方面的阻力。荷兰社会宗教和政治分离运动促成大量宗教和意识形态领域的非营利组织的出现。同时,始于基础教育的公共资金支持核心非营利活动的模式广泛流传,而后又扩展到健康和社会服务领域。另外,福利国家的扩张也推动了荷兰非营利组织发展。

第四,以社会服务为主导的非营利组织。荷兰的卫生保健等社会服务明显在非营利组织中占主导地位。在荷兰,所有种类的非营利活动当中卫生保健领域解决的就业人数名列榜首。这一部门就业人数占非营利组织总就业人数的42%,这一数据远远超过西欧20%的平均水平。占非营利组织就业人数比例较大的领域是教育,即28%。相对西欧平均水平,在社服务领域内荷兰的非营利组织吸收了相对较多的就业。

第五,非营利组织绝大部分资金来自公共部门,而不是慈善或会费。荷兰非营利组织的收入来源明显以公共部门的支付为主,仅这一项就几乎占非营利组织总收入的60%。相比之下,私人慈善仅占荷兰非营利组织总收入的3%,会费及其他收费占38%,这大大偏离了全球平均水平。从世界范围来看,会费和其他收费占非营利组织总收入的比例为49%。

(4)以色列。以色列的非营利组织相对比较年轻,但他在政府建立之前就扮演了维持国家基础社会和经济秩序的角色。1948年以色列政府建立之后,非营利组织继续用其他方法为社会提供服务。从20世纪70年代中期开始,以色列非营利组织获得较快发展,其数量从几百个增加到几万个,其活动领域和角色也发生了很大变化,从原来的社会服务提供者发展到公众兴趣的表达者。除社会和政治功能外,其经济功能也不容忽视。

第一,非营利组织是一个重要的经济力量。1995年,以色列非营利组织的支出超过110亿美元,这一数字大约是其国内生产总值的12.6%。全职支薪雇员大约有14.5万人,这相当于占全国非农就业比例的9.2%(约翰·霍普金斯项目调查到的22国平均数低于5%),占服务业就业比例的近 18%，占各级政府工作人员比例的 29%。

第二，它是世界上最大的非营利组织之一。以色列非营利组织的就业占全国非农就业的比例不仅是 22 国平均水平的近两倍，而且还超过西欧和其他发达国家的平均水平，并大大超过拉丁美洲和中欧国家的平均水平。

第三，以教育为主导的非营利组织。以色列非营利组织的主导成分，至少从就业角度看，教育领域无疑是规模最大的，能够占到全国非营利组织就业比例的一半。在以色列，犹太教教育为正统教育，这与拉美国家的天主教教育在基本模式上是相似的。卫生保健是以色列非营利组织第二大活动领域，占到全国非营利组织就业比例的 27%，这在很大程度上要归功于该国巨大的"疾病基金"。这个基金也在卫生保健实施系统运作。

第四，它具有丰富而复杂的历史。以色列政府建立之前，在巴勒斯坦托管时期，土著犹太人的健康、教育、福利和文化服务主要依赖私人非营利组织，从而促使这类组织获得较大发展。近年来以色列倡导性团体的发展，反映了市民被激发起来共同建立各种不同的市民团体，通过组织表达其关心的问题，这进一步促进了非营利组织的发展。

(5)阿根廷。阿根廷非营利组织的出现可以追溯到殖民时期，当时天主教教堂及其附属机构修建了第一个慈善医院和孤儿院。随着时间的推移和环境变化的需要，新的致力于公共物品或成员利益的非营利组织才逐渐产生。这些组织包括医院、大学、体育俱乐部、邻里联合及人权组织，而对这些组织的研究也很快成为学术研究的一个热点。

第一，它是一个主要的经济力量。阿根廷非营利组织 1995 年的运营支出为 120 亿美元，相当于该国国内生产总值的 4.7%(不包括宗教部分)。庞大的支出后面，潜伏着一支规模巨大的就业力量，即拥有 39.5 万个全职支薪工作者，相当于这个国家 3.7%的非农就业人口，9.4%的服务业就业人口，1/3 的各级政府部门人员。这一数字甚至超过了阿根廷最大的私人企业全部就业人数，阿根廷最大的 100 家私营企业总共也只有 28 万名工人。

第二，它是拉丁美洲最大的非营利组织。相对于国内经济而言，阿根廷非营利组织的规模十分可观。尽管落后于西欧国家的水平，但它还是大大高于拉美其他国家和中欧国家的水平。比如阿根廷的非营利组织全职就业占全国总就业的 3.7%，而拉美国家平均水平为 2.2%。当计入志愿者因素时，阿根廷非营利组织的规模与其他国家之间的差距还会增加，此时，阿根廷非营利组织的总就业比例增加到 6%，是拉美平均水平 3%的两倍。

第三，它的主要资金来自收费，而不是慈善募捐或公共部门。阿根廷非营利组织的绝对主导收入，来自这些组织的会费和服务收费，仅这一项，就已经达到其非营利总收入的 73.1%。而私人捐赠和公共部门仅提供了总收入中的一个很小的份额，来自个人、公司和基金会的捐赠的比例只有 7.5%。

2. 国外非营利组织发展的普遍问题

第一，志愿组织的非志愿性。

(1)资金。私人捐赠不仅不是非营利收入的主要来源，甚至都不是第二个重要来源。在约翰·霍普金斯政策研究所研究的 8 个国家(美、英、法、德、日、意、瑞典、匈牙利)中，慈善捐赠占全部非营利收入的平均比例仅有 10%，而且，这些收入包括了个人捐赠、基金捐赠和团体捐赠在内。

(2)人才。要么成为职业受薪者，要么惰性及非志愿性很强。

第二，独立部门的非独立性。这主要表现在非营利组织离不开政府的支持。比如美国

1992 年第三部门的资源总量为 5 085 亿美元，其中，31.3%来自政府，在别的国家，第三部门对政府资助的依赖性更大；在荷兰，第三部门近 90%的开支依靠政府拨款；在瑞典，第三部门 60%以上的经费来自于政府。

第三，公益组织的“自利”问题。一是对自己的“慷慨慈善”，表现为管理人员的高工资和管理费用过高。美国退休者协会(American Association of Retired Persons，AARP)是个年预算达 3 亿多美元的大组织，其总部设在华盛顿，占有 10 层办公大楼。1990 年，该组织仅在家具上就耗费 2 900 万元，而当年它援助生活贫困老人的开支只有 1 400 万美元。二是争取更多经费成了一些非营利组织的现实目标。三是涉足党派政治，变成特殊的利益集团。

正是由于这些问题的存在，才使得非营利组织的管理工作需要不断地创新和改进。

第一，非营利组织本身的努力。通过改善内部管理，强化使命目标意识，建立卓越的工作团队，制定正确的战略规划，改善公共关系，增强募集资金、招募人员的能力。

第二，借助政府的帮助。一是资金方面的资助；二是提供有利的法律和制度环境；三是收缩政府权力和活动范围；四是通过市场化以及社会化的手段，创造性地建立政府、企业组织与非营利组织合作的新形式。

第三，自律、互律与他律。自律机制即非营利组织自我约束；互律机制指的是非营利组织的同行互相监督；他律主要来自于政府、大众媒体、社会专门性组织和公众。

二、国外非营利组织的管理机制

1. 监督机制

非营利组织是社会利益群体为了维护自身权益而联合组织起来的，它接受社会资助，因此，有义务接受外部力量的监督，即他律机制；同时，非营利组织是独立于政府和企业的第三方，是一种社会自治机制，因此，应尊重其内部监管机制，即自律机制；非营利组织的他律机制可以从法律制度、行政审批和社会问责三个方面来完善。

首先，法律作为主体行为的基本规范，对非营利组织的资格认证、行为过程控制、审核评估都有明确的规定。美、日和西欧这些非营利组织发达的国家一般不以法律登记作为衡量非营利组织是否合法的依据，法律的控制一般集中于对非营利组织行为的过程控制，其中最主要的是有关非营利组织税收监管的规定。我国法律对非营利组织的监管规定主要集中于对其法人资格的认定上，而在过程控制上缺少法律支持。

其次，政府对非营利组织的监督应本着政策导向、宏观指导、透明参与、评估公开的原则，在尊重非营利组织独立性的基础上实施其国家责任，例如，《英国政府和志愿及社会部门关系协议》就明确了英国政府在促进志愿活动发展的同时应遵循的行动原则和行为依据。我国非营利组织在相当程度上脱胎于政府部门，对政府机构有很强的依赖性，要改变这种政事不分、政社不分的现象，改革行政审批制度显得尤为重要。

最后，社会问责机制的存在是基于“非营利组织接受社会捐赠和税收优惠等形式获得的公益资产，因而有责任向公众做出交代”。“社会监督机制的首要原则是公开”，非营利组织可以采取主动发布重要信息和被动回应公众问责两种形式来公开组织的财务状况、项目责任和实施过程。

2. 激励机制

“激励就是根据成员的个性特征，运用适当而有效的方法，激发组织成员的工作动机和行为的过程。管理激励的核心是激发成员的工作动机。”非营利组织中构建有效的激励机制，需要在兼顾物质激励与精神激励的同时，着重加强对非营利组织成员的使命感、责任感的激励。非营利组织是以服务社会公益为宗旨的组织，不强调追逐利润，其所获资金也不能用于成员间的分配，因此，物质激励效果有限。

非营利组织内部的精神激励可以采用两种激励形式：

一是内在性激励。美国组织行为学家迪尔认为，人的总激励水平是内在性激励和外在性激励之和，其中内在性激励又可分为过程导向、由任务活动本身所激发的激励和结果导向、由任务完成后的成就所激发的激励。

二是外在性激励，指的是通过组织的制度安排和结构设计，通过塑造组织特有的文化以形成组织发展的动力。所谓组织文化，是指组织在长期的生存和发展中所形成的，为组织多数成员所共同遵循的基本信念、价值标准和行为规范，包括精神层、制度层、器物层三个层次，其中精神层是核心，是群体价值观主要部分。非营利组织文化的独特性就体现在精神层上，即对社会公益的执著追求与民主平等的治理风气。这种价值认同有利于组织成员自觉地将其自身利益与社会利益联系起来，激发工作动力。非营利组织的制度层面是对精神层面的反映，也是对精神层软约束的硬性补充，能够克服由非利益驱动而引起的阶段性激励不足，保持文化激励的持久性。

3.竞争机制

非营利组织作为准公共产品的主要提供者，面临着与政府、企业在提供产品与服务上的竞争；非营利组织的非垄断性发展，促使在非营利组织之间也产生了竞争；随着非营利组织内部管理董事会的演进，引发了组织内部发展部门、操作部门、公关部门和会计部门四大部门间的竞争，这种内部竞争不存在部门盈利的角逐，其重点是评价各部门在达成公益目标的活动中责任心的高低，以及工作实施的有效性。而非营利组织在外部竞争地位的确立主要取决于它提供公共服务的水平：保持公共服务的强针对性，完善服务种类。非营利组织根据人的多元化需求来提供多样化的服务，当消费者的偏好存在差异时，非营利组织应该根据其兴趣、爱好提供能满足他们偏好的产品。

产品属性的组合可以从顾客的收入、个性、爱好、志向和文化层次等多维度上进行。这里可以根据维度上的差异，推出满足不同偏好的准公共产品。例如，在事业单位中的在职职工工作压力大，为了帮助他们舒解压力，工会可以适时地组织一些联欢会、节日出游、职工运动会等集体活动。而对于退休职工则可以邀请他们参加座谈会和单位里的各种文艺活动，还可以开辟一些专栏来展示他们的作品，消除他们的孤独感，丰富其生活；合理定价，在保持其质量的基础上，努力降低服务成本。与政府提供的公共服务、企业提供的私人产品相比较，非营利组织提供服务的成本相对低廉。非营利组织提供的服务不以获取额外收入为主要目的，这也就避免了因为追求利润而降低服务质量的可能性；公益性要求非营利组织提供的服务具有节能环保性。非营利组织对节能环保的重视促使其越来越广泛地运用绿色营销来提供服务，对可持续发展的认识使它能够有节制地利用有限资源来服务社会。

4.创新机制

“一个机构的创新不仅仅是机构人员的更新、知识的更新和项目设计的更新，更为重要的是机构价值观念的更新，即如何确立为实现人类更美好的生活而努力奋斗的远大目标。创新机制的存在和发展将推动民间组织本身的改革。”观念创新的无限性是推动机构不断革新的

"脑动力","非营利组织的存在价值在于不断追求人类传统的或业已不复存在的古典精神"。随着时代的变迁,这种价值追求所关注的重点也在发生着变化:从经济利益到政治权利,从集团利益到全民利益,从区域服务到全球服务。非营利组织在实现人类美好生活的道路中,阶段性地更新着自身理念,其价值内涵不断地得到充实。而制度与技术创新则是落实新理念、铸造机构品牌的"体动力":非营利组织的人员构成包括专职员工和志愿者两部分。对于专职员工除了可以通过正式招聘更新其人员构成外,还可以通过培训来更新他们的知识结构,提高业务能力,改善工作行为,提高工作效率;志愿者在财务上不依赖非营利组织,而且参与程度受时间、精力和资金的限制,这种参与程度的不确定性造成志愿者流动性很大,这也使组织能够根据业务需要适时地采纳不同的志愿者,构成合理的人力资源结构。而非营利组织内部的组织结构也处于不断地创新之中,其中又以董事会的改革表现最为突出,管理层的与时俱进有力地带动了整个组织的创新发展。

三、国外非营利组织的特点

第一,概念上的特点。美国通常使用"The Third Sector"和"NPO",因而人们往往把美国当作一个范例,其实美国是特例,纯而又纯的第三部门并不存在;除了美国外,别的国家一般不认为各类 NPO 能构成一个统一的部门,它们注重的某一类或某几类 NPO。比如英国和印度注重"志愿组织";法国注重"社会经济";东亚国家注重"社团";转型国家注重"公民社会组织";发展中国家注重"非政府组织"。概念上的差别反映了各国历史、文化和法律上的差别。

第二,规模和结构上的特点。以第三部门雇员占劳动力比例作为衡量规模的标准,美国规模最大,有将近 7%的劳动力服务于 NPO;英国、法国、德国规模也较大,雇员占劳动力比例的 2.5%～4.2%;日本占劳动力比例的 2.5%、意大利占劳动力比例的 1.8%。在美国和德国,医疗机构首屈一指;在英国和日本则是教育机构独占鳌头;在法国和意大利,社会服务最为重要;在东欧转型国家,文体休闲一支独秀;在东亚国家,宗教团体和邻里组织特别引人注目;而在第三世界国家则多集中于社区发展和政治领域。

第三,收入来源上的特点。会费、服务收费、经营收入、个人捐款、公司捐款、政府资助和外国资助都是 NPO 可能的收入来源。一是以会费、服务收费和经营收入为主的国家,如美国;二是以政府拨款为主的国家,如法国和德国;三是以境外捐助为主的国家,如很多转型国家和第三世界国家。第一类国家有商业化倾向;第二类国家可能过于依赖政府;第三类国家可能维护相对于本国政府的独立性,它们很可能成为外国势力的棋子。

第三节　国外非营利组织的管理经验

根据社会结构理论,现代社会的社会组织分为政府组织、营利组织和非营利组织三大类型,它们分别是政治领域、经济领域和社会领域的主要组织形式。非营利组织是不以获取利润为目的的,为社会公益服务的独立组织。为了使非营利组织进一步发挥其服务功能,同时也使其自身得以不断完善,就必须加强非营利组织的管理工作。国外非营利组织的管理,主要涉及战略管理、财务管理、人力资源管理、志愿者管理、项目管理、信息资源管理、营销管理和筹款管理等方面。经过这些年的不断探索和逐步完善,国外非营利组织管理取得了良好的效果,许多方面都对他国具有借鉴意义。

1.建立完善的法律制度框架

国际上对非营利组织管理的法律框架有不同的模式。

在美国,根据联邦税法,在宗教、慈善、教育、科学、公共安全实验、文学、促进业余体育竞争或防止虐待儿童或动物等七个方面,从事非营利性、非政治性活动的组织可以申请成为慈善组织,获得税收优惠。除此以外,并没有一部专门的法律来统一规定非营利组织的活动,多种多样的志愿活动已经渗透在整个社会的运作机制之中。

英国非营利组织的传统主要源于志愿互助和民间慈善,它们被称为志愿部门,比通常意义上所说的"非营利部门"的概念要窄,其历史可以上溯到几个世纪以前。英国1601年出台的《慈善法》和《救济法》是世界上较早的专门规范非营利组织和非营利行为的法规。另外,有些国家针对非营利部门设有专门的基本法律,用以促进这类组织的发展和规范其活动,如日本的《非营利组织法》,南非的《特定非营利活动促进法》,德国的《结社法》,匈牙利的《公益组织法》,捷克的《公益法人法》,等等。这些法律侧重点各不一样,但其作用地位均是予以非营利组织更大的法律生存空间,明确非营利组织的法人地位,将之纳入适当的法人制度体系,以确保非营利组织的自主性、自治性。

2.构建多渠道的资金来源

国外非营利组织的资金来源主要有三个渠道:民间捐赠、服务收费和政府补贴。

民间捐赠,包括来自个人、基金会和企业的捐款,这是非营利组织独特的收入来源,也是它们与公共部门及私人营利机构相区别的标志之一。在发达国家,民间捐赠比例最高的是美国,占到19%。其余国家则更为有限,英、德、法、日分别仅占12%,4%,7%,1%。

服务收费是非营利组织获得资金的极其重要来源。在美、意、日等国,来自会费、收费活动和商业经营的收入所占的比例都在一半以上,构成了非营利组织总收入的最大部分。在美国,近年来的一个新趋势是非营利部门日益变得商业化起来。

政府补贴包括直接拨款、合约和补偿。在一些欧洲发达国家,非营利组织最大的一个资金来源就是政府补贴和拨款。例如,德国非营利组织收入的68%来自政府,法国则占到60%。在美国,政府除了给非营利组织以直接的资助外,还通过所得税豁免、私人和企业非营利捐款的减税等对非营利组织提供间接资助。较为充裕的资金来源在一定程度上确保非营利组织有能力实现其救助的功能、民主参与及民主管理的功能、科学文化的创新功能、可持续发展的功能及弥补政府与市场失灵的功能。

3.形成与政府之间的和谐关系

在理念上,非营利组织应当既保持自己与政府和企业的相对独立性,同时又能形成良好的合作关系。在德国,有六大协会已经与政府建立了正式的合作关系,政府有义务就主要的社会发展问题同它们协商。这样,非营利组织就可以参与到政策的制定过程,与政府的沟通就有了制度上的保障。在英国,政府和非营利组织的代表于1998年共同签署了一份《英国政府和志愿及社会部门关系的协议》。协议确立了政府和志愿及社会部门各自相对应的5项责任。其中,政府的责任主要包括:①承认和支持志愿及社会部门的独立性;②以参与、明确、透明的原则提供资助,并需要就融资方式、签署合同、承包等方面征询志愿及社会部门的意见;③对可能影响志愿及社会部门的政策制定需要征询他们的意见;④促进互惠的工作关系;⑤政府和志愿及社会部门一起建立评估系统;⑥对每年对协议的实施情况进行评估。相应地,志愿及社会部门的责任包括:①保持高度的治理与责任;②遵守法律和相应规范;③在参与政策制定过程中与服务对象和其他利益相关者进行协商;促进互惠的工作关系;④同政府一起对协议的实施情况进行评估。布莱尔首相在协议首页的致辞中对协议提出了高度赞赏:“本协议将为英国各级政府和志愿及社会部门之间的关系提供指导。……对于建立公平和包容性社会的共同目标意义重大。”

此外,关于政府对非营利部门的资金支持问题。根据许多国家的实践,政府采购,尤其是公开招标的方式,是一种既能有效提供必要的财政支持,同时又不至于过多干涉非营利组织内部事务的机制。

4. 建立健全内外部监督管理体制

从管理体制看,各国的法律结构不同,对非营利组织管理的侧重点不同,管理机构也不尽相同,但一般趋向采用过程控制的原则以及在法治背景下的制度约束和社会规范。

在美国,对非营利组织的管理以税收为重点,管理的法律框架亦以税法为基础。非营利组织需要向联邦税务局报告财务情况,如果它申请获得了联邦税法第 501 条规定的税收优惠的资格,则由税务局负责审查核准,同时通过公开和透明的机制对其开展活动和运作的全过程实行社会监督。

日本对非营利组织的管理职责分散在许多部门中,经济企划厅负责一般非营利组织的登记注册,文部省、厚生省则负责学校、医院等专业性非营利组织的登记注册,对不同类型的非营利组织依据特殊的法规规范。

英国的慈善管理委员会是一个对非营利组织实行综合管理的机构,它是英国政府的一个特设机构,不隶属于任何其他机构,也独立于任何党派和政治权力而存在,向法院而不是政府部门负责。由它统一负责非营利组织的登记注册,并对年营业额大于 1 万英镑的非营利组织进行审查监督。

社会监督是一个不可替代的机制,对非营利组织实行社会监督的理论依据来自于对非营利组织“公共责任”的追问。非营利组织接受社会的捐赠和以税收优惠等形式获得公益资产,前提是做出非营利性宗旨的承诺,因而有责任向公众做出交代,向社会公众公开其财务、活动、管理等方面的信息。社会监督虽然是一种非正式监督机制,但它使每一个对该组织关心或有疑问的人都可以对它进行检查、监督,一旦被发现问题,则会受到严格的处罚,相当于给了非营利组织一个强烈的自律激励。所以其操作成本低,实行有效,社会效益好,起到正式监督机制所不能替代的作用。

本章小结

本章内容主要包括三部分:首先是国外非营利组织的起源。主要从四次危机(现代福利国家危机、发展危机、民间首创精神及资本主义经济生产方式和社会发展模式的日益衰落)和两种发展动向(通信革命和独立条件的成熟)两方面介绍国外非营利组织的起源。其次是国外非营利组织发展的现状、机制与特点。主要选择美国、比利时、荷兰、以色列和阿根廷五个有代表性的国家,分别介绍其非营利组织发展的现状、机制与特点,着重分析国外非营利组织管理的现状和机制。最后是国外非营利组织的管理经验。内容主要包括建立完善的法律制度框架、构建多渠道的资金来源、形成与政府之间的和谐关系和建立健全内外部监督管理体制四个方面。

专业名词中英文对照

第三部门	The third sector
非政府组织	NGO(non-governmental organization)
监督机制	Supervisory mechanism
激励机制	Incentive mechanism
竞争机制	Competitive mechanism
创新机制	Innovation mechanism

思　考　题

1. 简要阐述非营利组织兴起的背景。

2. 作为第三部门，你认为非营利组织在处理重大公共事件中有什么特殊优势？

3. 结合我国国情和当前国内外 NPO 发展现状，谈谈中国非营利组织的发展还面临什么困难或挑战。

案例：联合国志愿人员组织

1. 联合国志愿人员组织概况

1970 年，联合国大会通过决议，组建联合国志愿人员组织（UNV）。UNV 总部原设在瑞士日内瓦，后于 1996 年 7 月移往德国的波恩。UNV 是联合国系统内一个独特的机构，从事和管理与国际志愿者事业相关的各类事务。它从属于联合国开发计划署（UNDP），是联合国系统内最大的直接向发展中国家输送各种行业高、中级专业技术志愿人员的组织。该组织的宗旨是向发展中国家提供积极有效的援助，以支持全球人类的可持续发展。目前，共有来自 140 多个国家的 4 000 多名有素养、有经验的志愿者专家每年都在为发展中国家服务。自 1971 年以来，共有来自 150 个发展中国家及工业国家的 20 000 多名联合国志愿者在约 140 个国家工作过。目前，该组织的工作人员 70％来自发展中国家，30％来自发达国家。联合国志愿者的工作主要有 4 项：①同缺少技术的政府合作；②倡导建立以社会为基础的个人自立；③人道主义救助和复原；④提供人权、选举支持，建设和平进程。他们是在平等基础上共同工作的自由职业者。联合国志愿者计划涵盖范围极其广泛，共 100 余种，其中的重点领域有农业科研、健康医疗、文化教育、信息与通信技术、社会发展、职业训练、工业生产及人口等。

2. 联合国志愿人员组织的项目运作与资金来源

联合国志愿人员组织在全球业务的开展和项目运作主要通过驻援助国办事处或联合国相关机构与所驻国政府或民间组织进行伙伴式的合作。联合国志愿人员提供服务的项目通常由政府管理，并且经常得到联合国专门机构、世界粮食计划署、联合国教科文组织、联合国难民署、世界卫生组织、联合国儿童基金会或世界银行的技术援助和项目监督。联合国志愿人员组织也应一些政府的要求作为项目的执行机构。

联合国志愿人员项目的部分资金来源于她的母体——联合国开发计划署。其他实质性的资金来源于联合国机构的日常项目预算，例如驻在国政府的捐款、捐助国政府的专项捐款，以及联合国志愿人员组织的志愿服务专用基金。联合国志愿人员组织每年接受的对志愿服务专用基金的捐款达到 1 700 万美元。

3.联合国志愿人员的技术领域

联合国志愿人员在技术、经济和社会发展领域服务。联合国志愿人员服务的领域非常广泛，从扶贫、安全农业、环境保护、卫生、教育、社区发展、职业技术培训、工业技术、交通、能源、信息技术、性别意识和人口研究到向战争动乱的国家和地区提供人道主义援助、维和、组织参与民选等。他们的主要工作内容包括：①与需要技术帮助的政府进行技术合作；②在社区和基层工作，帮助所在地区的人民达到自力更生的目标；③从事人道主义的援助工作，帮助受援人民重建家园；④从事民主选举及和平建设事业。联合国志愿人员是在平等的基础上工作的专业人员，他们聆听并参与讨论；他们提供教学和培训；他们鼓励、支持和促进他们的服务对象。在工作的同时，志愿人员还共同分享并交流思想、技术和经验。作为一名志愿者，不但直接参与帮助发展中国家达到其自力更生的发展目标、改善贫困人民的生活状况、在战乱国家里提供人道主义援助、帮助和平建设，而且也能在志愿工作中开阔眼界、积累丰富有效的实践经验。

4.联合国志愿人员的来源、服务条件及服务地域

每年全球约有 5 000 名符合条件且具有丰富经验的人员自愿加入联合国志愿人员的队伍中，到 140 多个发展中国家从事志愿服务。自 1971 年以来，已有来自 150 多个发展中国家和发达国家的 20 000 名联合国志愿人员到 140 多个国家完成项目委派的工作。这些志愿者有 70％来自发展中国家，30％来自发达国家。据联合国志愿人员组织 2001 年的年度报告，仅 2001 年，共有 5 090 名来自 160 个国家的具有较高专业技术背景和丰富经验的联合国志愿者在 140 个国家和地区提供技术服务。

联合国志愿人员的服务合同期通常为 1～2 年，但有时也可为半年。根据受援单位的要求和合同各方的约定，合同期可以延长。联合国志愿人员的工作不能被视为一项职业，志愿人员在同一国家或同一工作岗位最长不得超过 6 年，一生中做联合国志愿者的年限最长不得超过 8 年。

联合国志愿人员在全世界 140 个国家提供服务。其中，45％在非洲，24％在亚洲及太平洋地区，15％在中东欧，其余的在阿拉伯国家、加勒比海及中南美洲。1/3 的志愿人员在全球最为贫困的地区工作，那里地域偏僻、经济落后。他们有一半远离都市，在偏远的村镇工作。

资料来源：http://www.unv.org/

第二篇 管理实务篇

第三章 非营利组织的领导与决策

教学内容：

(1)领导和领导者的一般原理。

(2)非营利组织理事会制度与秘书长职责。

(3)非营利组织的决策机制。

(4)非营利组织的领导艺术等。

教学要求：

(1)理解领导和领导者的一般原理。

(2)掌握非营利组织的理事会制度与秘书长职责。

(3)掌握非营利组织的决策机制、决策内容与决策方式。

(4)了解非营利组织的领导艺术性。

领导与决策是非营利组织管理的核心职能之一，非营利组织的领导水平和决策能力对于这个组织的生存和顺利成长具有深远的影响。对于非营利组织而言，理事会担负着确立组织战略以实现组织目标的任务。非营利组织理事会的领导与决策意味着要号召和凝聚组织成员于组织发展宗旨之下并为之奋斗；要游刃于各种关系之中并形成合力；要控制成员的行为并为组织的发展引导方向。好的领导与决策是权威、艺术和程序的统一，对非营利组织的发展至关重要。

第一节 非营利组织领导概述

一、领导和领导者的一般原理

领导和领导者是两个既相关又有区别的概念，他们的活动有不同的特征且各有各的功能。非营利组织的领导与领导者，对于非营利组织的经营管理活动的成功都是必需的。

1. 领导

传统观念认为，领导是上级组织赋予管理者特定的职位与权力，其核心强调权力因素。而现代管理理论，特别是组织行为学理论则赋予领导以全新的概念，认为领导是一种行为过程，它侧重于对组织中人的行为施加影响，发挥领导者对下属的指挥、协调、激励和沟通作用，以便更有效地完成组织的目标和任务。美国管理学家孔茨、奥唐奈和韦里奇认为："领导是一种影响力，是引导人们行为，从而使人们情愿地、热心地实现组织或群体目标的艺术过程。"领导的这一概念包含了三层含义：

(1)领导的本质是影响力。这种影响力能够引导人们的行为，使人们以某种方式，跟随组织特定的政策、程序和工作章程等进行活动。

(2)领导是一个艺术过程。领导是引导人们行为的一个艺术过程。领导者面对着不断变化的组织内外环境，要引导各种各样人的行为并实现目标，需要很高的艺术性。

(3)领导的目的性。领导是目的性很强的活动过程。领导的目的就是要使组织成员为实现组织目标热情、情愿地做出努力，而不是更多地体现个人的权威。

组织运营的绩效是由组织成员共同努力和各种行为决定的，而组织成员的工作和行为又受到领导行为的引导、调节和控制。因此，从这个意义上讲，领导活动决定着组织的绩效。组织要生存并取得成功，就需要有效的领导。

2.领导者

德鲁克认为，领导者唯一的定义就是"其后面有追随者"。在领导工作中，领导者是领导行为的主体，但领导者与被领导者又是以对方的存在而存在的。因此，领导是一个双向的动态过程：领导者必须有下属的追随和服从；同时，被领导者也会修正、影响领导者的未来行为。领导工作的完成离不开领导者与被领导者之间的交流与沟通，领导者与被领导者之间的关系必须不断修正，领导行为也必须不断调整。领导者必须依据组织内外的环境因素，因时、因人、因地制宜地展开领导活动。要达到组织特定的目标，需要发挥领导者的积极作用。领导者的作用具体表现如下：

(1)指挥作用。领导者就像乐队指挥。在组织的集体活动中，需要头脑清醒、胸怀全局、运筹帷幄的领导者，来引导、指挥、指导和帮助组织成员最大限度地实现组织目标。

(2)协调作用。在组织实现既定目标的过程中，人与人之间、部门与部门之间发生各种矛盾冲突，或在行为上出现偏离目标的情况是不可避免的。因此，领导者需要协调各方面的关系和活动，以保证各方面都朝着既定的目标前进。

(3)激励作用。组织由具有不同需求和态度的个人组成，组织成员的个人目标与组织目标是不可能完全一致的。因此，领导者要把组织目标与个人目标结合起来，引导成员满腔热情地为实现组织目标做贡献，激励和鼓舞下属的斗志，发掘和加强其积极进取的动力。

(4)沟通作用。领导者在信息传递方面发挥着重要作用，在管理的各层次中扮演着联络者的角色。因此，领导者的沟通、传播、谈判作用可以保证组织管理决策和各项管理活动的顺利进行。

3.领导者的权力

领导者的权力包括两个方面：一是职位权力，二是个人威望。职位权力是由领导者所处的职位所赋予的，它随职位的变动而变动；个人威望则是由领导者的个人素质及其魅力所形成的，不随领导者的职位变动而变动。例如，领导者具有高尚的品德，丰富的经验，良好的人际关系，体贴他人等，让人感到可亲、可敬，这样的领导者不仅能带领下属完成组织目标，而且能创造一个激励的工作环境。职位权力的行使能够加强个人威望，也能够削弱个人威望；反过来，个人威望的形成又能够巩固其职位权力。领导者的权力具体可以分为五类：

(1)惩罚权。来自下级感到领导者有能力惩罚他的恐惧感。惩罚权虽然可以使下属基于恐惧而顺从,但往往是表面的、暂时的。为维护权威,领导者必须时时给予监督、加以惩罚。监督和惩罚的成本都是比较高的。

(2)奖赏权。来自下级感到领导者有能力奖赏他,满足其欲望。采用奖励的办法来引导人们完成领导者所指示的任务,既可以增加领导对下属的吸引力,也能使下属感到满意并提高工作效率。但这种方法的激励作用要视奖励值的大小和公平性而定。

(3)合法权。来自下级认为领导者拥有合法的权力来影响他的传统观念。下级接受这种权力是因为只有这样才能得到领导者的赞扬、大家的接纳和认可。但这种服从不能导致较高的工作效率和个人满意度。

(4)模范权。来自下级对领导者的信任,即下级相信领导者具有他所需要的智慧和品质都是为了组织的宗旨,从而对他钦佩和赞誉,愿意模仿和跟从他。

(5)专长权。来自下级对领导者具有某种专门知识、技能和专长的尊敬,能够帮助他指明方向,排除障碍,达到组织目标和个人目标。模范权和专长权一般都能引起公开和私下的顺从、内心的信服,带来的影响力也较持久。

4.领导者的素质与能力

关于组织领导者应具备哪些素质目前尚没有统一的说法。美国普林斯顿大学包莫尔(W. J. Baumol)提出了具有代表性的作为一个领导者应具备的10个条件:

(1)合作精神。愿与他人一起工作,能赢得人们的合作,对人不是压服,而是感动和说服。

(2)决策能力。依赖事实而非想象进行决策,具有高瞻远瞩的能力。

(3)组织能力。挖掘下属的才能,善于组织人力、物力和财力。

(4)会用权力。能大权独揽,小权分散。

(5)善于应变。机动灵活,善于进取,而不抱守残缺,墨守成规。

(6)敢于求新。对新事物、新环境和新观念有敏锐的感受能力。

(7)勇于负责。对上、下级和用户及整个社会抱有高度的责任心。

(8)敢担风险。敢于承担组织发展不景气的风险,有创造新局面的雄心和信心。

(9)尊重他人。重视和采纳别人的意见,不盛气凌人。

(10)品德高尚。品德上为社会人士和企业员工所敬仰。

作为非营利组织的领导者,还应具备哪些基本的能力呢?著名管理学专家杜拉克认为,一个好的非营利组织的领导者需要具备的基本能力至少应包括三个方面:

(1)兴趣、才干和聆听别人的本事。聆听别人的本事是一种自我意识,“大家都办得到,只要你闭上自己的嘴巴就是了”。

(2)良好的沟通技巧。这需要极大的耐心,且不要企图为自己辩解,要说“这次做得不够理想,让我们再来一次”。

(3)保持客观和超然。要明白职责比领导者本身更大,且更重要,个人不能与工作混为一体。我们经常提的一个问题是:“如果你离职了,你的组织会不会因此瘫痪或瓦解?”据此来判断一个组织的制度化程度。

总之,一个好的领导者既要对工作尽心尽力,也要从容不迫、保持个人风范和个人的生活空间,将工作处理得井井有条;一个组织之所以吸引人,是因为它的领导者可以激励自尊和荣誉心;好的领导者要为部下树立高标准、严要求,但是要对事不对人。

二、领导方式的相关理论

领导是集体中的一种现象，是领导者推动和影响组织成员，引导他们的行为按领导者预期的方向发展，为共同的目标而努力的活动过程。因此，领导涉及的是领导者与下属成员之间的相互关系问题，这不仅要考察领导者的个人特性，而且必须考察领导者的行为对其下属的影响。在领导过程中，领导人对所获得的权力的用权方式称为领导方式。关于领导方式的研究是一个充满活力的课题，相应的理论成果有很多。

1. 领导作风理论

最早对领导方式进行研究的是心理学家勒温(P. Lewin)，他通过试验研究不同的工作方式对下属群体行为的影响。勒温认为存在着三种基本的领导作风：

(1)专制型领导。这种领导方式是靠权力和强制命令进行管理的，其特点是，领导者独断专行，不考虑别人意见，完全由自己做出各种决策；不把更多的消息告诉下属，下属没有参与决策的机会，只能奉命行事；主要靠行政命令、纪律约束、训斥惩罚来维护领导者权威，很少或偶尔的奖励；领导者预先安排一切工作程序和方法；领导者与下属保持相当的心理距离。专制型领导方式虽然通过严格管理能够达到目标，但组织成员情绪消极、士气低落。

(2)民主型领导。这种领导方式是就将要采取的行动和决策同下属商量，并鼓励下属参与决策。其具体特点是，决策都是由领导者和下属共同协商讨论决定的；工作分配尽量照顾到组织每个成员的能力、兴趣和爱好；个人有相当大的工作自由，有较多的选择性与灵活性；主要运用个人权力和威信，而不是靠职位权力和命令使人服从；领导者积极参加团体活动，与下属无心理距离。民主型领导方式工作效率最高，不但能够完成工作目标，而且组织成员之间关系融洽，工作积极主动，有创造力。

(3)放任型领导。这种领导方式中，领导者极少运用其权力，而是给下属以高度民主的独立性。工作事先无布置，事后无检查；决策权力完全给予个人；一切悉听自便，毫无规章制度。放任型领导方式工作效率最低，只能达到组织成员的社交目的，但不能完成工作目标。

2. 领导方式的连续统一体理论

坦南鲍姆(R. Tannnenbaum)与施密特(W. H. Schmidt)指出，在专制型领导方式与民主型领导方式之间存在着多种过渡型的领导方式，包括一切决策由领导者做出并向下属宣布的领导方式；领导者向下属推销其决策的领导方式；领导者提出决策方案并向下属征求意见的领导方式；领导者提出决策草案供下属讨论修改的领导方式；领导者提出问题向下属征求意见再做决策的领导方式；领导者提出限制条件，并由集体共同决策的领导方式；领导者允许下属在规定的条件内自由行动的领导方式，等等。坦南鲍姆和施密特的领导方式连续统一体理论说明了领导方式的多样性，也说明了在连续多变的多种领导风格中，领导者应根据组织的具体情况，考虑多种环境因素随机地选择领导方式。

3. 管理方格理论

美国得克萨斯大学的布莱克(Robert R. Blake)和穆顿(Jane S. Moaton)教授提出了领导方式的管理方格理论。他们将领导者对生产的关心和对人的关心这两方面的程度各划分为9等份，1代表关心程度最小，9代表关心程度最大，交叉形成了81个小方格。每个方格代表两方面不同程度结合的不同管理方式。布莱克和穆顿在其中列出了五种典型的领导方式：

(1)1.1型领导方式：这种领导方式为贫乏型管理。领导者对职工和生产都不关心，领导效果最差。

(2)1.9型领导方式:这种领导方式为俱乐部式管理。领导者充分注意搞好人际关系,注意对职工的支持和体谅,组织气氛和谐,但对任务、效率、规章制度和指挥监督很少关心。

(3)9.1型领导方式:这种领导方式为任务式管理。领导者的注意力集中于任务、效率,但不关心人的因素,对下属的士气和发展很少注意。

(4)9.9型领导方式:这种领导方式为团队式管理。领导者对生产和人都极为关心,努力协调各项活动,生产任务完成得好,职工关系协调,职工个人目标与企业目标相结合,形成一种团结协作的管理方式。

(5)5.5型领导方式:这种领导方式为中间式管理。领导者对人和生产都有适度的关心,保持完成任务和满足职工需要之间的平衡。既有正常完成工作任务的效率,又保持一定士气。

管理方格理论提供了一个衡量管理者所处领导形态的模式,使管理者能较清楚地认识到自己的领导方式,并指出了改进的方向。领导者倾向于采用何种领导方式,往往与他们对人性的认识有关,也要视具体的工作环境而定。

4. 应变领导模式理论

应变领导模式理论是由美国管理学者保罗·赫塞(Paul Hersey)和肯尼斯·布兰查德(Kenneth Blanchard)提出的。这一理论把下属的成熟度作为关键的情景因素,认为依据下属的成熟度水平选择正确的领导方式,决定着领导者的成功。他们把成熟度定义为个体对自己的直接行为负责任的能力和意愿,包括工作成熟度和心理成熟度两方面。工作成熟度是下属完成任务时具有的相关技能和技术知识水平;心理成熟度是下属的自信心和自尊心。高成熟度的下属既有能力又有信心做好某件工作。在应变领导模式理论中,领导方式和员工的行为关系通过成熟度联系起来,形成一种周期性的领导方式。当下属的成熟度水平不断提高时,领导者不但可以减少对活动的控制,而且还可以不断减少关系行为。

(1)命令式领导(高工作—低关系)。对不成熟的下属而言,宜采用命令式领导方式,即告诉下属应该做什么,怎样做以及在何时何地做,强调直接指挥。

(2)说服式领导(高工作—高关系)。对低成熟度的下属而言,宜采用说服式领导方式,领导者同时提供指导行为与支持行为。高任务行为能够弥补下属能力欠缺,高关系行为则力图使下属在心理上领悟领导者的意图。

(3)参与式领导(低工作—高关系)。对较成熟的下属而言,宜采用参与式领导方式,即领导者与下属共同参与决策,领导者着重给下属以支持及组织内部的协调沟通。

(4)授权式领导(低工作—低关系)。对高成熟度的下属而言,宜采用参与式领导方式,领导者提供较少的指导或支持,由下属自己独立地开展工作。

5. 领导方式的途径—目标理论

途径—目标理论由加拿大多伦多大学教授豪斯(R. J. House)提出。这种理论认为,领导者是使下属获得更好的激励、更高的满意程度和工作成效的关键人物。通过实验和分析,豪斯认为"高组织"和"高关心人"的组合不一定是最有效的领导方式。当选择领导方式时还应考虑职工个人的特点(如教育水平、责任心、灵敏度、对成就的需求等)和环境因素(如工作性质、权力结构、工作小组等情况)。豪斯认为领导的主要职能是为下属在工作中获得满足需求的机会,并使下属清楚哪些行为能导致目标的实现并获得价值和奖励。总之,领导者应为下属指明达到目的的途径。途径—目标理论将领导行为分成了四种类型:

(1)支持型。这种类型的领导考虑下属的需要,努力营造愉快的组织气氛。当下属受挫或不满意时,对下属给予支持,能够对下属的业绩产生很大的影响。

(2)参与型。这种类型的领导做出决策时征求、接受和采纳下属的建议,允许下属对领导决策施加影响,并以此来提高激励效果。

(3)指令型。这种类型的领导发布指示,明确告诉下属做什么、怎么做。决策完全由领导者作出,下属不参与其中。

(4)成就型。这种类型的领导设置富有挑战性的目标,希望下属最大限度地发挥潜力,对下属能够达到这些目标表示出信心。

三、非营利组织的领导与领导者

领导的哲理本来就不分第一部门、第二部门还是第三部门,领导的方式和手法也是一样贯穿了古今中外。对于非营利组织的领导者来说,上述关于领导和领导方式的理论均提供了重要参考。但毕竟非营利组织和其他组织存在着很大的差异,所以,作为非营利组织的领导主体,理事会的领导角色与功能成为管理学探讨的重要主题之一。

1.非营利组织理事会的领导角色

理事会是非营利组织的权力中枢。作为非营利组织的舵手,理事会负责建立组织愿景、阐明组织使命并制定有效的策略以实现组织使命。非营利组织的成败在很大程度上取决于理事会功能的健全与否。一般而言,理事会扮演着非营利组织管理中的多种角色,具体表现在以下三个方面:

(1)理事会依据集体决策的形式履行领导统驭的职能,在其服务的组织担负着战略制定、执行官授权、政策制定和执行监督的角色。

(2)理事会在秘书长(执行长)、理事、一般员工,以及各类可能利益相关者之间进行沟通,充当维系决策机制顺利运作的角色。

(3)在资源有限的背景下,担当资源开发者,寻求与委托者、受益者,以及各类利益相关者之间的平衡,以促成公益活动的顺利完成的角色。

2.非营利组织理事会的领导功能

不管非营利组织的类型是社会服务机构、教育机构、医疗保健机构或文化机构,理事会作为非营利组织的最高决策机构,在管理学上被赋予了极其重要的领导功能。一般来说,理事会有三项基本的领导功能:

(1)维护信托的完整性。理事会本身就是信托者,被赋予监督组织发展的信任。因此,理事们要自我要求达成其任务,不辜负社会及政府的托付。

(2)制定政策。良好的制度可以让组织有效率地运作。理事会必须承担制定组织政策、建立组织运作架构的责任。

(3)支持和促进组织发展。虽然非营利组织日常的行政运作都是由执行官、行政主管及职员等主导,但理事会是幕后的推手。董事会与组织内的其他人员的配合度及工作默契程度决定了组织的发展。

第二节　非营利组织的理事会制度与秘书长职责

公众日益倾向于依靠非营利组织去解决政府和企业都未能解决的问题。与企业相比，非营利组织承担着更多的义务，因为它们相对而言少了许多企业难以摆脱的增加利润的需要，因而也不像企业那样在服务质量方面有所折扣；非营利组织与政府机构也不同，它们直接向理事会和它们赖以生存的捐款人负责。但是，要在一个需要高效率运作机构的经济中和一个需要承担更大社会责任的社会中站稳脚跟，非营利组织必须有一个强有力和积极进取的理事会来进行监管，并且制定本组织一系列评估和监控的制度和管理方案。

一、非营利组织理事会领导下的治理结构

在非营利组织治理结构中，理事会制度是最常见的领导模式。作为非营利组织的治理主体，理事会的职责是整合组织内外部资源，在组织战略的驱动下，完成组织使命、达到组织愿景。非营利组织理事会中理事的角色包括理事长或主席、副理事长、秘书长或执行官、财务主管等。在中国的非营利组织理事会中，理事通常又可分为常务理事和非常务理事，即一般理事。理事会的成员构成因组织而异，通常情况下包括社会知名人士、资助者代表、受益者代表、资深专家等，有时也有政府机构的代表、退休官员或企业的代表等参加。比较典型的理事会主导的非营利组织治理结构如图 3－1 所示。

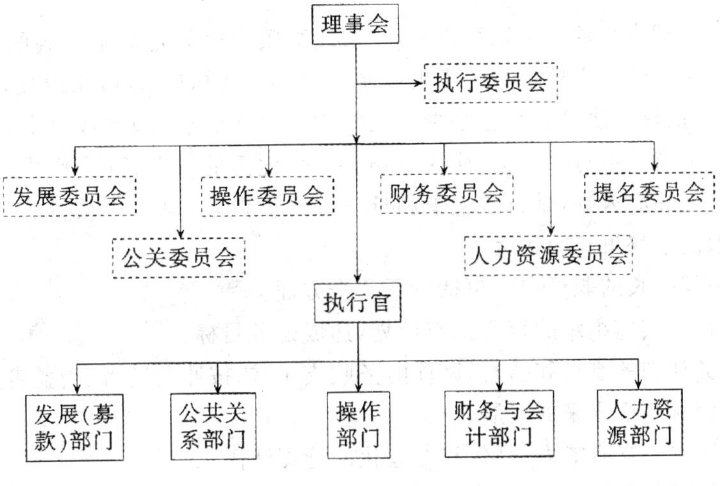

图 3－1　非营利组织理事会治理结构

二、非营利组织理事会的职责

作为非营利组织决策和治理的最高权力机构，理事会负责建立组织愿景、阐明组织使命，并制定有效的策略以实现组织的使命。非营利组织的成败在很大程度上取决于理事会功能的健全与否。理事会必须对组织的重大事项做出正确的决策，决定组织的发展方向和目标，同时也要对错误的决策承担责任。毫无疑问，理事会的职能决定了其必然是非营利组织的治理主体。关于非营利组织理事会的具体职责，传统的管理系统理论认为主要有六项内容：

(1)决定组织的宗旨与目标。理事会要清楚地界定组织的宗旨、核心任务和要达到的主要目标,以及制定运作的程序,并定时检查组织的规程及方案的内容是否与组织的宗旨一致。

(2)决定组织的计划与发展。理事会要参与组织年度计划的制订,决定长期计划的基本方向,并监督计划的执行。

(3)制定预算和财务监督。理事会要审核与批准预算,监督财务制度的执行情况。

(4)筹款。理事会成员负有筹款的任务,他们或者直接捐助经费给组织,或者致力于寻找财源,或者为组织建立良好的社会资源网络,使之能够获得充裕的经费开展活动。

(5)招聘或解聘领导人。理事会要选拔组织的行政领导人如秘书长、总干事等,并定期评估和鉴定其工作绩效。

(6)作为与社区沟通联系的桥梁。每一位理事都要代表组织与外界保持良好的沟通,尽力提高组织的公信度和公众形象,并为组织宣传和辩护。

事实上,理事会除了发挥决策和领导的职能外,主要还发挥审核、批准政策,以及监督与评估工作计划及其执行情况等职能;另外,理事会最为有效的职能是对外联络和争取资源,以及建立社会网络的职能。一些学者指出,非营利组织的理事会作为重要的治理机制,在组织与外界的合作与互动中发挥核心的作用。这种作用概括地说集中在四个方面:一是扮演"促成者"的角色,二是扮演"政治倡议者"的角色,三是扮演"缓冲者"的角色,四是扮演"价值护卫者"的角色。

三、非营利组织秘书长的职责

秘书长本来是理事会的一个执行机构,在层级决策中也只是对基金会的日常性决策问题享有决策权。但是非营利组织现行的决策机制中,秘书长的职责权限很模糊,往往导致理事会形同虚设,而组织的真正决策者往往是少数几位常务理事、执行理事或秘书长。因此,非营利组织理事会制度的有效推行和贯彻,往往有赖于一位优秀的秘书长(或称执行长)。秘书长是非营利组织领导的核心人物,是行政主管和日常工作负责人,理事会职能是否能够有效发挥,在很大程度上取决于秘书长的作为。

非营利组织秘书长的职责主要包括以下八个方面:

(1)负责制订和实施组织的核心工作计划,达成财务目标。

(2)负责财务计划的制订和执行,确保财务收支正常,按照资助者、受益者、社区等的要求,合理分配经费,兼顾组织未来的发展。

(3)培养和率领一支有能力、高效和专业化的管理队伍。

(4)制订和执行关于培训、发展、业务等方面的业务计划与工作安排,使组织资源有效地用于实现其核心任务上。

(5)培养一种充分调动所有员工积极性、勤奋努力、团结民主的组织氛围。

(6)制定并执行组织的各项政策与工作方案。

(7)作为组织的代表,经常考核和检查组织的工作绩效是否合乎其宗旨,是否符合资助者、受益者和社区的期望与要求。

(8)制定、调整和推动组织的中长期发展战略,使组织发展保持一贯性。

第三节　非营利组织的决策

决策是领导的重要职能之一。由于现代科学技术的不断发展和市场竞争的加剧，非营利组织所面临的内外部环境变化得很快，组织的成败兴衰往往不仅取决于组织内部的具体管理和效率，而且更取决于领导者能否迅速、准确地做出决策并具体实施决策。

一、决策的基本概念

决策是为了达到一定的目标，在掌握充分的信息和对有关情况进行深刻分析的基础上，用科学的方法拟定并评估各种方案，从中选择出合理方案或有效手段的过程。因此，决策的含义包含了几方面的内容：第一，决策是为了达到既定的目标；第二，决策要有两个以上的备选方案；第三，决策不是决定方案的瞬间行为，而是一个过程。西蒙等人认为，决策是涉及很多方面的复杂活动，包括调查、设计、分析、比较、选择方案等一系列内容。西蒙将决策划分为四个阶段：搜集信息阶段、拟定方案阶段、选定方案和实施阶段及评价方案阶段。

1.搜集信息阶段

搜集信息阶段，即搜集组织所处环境中有关经济、技术、社会各方面的信息以及组织内部的有关情况。通过收集信息，发现问题，并对问题的性质、发展趋势做出正确的评估，找出问题的关键。情报的收集应该尽可能全面，而且要真实，否则的话对以后的决策会有误导作用，极有可能做出错误的决策。

2.拟定方案阶段

拟定方案阶段，即在确定目标的基础上，依据所搜集到的信息，编制可能采取的行动方案。这时可能会有几个候选方案，决策的根本在于选择，被选方案的数量和质量对于决策的合理性有很大的影响，因此要尽可能提出多种方案，避免漏掉好的方案。

3.选定方案和实施阶段

选定方案和实施阶段，即从可供选用的方案中选定一个行动方案。这时要根据当时的情况和对未来的预测，从中选择最合适的一种方案。选择方案时，首先要确定选择的标准，而且对各种方案应该保持清醒的估计，使决策保持一定的伸缩性和灵活性。计划选好了以后就要制定实施方案，方案的实施也是很重要的一个环节，也要制订一个合理的实施计划，这个计划要清晰且具体。对时间有一个合理的分配，对人、财、物也要做一个清晰的分配。在执行决策中，还要做好决策的宣传工作，使组织成员能够正确理解决策，同时制造出有利于实现决策的气氛。

4.评价方案阶段

评价方案阶段即在决策执行过程中，对过去所做的决策进行评价。通过评估和审查，可以把决策的具体的实行情况反馈给决策者。如果出现了偏差，就及时地纠正，保证决策能够顺利实施，或者修改决策本身，以使决策更加科学合理。而且，通过执行决策的审查和使上级了解本组织、本部门的决策执行情况的问题，为以后他们做决策提供信息。

这四个阶段中的每一个阶段本身都是一个复杂的决策过程。问题的确认需要决策，而拟定各种被选方案就使决策的性质更加明显，所以不能觉得只有决策活动才是最重要的。事实上，没有前两个阶段的正确决策，也就不可能做出正确的决策；而没有决策的执行，再好的决策也只是一张空文。

二、非营利组织理事会决策机制

非营利组织作为一种以追求公益性或互益性为目标的社会组织，其发展总是伴随着利益相关者的需求。为了保证目标的实现，组织在管理运作中必然存在着决策，而且依附于一定的组织结构和制度形成决策机制。非营利组织治理结构中的权利系统是由会员大会、理事会、管理层、检察机关组成，并依此形成了相应的决策权分配格局。在这一分配格局中，理事会决策主要解决的是组织重大目标和发展方向的问题；而大量的操作性问题所带来的相关决策，要依靠秘书长或执行官、执行理事、专业委员会等做出。因此，非营利组织的决策机制也是严格的层级制决策。

非营利组织的理事会决策机制遵循层级决策、科学决策和民主决策的原则。

1. 层级决策原则

非营利组织的决策要始终贯彻层级决策原则，既要确立起理事会决策的核心地位，又要充分授权，赋予秘书长、执行理事或专业委员会对日常性事务一定的决策权，充分发挥其主动性；而秘书长、执行理事或专业委员会对日常性事务决策时，又必须服从于理事会决策的基本方向。

2. 科学决策原则

为保证非营利组织所做决策的正确和有效，非营利组织决策应遵循科学原则。这包括以下几方面：

(1)注意区分程序化决策和非程序化决策。区分这两类决策的意义在于，领导者可以据此将程序化问题通过制定一定的政策、分工和建立规章制度与程序后交由下级处理，而将主要精力用来处理重大的、原则性的、影响到组织未来的非程序化决策。

(2)注意决策的目的、条件和标准。当要做出新决策时，首先应当反复论证做出新决策的必要性，其次必须思考新决策针对什么，解决什么问题，又可能产生什么问题，在什么条件下成立、抛弃或被替代，最后，决策不能追求绝对的合理性，可以通过多次反馈来确定目标水准。

(3)注意依靠充分的情报和科学的决策方法。

(4)建立和健全科学决策的支持系统。它包括信息系统、咨询系统、决策系统、执行系统和反馈系统等。

3. 民主决策原则

决策民主化是形成科学决策的保障。随着非营利组织的发展，决策变得越来越复杂，也越来越转向民主化，即吸收下级参与决策，集思广益，群策群力，使决策的质量和实施速度得到提高。参与是决策民主化的重要环节，鼓励下属参与决策的方法很多，例如民主讨论，咨询管理，合理化建议，越级参与及会员代表大会等。

三、非营利组织理事会决策的内容、程序和方式

1. 非营利组织理事会决策的内容

非营利组织的决策可分为战略决策、管理决策、业务决策三个层次。战略决策是组织与变化着的环境之间谋求达成动态平衡的一种决策，如确定组织的宗旨及目标、项目定位、争取资助、与政府合作、联合行动、服务领域和对象的调整等；管理决策是指为了实行组织的战略决

策,而对所需的人力资源、资金资源以及经营机构加以改变的一种决策。如机构的调整、人员的配置、资金的使用等;业务决策则是在既定的组织、制度和政策体系基础上,为提高日常运作活动的效率而进行的决策,如关于项目运作、考勤管理、财务报销等一般日常活动的决策。

非营利组织理事会的重大决策权主要涉及战略性决策和管理决策,内容主要包括招聘和解聘领导人,例如罢免和选举理事长(或会长)、副理事长(或副会长)、常务理事、秘书长,决定副秘书长、各机构主要负责人的聘任;决定办事机构和其他机构;决定组织的目标和宗旨,制定组织的运作程序;决定组织计划和发展的基本方向,参与组织的年度计划;决定组织的方案与服务等。

2. 非营利组织理事会决策的程序和方式

非营利组织理事会是通过理事会议来行使其决策权的。理事会议分为普通年会和特殊会议:普通年会是规定定期召开的会议;特殊会议是理事认为有必要时召开的会议。参加理事会议的人数要符合法定人数才属合法;由出席会议的理事按照一定的投票规则进行表决(如全体一致原则、简单多数原则、2/3 多数原则),通过的决议就视为整个理事会的决策。理事会会议的表决采取每人一票的方式,不得委托他人投票,但可以弃权,也可以不出席会议;在投票时如果出现僵局,理事长有权行使裁定权,进行决定性的投票。

第四节　非营利组织的领导艺术

领导是一种方法,更是一种艺术,需要不断地顺势而变,需要不断创新。领导艺术就是指领导者在领导的方式方法上表现出的创造性和有效性。领导艺术一方面是要在领导活动过程中把握规律,在规律中创造升华,升华到艺术境界;另一方面是要有效,领导实践活动是检验领导艺术的唯一标准。领导艺术主要包括决策的艺术、创新的艺术、应变的艺术、指挥的艺术、统筹的艺术、协调的艺术、授权的艺术、用人的艺术、激励的艺术等。领导艺术在履行领导职能中,恰当分工、协调管理、提高工作有效性等弹性较大的方面体现得很明显。

一、非营利组织领导者如何用人

决策和用人是领导者的两件大事。传统的管理理论有两种用人原则,一种是能力主义,一种是资历主义。能力主义强调谁有能力,谁有绩效,就晋升谁;资历主义则强调谁资历深就晋升谁。这两种原则各有利弊,推行能力主义可促进个人竞争和创新,便于发掘人才,但同时带来集体意识的削弱和人与人之间关系的紧张;资历主义可使队伍比较稳定,关系和谐,但压抑人才,偏于保守。欧美各国倾向于能力主义;日本过去倾向于资历主义,现在则倾向于两者的结合:在职务上推行能力主义,在工资和身份上推行资历主义。

非营利组织领导者在用人方面一般遵循以下原则:

1. 重视能力

重视能力原则是指选拔人才时,应该以工作能力作为重要的评定标准,这可以说是用人的基本原则。值得注意的是,不同的职务对于能力的要求是不一样的,对具体一个职务而言,并不是能力越强、越全越好,应该使人的能力与所担任的职务相适应。重视能力还必须打破干部终身制度,实行干部定期任职制度。

2.按事选人

用人应该根据组织要求设定职位，然后根据工作需要选定合适人选，而不是因人设事，因人设职。当然，完全按事选人不容易选到理想人员，因此，在实践中要两者适当结合。

3.用人所长

看人要实事求是，要历史地、全面地、发展地看待一个人，既要看到优点也要看到缺点。看缺点的目的不仅是为了对其作一个客观的评价，最终目的还是为了发挥其优点，工作分配时利于扬长避短。身为领导者，不要怕用有缺点但有专长的人，不要怕用不听话但出活儿的人，不要怕用比自己强或批评过自己的人。一个高明的领导者不一定是最有智慧的人，而应是最善于吸收和利用他人智慧的人。

4.用人不疑

用人决策要谨慎，没有看准的人不要用，要经过反复比较权衡之后才下决心是否启用。但用人之后，就不要因为某些议论和暂时的挫折就动摇对他的任命，即用人不疑。作为领导者本人要能上能下，但不能忽上忽下。

5.合理授权

非营利组织的领导者要善于授权。有人根据授权的程度，将授权分为八个等级：①收集资料以供领导者决定；②提出意见以供参考；③拟出计划同意执行；④告诉项目同意去干；⑤事先通气自行行动；⑥边斩边奏结果后说；⑦充分授权作为后盾；⑧自主行动不需联系等。授权的关键在于领导者对下级肯放手使用。

6.全力支持

支持下级工作，关键是协助下级排除困难，在工作中作出成绩，达到组织目标。为此，需要在授权之外，考虑给予必要的指导及精神物质上的支持，允许挫折和失败的出现，当别人对下级有意见的时候，要实事求是，主动承担领导责任。

7.关心下属

工作之外，领导者应主动关心、帮助下属在工作、经济、家庭和个人健康方面存在的各种困难，这是对下属莫大的激励；在工作中，要形成上下级人员之间的信任和友谊，诚恳相待，互相谅解和支持。对下属的关心和激励，更多的要着眼于工作的安排，成绩的认可，给予学习的机会和及时的提拔，不能只使用而不培养。

二、非营利组织的领导效率

1.非营利组织领导者面临的时间问题

包括非营利组织在内，任何组织的领导者都面临着以下几个方面的问题：

(1)领导者的时间往往不由自己支配。领导者的时间是宝贵的，但领导者往往不能自己来安排工作时间。因为每个人都可以随时来找你，许多日常工作要你处理，许多意想不到的事情需要你去解决。即使你能向门诊医生一样告诉挂号员暂时不要挂号了，以便你集中精力考虑一些重要问题，也许电话铃又响了，打电话的可能是你的上级，也可能是你的重要客户或原料供应商，你没法不接电话。下班之后，还有许多事情正在等着你，一些人到你家里陈述某些事情，一些人到你这里寻求帮助，一些人请你对某些问题请求仲裁等。作为领导者的时间就这样过去了，日复一日、年复一年，领导者的时间变成了他人的时间，领导者总是没有足够的时间来考虑组织中的重大问题。

(2)领导者被迫忙于日常事务。遇到什么问题就解决什么问题,这是当前许多领导者习惯的工作方式。然而,这也正是领导者忙于日常事物的症结所在。如果领导者碰到什么问题就着手解决什么问题,那么今天市里开会、明天请你做报告、后天要陪人参观等,领导者若不坚持改变自己的工作方式,很快他就会穷于应付。因为现象本身并不能说明现象的轻重次序,现象出现的次序本身并不能提供线索。领导者必须有一套判断标准,使自己能够针对真正重要的事情去做。

(3)领导者的工作无效。领导者要对下级发出命令,也可能向同级提出忠告,还可能向上级做汇报或提出建议。如果下级不服从你的命令,同级不接受你的忠告,上级不采纳你的建议,你的领导工作就毫无效果,更谈不上效率。

当出现这样的情况时,领导者就需要考虑领导效率问题了。

2.非营利组织领导者如何高效利用时间

高效率地利用时间是作为非营利组织优秀领导者最重要的能力体现之一。因为时间是一种紧缺的资源:时间无法储存,时间没有替代品,时间的供给没有弹性。人们常常由于缺乏这种资源而放弃了许多工作。如果人们不能增加资源的供应,同时又想做更多的事,那只能合理地利用有限的资源、提高资源的利用效率。尽管泰罗在20世纪初就进行了时间研究,而且几乎所有的管理者都知道这个道理,但关注的重点主要是如何提高工人的生产效率、降低操作成本等问题。实际上,最需要进行时间管理的应该是领导工作,领导者往往花费了太多的时间和精力去处理一些对组织发展没有作用或作用很小的日常琐事上了。

有效的领导者,其最显著的特点就是能够珍惜时间,把有限的时间用在最主要的工作上面。如何有效地利用时间呢?简单地说就是记录时间、分析时间,防止浪费时间,并合理地安排自己的时间。

(1)记录时间。要知道自己的时间都是怎样消耗掉的,可以采用时间记录的方法。记录在什么时间做了什么事情。经过连续几天或几周的记录统计,就会相当准确地反映出领导者时间的消耗情况。

(2)进行时间分析。对时间的使用情况进行分析,对那些根本不必做的事项、纯粹浪费时间的项目,要尽可能停止和避免;对那些可以请他人办理、结果相同或可能更好的事项,尽量授权他人办理;对那些浪费别人时间的事项,尽可能减少。

(3)消除其他浪费时间的因素。对时间消耗的原因分析还应考虑是否是与管理不善或组织不良等其他因素有关。例如找出由于缺乏合理的计划、制度或缺乏预见性所产生的时间浪费;人员过多所造成的时间浪费;组织不健全所造成的时间浪费等。

(4)合理安排自己的时间。领导者在分析了自己的时间利用情况和引起时间浪费的因素之后,就可以知道自己究竟有多少时间可以自由利用,用于真正重要的问题上了。同时,领导者必须学会将零碎的时间集中起来,合理地安排自己的时间。例如每天安排一两个小时处理组织内的重大决策问题,或者每周有一天处理重大问题等。

3.非营利组织如何提高领导效率

面对大量的组织内外事务,非营利组织领导者要有一套判断的标准,来决定哪些事情应优先考虑,哪些事项应该稍后处理,哪些问题可以根本不必考虑。为提高领导效率,其判断准则可从以下几方面考虑:

(1)尽量摆脱过去,着眼于未来。每一位领导者都必须花费一部分时间、精力和才智,来弥补过去行动和决策所造成的结果。事实上,领导者在这方面所耗费的时间往往比其他任何工作都多。但是,领导者至少可以尽量压缩过去遗留的问题,不把精力过多地花费在过去的事情上,而更多的是吸取经验教训,把资源投入到未来的事情上去。

(2)按例外原则办事,充分授权。例外原则就是领导者只负责处理条理、规章、制度所没有的例外事情,凡是有规定的,就应按章办事。大家都按章办事,依据自己的职权处理各种例行事项,领导者自然就可以集中精力处理一些例外的、重要的事情。能否做到这一点,涉及致使健全各种规章制度并且适当授权的问题。规章制度健全、权力适度下放,每个员工的职责越清楚、解决问题的独立性越强,领导者就越能将自己从繁杂的日常事务中解脱出来。

(3)着眼于全局,不以压力作为工作次序的标准。以压力大小作为决定事情先后顺序,将会致使领导者重视紧急问题而不重视开拓性工作。因为压力本身往往来源于眼前困难,而长远的、开拓性的工作大多不是为了解决过去遗留的困难,而是为了更好的未来。因此,领导者应正确安排工作次序,重将来,不重过去;重例外事件,不重例行事情;重开拓性工作而不重眼前困难。

(4)注意提高会议效率。领导者总是免不了主持各种各样的会议,如讨论会、报告会、协调会等,可以说会议是领导者进行日常管理的一种工具。然而,会议不仅占去了领导者的时间,也占去了他人的时间。因此,有效的领导者首先应该考虑应不应该开会,如果必须开,应该提高会议的效率。应该借鉴日本著名企业家土光敏夫的观点,他在东芝公司提出一个特殊的要求:必须站着开会。他提议会议室撤去椅子,站着开会,最长的会议也不要超过一小时,结果大大提高了会议的效率。这种方法可供参考:开短会,讲实效。在会前让大家做好充分准备;在会上提倡人人畅所欲言,但应紧紧围绕主题,走题时要及时拉回主题;提倡开门见山,说短话;要善于倾听,善于启发不同意见;不要排斥不同意见,更不要独霸讲坛;提倡计算会议成本,讲究会议效率。

本章小结

领导是一种行为过程,它侧重于对组织中人的行为施加影响,发挥领导者对下属的指挥、协调、激励和沟通作用,以便更有效地完成组织的目标和任务;领导还是一种影响力,是引导人们行为,从而使人们情愿地、热心地实现组织或群体目标的艺术过程。组织的成败兴衰往往不仅决定于组织内部的具体管理和效率,而更取决于领导者能否迅速、准确地做出决策并具体实施决策。

非营利组织所面临的内外部环境变化得很快,要在一个需要高效率机构和一个需要承担更大社会责任的社会中站稳脚跟,非营利组织必须有一个强有力和积极进取的理事会,来监管并制定本组织一系列管理制度和管理方案。

作为非营利组织决策和治理的最高权力机构,理事会负责建立组织愿景、阐明组织使命,并制定有效的策略以实现组织的使命。非营利组织的成败在很大程度上取决于理事会功能的健全与否。理事会必须对组织的重大事项做出正确的决策,决定组织的发展方向和目标,同时也要对错误的决策承担责任。

非营利组织领导者应学会如何高效地利用时间;应学会分清各项工作的轻重缓急;要学会提高会议效率。决策和用人是领导者的两件大事,非营利组织领导者在用人时应遵循重视能力、按事选人、用人所长、用人不疑、合理授权、全力支持、关心下属等原则。

专业名词中英文对照

领导	Lead
领导者	Leader
领导方式	Leadership style
决策	Dicision
治理	Governance
理事会制度	Board
秘书长职责	Secretary responsibility
领导艺术	Leadership skill

思 考 题

1. 简述领导与领导者的基本概念。
2. 如何理解非营利组织的领导与领导者?
3. 试述非营利组织理事会制度与秘书长职责。
4. 试述非营利组织的决策机制、决策程序与决策方式。

案例:中国宋庆龄基金会理事会制度与决策机制

为纪念中华人民共和国国家名誉主席宋庆龄,1982 年 5 月 29 日,中国宋庆龄基金会在北京成立。邓小平同志亲自担任宋庆龄基金会名誉主席,许多著名的领导人和社会活动家担任基金会里的领导职务,这充分体现了以宋庆龄名字命名的人民团体和慈善公益机构的特殊地位与作用。2005 年 9 月,经第五届理事大会审议通过,更名为中国宋庆龄基金会,英译名为"China Song Ching Ling Foundation",缩写为"SCLF"。

中国宋庆龄基金会是联络国内外友好团体和人士的非营利性组织,是独立的社团法人。基金会的宗旨是"继承和发扬宋庆龄毕生致力的增进国际友好,维护世界和平;开展两岸交流,促进祖国统一;关注民族未来,培育少年儿童的未竟事业"。中国宋庆龄基金会自成立至今,紧紧围绕党和国家的中心工作,始终不渝地遵循"增进国际友好,促进祖国统一,发展少儿事业"的三项宗旨,坚持"开门办会"和"实验性、示范性"的工作方针,充分发挥自身优势,在海内外友好组织和热心人士的支持、帮助下,在国际友好、两岸交流、扶贫助教、科学普及、文学艺术、体育卫生等诸多领域都取得了可喜的成绩,赢得了良好的声誉,在国内外产生了积极的影响。

中国宋庆龄基金会的领导与决策实行民主管理,设立理事会和常务理事会。

理事会每届任期五年。每五年举行一次会议,必要时可召开特别会议。理事会的职权包括:①制定和修改章程;②听取、审议基金会的工作报告及基金管理和使用情况的报告;③决定聘任和停聘理事;④推选常务理事、名誉主席、主席、副主席;⑤任免秘书长、副秘书长;⑥决定基金会工作的重大方针、政策、规划和项目。

常务理事会是基金会理事会的常设机构。在理事会闭会期间,由常务理事会代行理事会的职权。常务理事会每届任期与理事会相同。每年举行一次会议,必要时可召开临时会议。常务理事会的职权包括:①解释章程,监督章程的实施;②审计、监督基金会的基金管理和使用情况及年度预算、决算;③督促、检查基金会工作方针、政策和规划的执行情况。

理事会议和常务理事会议由基金会主席决定召开并主持。基金会设名誉主席、主席、副主席,由理事会民主推选产生;基金会设秘书长、副秘书长,由主席提名,理事会或常务理事会任免。有关基金会工作中的重要事项,由主席、副主席办公会议讨论决定,秘书长组织实施。秘书长为基金会法人代表。

2010 年 3 月 1 日,中国宋庆龄基金会五届六次常务理事会在北京举行。会议审议通过了《中国宋庆龄基金会 2009 年工作报告》和《2009 年度基金管理工作报告》。根据年度基金财务及基金收支报告,基金会 2009 年的捐赠收入中,接收海内外社会各界捐款 17 308 万元,同比增长 58.57%。公益性资金支出 11 416 万元,物质支出 487 万元,公益性支出占 2008 年总收入的 75.66%。其中,宋庆龄故居文物库于 2009 年落成并重新开放,并已接待参观人数 6 万多人;中国少年儿童培训基地建设取得实质性进展并顺利奠基。该项目将建设成集少年儿童教育、培训、交流、展示、服务于一体的示范园区。在两岸交流领域,中国宋庆龄基金会 2009 年先后举办了“第三届两岸青少年社会教育研讨会”,为两岸教育工作者相互交流搭建平台;接待了台湾金融总会参访团,为两岸在金融领域的合作与交流奠定了基础;组织高端工作团组赴台访问,在岛内与江丙坤等知名人士就两岸相关的合作交流项目进行了会谈。此外,中国宋庆龄基金会 2009 年组派国际交流团组 19 个,116 人次;接待来访团组和个人 79 批次,917 人次。2009 年 6 月,与科比·布莱恩特家族基金会合作,设立了科比中国基金。在四川地震灾区灾后重建工作方面,截至 2009 年底,基金会累计接收救灾款物 7 049.38 万元,其中捐款5 324.94 万元,捐赠物资价值 1 724.44 万元。已拨付灾区用于灾后重建资金 3 633.61 万元,结余的 1 691.33万元属于灾后重建定向捐款,款项将根据援建协议分批拨付。按照 8 级抗震标准,该基金会先后在四川、甘肃、陕西、云南等地援建了 17 所学校,有 7 所学校相继竣工。

中国宋庆龄基金会主席胡启立指出,中国宋庆龄基金会要充分发挥人民团体和公益机构双重职能的资源和优势,使两者相辅相成,相互促进。以中国少年儿童培训基地建设等重点项目为抓手,大力推进基金会战略转型。

资料来源:百度文库,http://wenku.baidu.com/view/953916c608a1284ac85043f5.html

第四章　非营利组织的人力资源管理

教学内容：

(1)非营利组织人力资源的基本概念、人员构成及其管理的特点和任务。

(2)非营利组织人力资源管理的基本内容。

(3)志愿者管理的基本内容。

教学要求：

(1)掌握非营利组织的人力资源构成。

(2)了解非营利组织人力资源管理的特点。

(3)掌握非营利组织人力资源管理的基本内容。

(4)了解志愿者的含义、理念。

(5)掌握志愿者的招募、管理和程序。

非营利组织生存和发展的关键是拥有受过良好教育且具有高度灵活性的员工，为了能够及时应对不断变化的环境，组织必须把它们对人力资源管理的需求整合到长期的战略规划中去。非营利组织人力资源是整个社会人力资源系统中的一个重要组成部分，20 世纪 90 年代，美国霍普金斯大学赛拉蒙教授基于对 41 个国家的分析发现，世界上几乎所有国家都存在着庞大的非营利性部门，这个部门的平均规模占各国国内生产总值的 4.6%，占非农业人口的 5%，占服务业就业人口的 10%，相当于公共部门就业人口的 27%。并且随着社会的发展，它在整个社会人力资源系统中所占比例还将进一步增大。毫无疑问，非营利组织人力资源管理已是整个社会人力资源管理体系中不可或缺的一部分。

第一节　非营利组织人力资源管理概述

一、人力资源与人力资源管理

1.人力资源的概念

“人力资源”一词是由当代著名的管理学家彼得·德鲁克(Peter Drucker)1954 年在其《管理的实践》一书中提出的。他认为，人力资源是经理们必须考虑的具有“特殊资产”的资源，人力资源拥有当前其他资源没有的素质，即“协调能力、融合能力、判断力和想象力”。自从德鲁克开创性地提出人力资源的概念后，学者们开始围绕“人力资源”这个概念的内涵和特征不断地展开讨论。关于人力资源的界定，尹万·博格(Ivan Berg)认为，人力资源是人类可用于生产产品或提供各种服务的活力、技能和知识。纳比尔·艾丽斯(Nabil Elias)认为：人力资源是企业内部成员及外部的人即总经理、员工和顾客等可提供潜在服务及有利于企业预期经营的总和。国内学者郑绍濂认为，人力资源是指能够推动国民经济和社会发展的、具有智力劳动和体力劳动能力的人们的总和，包括数量和质量两个方面。

人力资源的含义可以从广义和狭义两方面理解。广义的人力资源是指存在于劳动者自身、能够创造新的使用价值和价值、可供开发利用具有劳动能力人口的总和。一般意义上的人力资源是指人拥有的知识、技能、经验、健康等“共性化”要素和个性、价值观、团队意识等“个性化”要素，以及态度、努力、情感等“情绪化”要素的有机组合。人力资源的共性化是人力资源的核心，在一定时期内会比较稳定、客观地存在。人力资源的个性化比较稳定，有较强的主观性和个人偏好性，如果岗位的需求与个人的这些“个性化”要素不匹配，会使人们已经具备的知识、能力、经验等“共性化”要素得不到正常的发挥，进而影响业绩。而情绪化较之个性化而言，表现得非常不稳定，会随着企业制度、企业文化和人际关系等外部环境的变化，产生比较大的波动，进而影响绩效。

2.人力资源管理的概念

从历史上看，人力资源管理相对于其他组织部门处于边缘位置，这是由于多年来人们一直认为组织不能衡量或者量化人力资源管理部门对组织的关键问题做出的贡献，人力资源管理部门既不能按照财力条款的一般特性行事，也不能说明成功的人力资源管理和组织成就之间的关系。直到20世纪六七十年代，发达国家及企业中发生的一系列变化，标志着传统的人事管理的性质发生了改变，使人事管理最终转变成人力资源管理。人事管理转变成人力资源管理说明对人的管理这项工作的重要性在增加。这种转变是由于人事管理环境正在发生着某些变化，这些变化要求人事工作在组织中担当越来越重要的角色，许多因素促成了这种转变，这些因素中既包括外部环境也包括组织的内部环境。

从人力资源管理理论的发展过程来划分，人力资源管理理论的发展经历了三个阶段：古典人力资源管理理论阶段、行为科学理论阶段和人力资源管理理论开发的科学阶段。

古典人力资源管理理论产生于19世纪末20世纪初至第一次世界大战之前，机器大生产是当时社会生产的主要方式，这一时期人力资源管理思想的中心问题是管理好机器大生产中的人，从而达到有效提高生产效率的目的。其主要特点是强调组织必须有科学的管理，而科学的管理必须让管理人员掌握有关的原则和方法，以便使每个人都能很好地完成自己的职能。在这一阶段，人力资源管理是将人当作机器加以控制，其外在表现为监督性和强制性的管理。

行为科学理论兴起于20世纪20～30年代，将人当作机器的高强度生产，不仅没有提高组织的效率，反而激发了劳资矛盾，因此，重视人的生理需求与人的行为开始成为这一时期的人力资源管理思想的重点。行为科学理论的最大进步在于，强调工人不是机器，而是有需要、有动机、有个性的企业组织成员；强调从人的需要出发，对人的行为进行积极的引导或激励，即对人进行科学的管理。

20世纪中期以来，随着科学技术进步和经济的飞速发展，人力资源对一国经济增长的贡献也日益突出，人力资源管理理论也取得了实质性的发展。其中以美国经济学家西奥多·W·舒尔茨提出的较完整意义的人力资本理论，代表了现代人力资源的思想。他认为人力资本是体现在劳动者身上，通过投资形成并由劳动者的知识、技能和体力所构成的成本。在舒尔茨的一系列人力资本的论著中，较为全面地论述了人力资本投资、人力资本投资与经济增长的关系、教育的作用、人力资源的有效配置以及人力资源保护等问题。人力资源的管理，成为一种开发性的管理。舒尔茨的人力资本理论极大地推动了人力资源管理理论的发展。

与传统人事管理不同，人力资源管理不是仅着眼于劳资矛盾，或由个别人事雇员从事一些经验性、简单低档次的人际关系处理工作，而是强调战略性、资本运营性、全员民主性和专业技术性。其核心思想就是将人（企业员工及其身上的知识技能）看作是一种能够为企业创造价值的战略性资源、资产和资本，要求企业管理者有长期战略投资眼界，做到在战略指导思想上把人当作“资财”，注重人力资源建设、人力资产保值增值和人力资本投资运营；在战略管理层次上不仅仅停留在执行操作层面，而是要将人的问题提升到企业战略决策层面。

人力资源管理是从经济学的角度来指导和进行的人事管理活动，即人力资源管理是在经济学与人本思想指导下，通过招聘、甄选、任用、考核、激励和培训等管理形式对企业内外相关人力资源进行有效调配和运用，最大限度地调动和发挥企业员工的积极性和创造性，实现人力资本价值最大化，从而帮助企业提高核心竞争力和经营绩效，创造竞争优势，满足企业当前及未来发展的需要，保证企业战略目标实现与成员发展的最大化。对此，可以从两个方面来理解人力资源管理：

对人力资源外在要素量的管理。对人力资源进行的管理，就是根据人力和物力及其变化，对人力进行恰当的培训、组织和协调，使两者经常保持最佳比例和有机的结合，使人和物发挥出最佳效应。

对人力资源内在要素质的管理。它主要是指采用现代化的科学方法，对人的思想、心理和行为进行有效的管理（包括对第一部分基础体和群体的思想、心理和行为的协调、控制和管理），充分发挥人主观能动性，以达到组织目标。

二、非营利组织人力资源管理

1. 非营利组织人力资源构成

在一般的企业组织中，董事会是最高的权力机构，首席执行官（CEO）是个执行者，在责权上没有任何含糊，在金字塔的底层是若干的职能机构。而在非营利组织中，董事会或执行委员会和执行董事长之间则存在“瓶颈”。执行董事长代表了组织、成员和对董事会来说经常性的顾客，他被董事会认为有比其他成员更多的专业知识，而且，执行董事长通常对董事会的认识和想法有很大的影响。另外，企业董事会中最主要的力量多是在企业中工作的，而在非营利组织中，董事会中有投票权的成员大都不在组织中工作。因此，在这样的组织中，所有的成员——董事会、管理层、工作人员和志愿者——必须组成一个开放式的交流、分享目标和分享成功结果的团队。非营利组织管理机构的核心是董事会和总裁，董事会成员由类似企业独立董事的外部人员组成，董事会人员大多是兼职的（经常也是无偿的志愿者），职责是关注组织使命，确定运作的考核指标，并为组织筹集资金。一般而言，非营利组织的人力资源包括以下几方面：

（1）董事会成员。董事会成员一般包括出资人、社区居民代表、政治家和社会工作者。董事会是非营利组织的最高决策机构，其主要职责是为组织制定方案，确立目标和招聘成员等。非营利组织没有股东，所以没有明确的组织去选举董事会成员，倾向于公众代表，一些代表是顾客导向的，一些代表是由专业归属的，还有的是代表了很广泛的利益、能力和政治忠诚。无论董事会成员代表谁，他们必须在制定决策和提供建议给全职管理者时对不同人员进行平衡，他们必须对顾客、雇员、公众和基金来源全心关注，这对大部分董事会成员来说是一个高要求。

（2）高层管理人员。执行总裁一般是非营利组织的高层管理人员，他们由董事会任免，其工作职责是执行董事会制定的方案、管理机构资源、开发服务项目、拓展外界联系、争取社会募捐、考核和评估雇用人员。他们为组织的目标和日常运行付出了大量的时间,并承担更大的风险。董事会和执行总裁应建立起一种他们都相对适应的期望的共享职务。在某种情况下,执行总裁可能领导整个董事会,在其他一些情况下,董事会可能会挑起大梁,这由不同的治理结构所决定。

(3)普通工作人员(付薪职员)。工作人员的素质是影响非营利组织工作效率的一个非常重要的因素。他们如同在营利性组织中的职员一样,有专业特长,享有固定的工资收入,其主要职责是协助总裁工作,开展人员培训和项目管理,对志愿者进行评估和监督等。

(4)志愿者。志愿服务是非营利组织所特有的社会资源。志愿者是指出于自由意志而非基于个人义务或法律责任,秉承以知识、体能、劳力、经验、时间等贡献社会的宗旨,不以获取报酬为目的,为社会提供各项辅助性服务的人员。非营利组织的志愿性不仅意味着非营利组织除接受志愿性的捐赠外,还意味着非营利组织使用一定数量的志愿者,志愿者在帮助组织的同时也增加了自己的经验。由志愿者组成的管理委员会或理事会构成了非营利组织人力资源管理的一大特色。

2.非营利组织人力资源管理的概念及特点

(1)非营利组织人力资源管理的概念。非营利组织人力资源管理是指非营利组织为实现其组织目标和组织成员的自身发展,通过相关的法规、制度、方法和手段,对其成员进行规划、选拔、任用、激励、培训、考核等一系列管理活动的总和。它和企业、政府人力资源管理同属人力资源管理范畴,都包括人力资源的规划、获取、开发、保障与维护等职能,并在管理的环节、原理方法等方面存在许多共性,但非营利组织拥有自身的规定性,所以其人力资源管理也呈现出明显的个性。

(2)非营利组织人力资源管理的特点。非营利组织的非营利性、自治性、自愿性等特性决定了其人员构成相对于政府部门和营利组织而言,更具复杂性和特殊性。非营利组织人员的特殊性决定了非营利组织人力资源管理的特殊性,主要表现如下:

其一,与企业比较,非营利组织人力资源管理的特点:①公开性、透明性。企业的人力资源管理主要对企业负责,受企业监督。非营利组织主要致力于社会公益性事业,所提供的许多公共服务是享受社会资助和政府免税的,它的各种活动(包括人力资源管理)理应向更为广泛的主体负责,并受到比企业更为严格的监督。非营利组织的人力资源管理活动不仅要受到组织内部的监督(如理事会、监事会的监督),还要受到组织外部的社会监督(如捐赠人、公众、业务主管部门的监督),因此,非营利组织人力资源管理必须比企业人力资源管理更具有公开性、透明性。②特殊性、民主性。营利性组织的人员一般都是带薪员工,对他们进行招聘、录用等管理活动时,都会充分考虑到工资、福利待遇方面的要求,考虑人力成本问题。而非营利组织的人员构成中有很大一部分是志愿者,他们是出于自由意志,不以获取报酬为目的,为社会提供各项服务的人员,对他们进行招聘、培训、评估考核等人力资源管理活动就应采取不同于营利性组织人力资源管理的特殊管理方式,从而更好地激发非营利组织成员的工作积极性,为社会多做贡献。此外,非营利组织的组成带有很强的志愿性,其成员除了有薪的正式职员外,还有相当部分的志愿人员,这部分志愿者一般具有共同的价值取向和公益性目标,有高度的使命感和奉献精神。由于目标的多维度,产出的无形性与间接性及主体的多样性与志愿性,使得非营利组织中人员选拔、任用、考核、薪酬管理的程序和标准等比企业更为复杂,并且在人力资源管理各环节中要体现出更高的民主参与成分。

其二,与政府比较,非营利组织人力资源管理的特点:①管理性。政府人力资源管理机构的设置及相应管理制度的建立与国家政治体制密切相关,因而政府人力资源管理带有一定程度的政治性。而在非营利组织中,虽然我国目前存在着不少功能与成员行政化的现象,使得这些非营利组织打上了官办组织的烙印(如中国贸促会、中华慈善总会等),但这是我国非营利组织特殊生成模式——政府主导型——所留下的暂时性痕迹,不具备典型性,完整意义上的非营利组织作为以志愿求公益的团体并非国家机构,社会性与公益性是其主要特点,因此,其人力资源管理的政治性色彩很淡,更多地体现出单纯的管理性。②灵活性。由于政府的公权性,政府人力资源管理的一些重要管理制度要上升为法律,比如《国家公务员法》,这使政府人力资源管理的法制化程度较高,但灵活性不足。而非营利组织人力资源管理虽然也力求制度化、规范化,但由于其民营性、自治性,其人力资源管理比政府人力资源管理更具有灵活性与弹性。

综上所述,可以发现非营利组织人力资源管理在一定程度上既具有政府人力资源管理的某些特征,又具有企业人力资源管理的特征,它好像是政府人力资源管理与企业人力资源管理特征的一种折中,这与非营利组织的定位是一致的。

3.非营利组织人力资源管理的基本任务

非营利组织人力资源管理的目标应该紧紧围绕非营利组织服务社会和民众的整体目标。非营利组织人力资源管理的目标定位应该是获取与开发非营利组织所需要的各类、各层次的人才,建立起非营利组织与其员工之间良好的合作关系,从人力资源上满足社会和民众对非营利组织提出的要求和需要,满足非营利组织本身管理和发展的目标,同时也满足员工个人成长和发展的需要。非营利组织管理的任务有以下内容:

(1)营造良好环境。非营利组织人力资源管理良好环境是高效开发非营利组织人力资源的基础。只有建立了这一基础,非营利组织的人力资源开发的各种措施才能奏效。非营利组织人力资源管理的环境包括三个方面:①人力资源管理的基本规则。它是指在人力资源管理的各种活动中,管理部门依据什么样的原则和思想来指导管理活动,非营利组织人力资源管理是依据什么标准和途径选拔、任用和晋升的,它决定了人力资源的来源和发展方式。与传统的事业单位和慈善组织不同,现代非营利组织人力资源管理确立了专业化和法制化的管理规则和行为准则,从而提供了一种理性、客观、公正的人力资源管理环境。②非营利组织人力资源的管理体制。它通过人事管理权限的合理划分,明确人事管理部门法定的职责、权限,保证了人力资源管理职能的有效实现。③非营利组织人力资源管理的各种管理机制。管理机制将现代人力资源管理的理念贯穿于具体的管理措施和管理方法之中,有针对性地设计了与组织发展相配套的人力资源发展路径以及所需要的相关资格,提供了人力资源积极进取的保障体系和动力机制。

(2)求聘优秀人才。对一个组织来说,只有求得有用人才、合理使用人才、科学管理人才、有效开发人才等,才能促进组织目标的达成和个人价值的实现。非营利组织人力资源管理的目标定位应该是获取与开发非营利组织所需要的各类、各层次的人才,建立起非营利组织与其员工之间良好的合作关系,从人力资源上满足社会和民众对非营利组织提出的要求和需要,满足非营利组织本身管理和发展的目标,同时也满足员工个人成长和发展的需要。

(3)合理使用人才。通过合理的管理,实现人力资源的精干和高效,取得最大的使用价值。人的使用价值达到最大就是人的有效技能最大限度地发挥。采取一定措施,充分调动广大员工的积极性和创造性,最大限度地发挥人的主观能动性。调查发现:按时计酬的员工每天只需发挥自己20%～30%的能力，就足以保住个人的饭碗。若充分调动其积极性、创造性，其潜力可发挥出80%～90%。针对个人而言，其潜能开发、技能提高、适应社会、融入组织、创造价值、奉献社会等问题，都有赖于人力资源的管理。

(4)持续开发人才。对国家而言，“科教兴国”“全面提高劳动者的素质”等是国家的兴国、强国之策，一个国家的人力资源得到了充分的开发和有效的管理，国家才能繁荣，民族才能振兴。对于非营利组织而言，积极地、持续地开发人才，培养全面发展的劳动者，是非营利组织在竞争中发展的保证。

(5)留住优秀人才。优秀人才是非营利组织的重要财富，人才的流失会给组织带来很大的创伤，因此，留住优秀人才就成为非营利组织的主要任务之一。非营利组织通过人才职业生涯规划，为员工建立适合个人的职业发展路径，使员工将个人的发展与组织的发展结合起来。另外，非营利组织还可以通过提供良好的工作与学习环境、具有竞争力的薪酬、丰富的福利计划等手段以留住优秀人才。通过宣传教育，提高人才志愿参与公益事业服务的精神培养，是留住人才的根本。

第二节　非营利组织人力资源管理的内容

人力资源管理依赖于各种人力资源管理的方法和功能的成功整合与执行。非营利组织通过人力资源的招聘选拔、培训发展、工作评估、报酬福利等具体管理活动的实施，以达到事得其人、人尽其才、才尽其用的目的。

一、人力资源的招聘

人力资源的招聘就是寻找合格员工的过程。员工招聘必须与组织的使命结合在一起，应当想办法预知组织未来对人力资源的需求，实现组织对人力资源需求的满足。一般情况下，当组织出现职位空缺或需要新增职位时，可以从外部或内部两种渠道增补所需的人员，两者都必须经过一定的程序。

1. 员工的招募与甄选的程序

(1)招募候选人员。通过刊登广告、网络、委托职业介绍所、学校、公开场所布告、请人推荐，以及主动去告知已确认的可能人选，候选人愈多，选择适当人选的机会愈大，但是数目的多少并不是最重要的事，候选人的质量才是最重要的。

(2)成立员工招聘委员会(Search committee)。大约以5～7人较为合适，通常是由董事们(理监事)组成，但是也可包括员工或是其他组织的专业人员，如果机构人数较少，则一般采用董事长(理事长)或机构长(执行长、秘书长、总干事)直接面试的方式。

(3)审查候选人员。通常先审查应征者的履历表，并须附有相关的证明，若无法从履历表中发现内在的特质，如人格特质、价值观、创新能力、敬业态度等，必须由面谈或各项测验工具才能获知。

(4)候选人的甄选。所有的候选人员经过相同的面谈程序后，由招聘委员会对面谈结果进行评议，并进行最终排名，确定组织所需要的人选，即完成新人的甄补工作。

员工招聘和选拔的进程不应随着员工招聘或提升而终结。员工招聘委员会应当记录它们的招聘和选拔程序，从而使得该委员会能够在今后对这些程序加以评估。评估工作应当是确定员工招聘过程中每一步的成功与失败，这样，组织就可以在必要的时候进行调整。

2. 员工招聘的方法

(1)内部招聘。当需要填补职位的空缺时，非营利组织常常会先在组织内部寻找适当人选。内部员工招聘受到许多组织的青睐，这是因为行政管理人员可以借此在选拔工作开始之前就对内部申请人的知识、技能等资格进行审核和评估。内部招聘也使得组织能够从当前员工的招聘、选拔、培训和发展所作的投资中获得回报。对合格在职人员进行提升，一方面是对员工过去工作的回报；另一方面，也可以给员工一个信号，组织是致力于员工的发展和进步的。

(2)外部招聘。外部招聘是指组织从其外部寻找合格的申请人。组织通常都会从相关的劳动力市场上寻找合格的工作申请者。相关的劳动力市场是由工作职位所需要的技能和能够发现这些技能的位置(地理区域)所决定的。

非营利组织需要建立起一个员工招聘战略，应该确定何时寻找合格的求职者，以及到哪里去寻找他们，而且也应当采取恰当的行动。利用各种媒介进行招聘的宣传，在求职者向组织递交了个人简历或求职表之后，组织就必须用与工作相关的标准来找出求职者具备哪些工作职位所需的条件，通过认知能力、资质测试、工作表现测试和面试等方法对求职者进行评估，从而选拔出合格的员工。

二、培训与开发

人们对非营利组织的要求不断发生变化，在社会需要更高质量的服务和新型的服务背景下，技术上的变革要求职员具备新的技能。今天，工作职务要求员工能承担更具有挑战性的责任。为了生存和发展，非营利组织必须建立起最大限度利用其人力资源的战略，培训和发展战略是人力资源管理的内在需求。

1. 员工培训的需求分析

培训工作的第一步就是确定培训项目的具体要求。确定培训需求是指了解对员工进行培训的必要性及其程度，确定哪些员工需要培训以及需要参加何种培训的过程。这里的需要是组织的需要与员工本人需要相结合。员工培训必须有助于组织目标的实现，如提高生产和服务效率，降低运营成本；改进产品和服务质量，建立和谐的劳资关系等。培训决策过程有赖于培训专家的参与，需要对组织的培训需求进行系统的、准确的分析。

为了评价培训的效果和将来的培训需要，对培训需求的分析必须形成一种制度，定期地进行，并且必须在组织、生产和人员三个层次上全面展开。

(1)组织分析。组织分析是对组织战略目标、组织人力资源、组织士气、组织问题、外界对组织的期望等的资料搜集，用来检讨组织策略。

(2)人员分析。人员分析的目的，主要在于了解组织中个人所具备的外在的知识、技巧，与内在的态度、价值观、人格特质等，是否符合组织及工作上的要求。

(3)工作分析。工作分析就是将机构活动中各项工作的内容、责任、性质，以及员工所应具备的基本条件，包括知识、能力、责任感、技巧等加以研究分析的过程。

2. 培训的实施

培训方式的分类常以培训发生的地点为标准，分为现场培训和非现场培训。一般说来，现场培训又分为两类，在岗培训和非在岗培训。

在职在岗培训是指在工作中直接对员工进行的培训，是通过聘请有经验的工人、管理人员或专职教师指导员工边学习边工作的培训方式。在职在岗培训是一种历史悠久、采用最普遍的培训方式,也是一种比较经济的方式。在职在岗培训不仅使员工获得完成工作所需要的技能,而且还可以传授给员工其他的技能,例如,如何解决问题、如何与其他员工沟通、学会倾听、学习处理人际关系等。

在职脱产培训是指有选择地让部分员工在一段时间内离开原工作岗位,进行专门的业务学习与提高的培训方式。其形式有举办技术训练班,开办员工业余学校,选送员工到正规院校或国外进修等,脱产培训花费较高。随着非营利组织人力资本投资比例的增加,组织对员工工作效率也日益重视。

3.职前培训

当员工进入非营利组织时,必须了解与学习工作场所的新价值和新规范,这是新员工社会化的调适过程。不管新招聘的人员具有何种技术或经验,皆需要职前培训,以适应新环境。职前培训项目一般包括一般性引导项目和部门特殊性培训项目。

一般性引导项目:

(1)机构简介。非营利组织的历史、目标、程序、规则、服务项目、组织结构等。

(2)政策与程序。工作时间、假期、假日、申诉、制服、请假(病假、进修、事假)、晋升、调职、培训等。

(3)薪资。薪资幅度(标准)、加班费(或补休)、支薪日、支薪手续、考勤等。

(4)福利。保险、退休、提案制度、休闲活动等。

(5)安保设施。相关政策与规定、火灾防护、急救设备、安全委员会等。

(6)实体设备。办公室配置、出入口、停车场、餐厅等。

部门特殊性培训项目:

(1)部门的功能。说明其目标、活动和结构,并说明该部门和其他部门之间活动的关系。

(2)工作职责。详细说明新进员工的工作职责(给一份工作说明书影印本),并解释其工作和其他同事之间的关联。

(3)政策与规定。该部门特有的规定,诸如休息时间、午餐时间、计划时间表、保密原则等。

(4)环视整个部门。使充分熟悉部门中的设备,包括储藏室、紧急安全出口、设备等。

(5)介绍部门同事并指定带领与协助他适应部门的人。

通过招募、聘用、培训、开发,非营利组织可以获得实施既定项目所需要的各种人力资源储备。

三、工作业绩评估

非营利组织发展提出了越来越多的责任要求,这些要求集中体现在对员工工作表现的关注上。因此,更多的非营利组织已经开始对其员工进行更为全面的业绩评估,因为员工的高质量的服务对组织的发展是极其重要的。非营利组织的员工包括高级行政主管和一般员工。评估时,基层员工的评估大部分是由高级行政人员来评估,而高级行政人员则是由董事会(监事会)来进行评估。

1.基层职员的绩效评估

在一般的非营利组织中,员工每年都要接受其主管的绩效评估与面谈,主管会对部属询问一连串的问题,譬如工作说明、工作表现、员工满意度、督导满足感等,通过问题的询问,主管可以了解部属的实际作为，在回答完问题后，主管会对部属工作表现的优点和缺点提出看法，也许是赞美，也许是纠正错误，同时也与部属讨论下年度的工作目标。

双方会议完成后，部属应将会议记录整理送交主管，对于双方同意的工作目标也都列在上面，主管看完记录后，提出意见，并由主管和部属共同签名，这份文件最后送到人力资源部门，人力资源部门可以同意，也可发表意见，如果都没有问题，这份文件就成为该员工的考绩，将列入人事记录，同时也作为薪资调整的参考。

2. 高级行政人员的绩效评估

高级行政人员的评估应由董事会中具有人事管理专长的董事（理事）来运作，一般情况下，对高级行政人员的评估可以从三个方面进行：

（1）技术能力。对员工的基本情况如知识、技巧和经验的了解，组织的安排和组织的使命和目标。

（2）经营能力。在非营利组织的维持与发展过程中，员工、董事和其他人在管理工作所显示出来的技术和行为技术。

（3）发展能力。为组织的发展，所需要的个人判断、技术和创造能力。

高级行政人员绩效评估的标准包括：①管理技巧能力；②领导能力；③组织能力；④沟通能力；⑤人际关系；⑥组织经营范围的相关知识；⑦募款的技巧；⑧促进组织效率的相关知识；⑨掌握与运用可能影响组织趋势和议题的能力。

工作业绩评估是对员工的工作行为与工作结果全面地、系统地、科学地进行考察、分析、评估与传递的过程。绩效考评在本质上就是考核组织成员对组织的贡献，或者对组织成员的价值进行评价，它是管理者与员工之间为提高员工能力与绩效，实现组织战略目的的一种管理沟通活动。

员工业绩的评估还包括评估的时间、评估的方法、评估的主体、评估的反馈等几个方面，这些内容在一般人力资源管理课本里有详细的论述，这里不再复述。

四、薪酬管理

薪酬是对员工工作绩效的各种形式的支付和回报，同时也是组织营运成本的重要组成部分。薪酬管理并不只是钱的问题，它包括非金钱和金钱的报酬，也就是内在薪酬和外在薪酬。内在薪酬来自于自我产生的因素，它影响人们呈现特定的行为，它会以挑战、责任、影响决策、成就感、认知、技术发展和生涯机会等来满足个人需求。外在薪酬则是关于为员工做了些什么来激励他们，包括薪资、赞扬、晋升职位、处罚等。外在薪酬是立即的效果，但是不会持续太久，内在动机则有较深入和较长期的影响，因为它是源自个人心中，不是由外面深入的。

基于薪酬管理对员工的激励有相当的影响，因此，从非营利组织的角度看，职员们可以在外在薪酬和内在薪酬方面来加以说明，以便了解两种薪酬对员工的影响。

1. 外在薪酬的管理

报酬和福利是非营利组织所面临的最大的开支。非营利组织操作预算中的60%～80%都花在了员工的工资和福利上，因此，报酬福利制度的设计、实施、维护，就成了人力资源管理活动的重要成分。

到底要付多少薪资才算合理？许多因素决定着非营利组织中员工报酬与福利的多少，诸如外部劳动力市场，国家法律，从事该职务所必需的能力、知识等，以及组织提供竞争性工资的能力。

首先，应对其他的非营利组织的薪资进行调查，以得到相关工作所付出薪酬的范围。其次，针对一些相似的组织，向他们索取员工薪资和福利计划的资料。这些数据可以加以整理，找出每个职位的最低、最高和平均薪资等级，再配合福利计划的范围，然后将这些数据送交董事会(理监事会)参考。再次，研究组织的预算方案，了解人事费用、行政费用、组织举办活动费用，合理分配各项费用在总预算中所占比例。研究组织的预算处理，了解人事费用可以有多少，一般必需的行政费有多少，对于留给组织举办活动的费用，是否在总预算中有太高的比例？对于预算的分配有所了解后，最后，可重新设计组织内部的工作，增加组织收入或以志愿者、顾问、实习生的方式来取代付薪的职员，或劝募更多的经费？

2.内在薪酬的管理

内在薪酬是员工从工作本身所获得的心理收益即对工作的责任感、成就感、胜任感、富有价值的贡献和影响力等，组织可以通过工作设计、制度、人力资源流动政策等来执行内在薪酬，让员工从工作本身中得到最大的满足。

相对于外在薪酬而言，内在薪酬的支出是非经济性的，它的主要内容是满足员工在经济性报酬之外的权利，例如具有参与决策的权利、拥有能够发挥潜力的工作机会、可以自主且自由地安排自己的工作时间、有较多的工作职权、从事有兴趣的工作、提供个人发展的机会以及参与多元化的活动等。

非营利组织内在薪酬的设计可以采取以下措施：一是使工作更富有吸引力，通过工作丰富化、岗位轮岗、工作扩大化等工作设计的手段使工作更具有趣味性，从而满足员工的成就感需求；二是提供员工个人成长的机会；三是扩大工作自主权，使企业从仅靠金钱激励员工、加薪、再加薪的循环中摆脱出来。

建立一个适应于员工又适应于组织目标要求的多元化的薪酬体系需要不断地调整。针对不同的员工有着不同的考虑，是非常重要的。为了吸引员工，组织或者为员工提供具有竞争性的工资，或者提供那些员工认为是相当重要的福利项目，如灵活的工作日程、事业的机动性、目标感和利用自身技能的机会，以及儿童保育福利，或者教育费补偿计划等。

第三节　非营利组织的志愿者

志愿者的数量占到非营利组织就业人数的三分之一。在美国，现在成年人口中半数，志愿捐献他们的业余时间，每年捐赠200多亿小时，相当于900万全时的工人一年的工作时间。随着我国非营利组织的进一步发展，公民社会进一步形成，志愿人员的规模必将进一步扩大，非营利组织中的志愿人员管理也将进一步凸显其重要性。因此，充分、永续地开发和运用此类人力资源，就成为当前非营利组织管理的重点之一。

一、志愿服务与志愿人员

目前，志愿服务已成为非营利组织开展公益活动的重要资源，基于志愿精神的志愿者成为非营利组织不可缺少的组成部分。志愿精神是指一种自愿的、不为报酬和收入而参与推动人类发展、促进社会进步和完善社区工作的精神，是公众参与社会生活的一种非常重要的方式，在一些国家，志愿精神是公民社会和公民社会组织的精髓。志愿服务则是指在志愿精神的感召下，任何人自愿贡献个人时间和精力，为推动人类发展、社会进步和社会福利事业而提供的服务。志愿精神的产生基于个人对人类及社会的积极认识、对于社会发展的积极价值取向，而这个取向又来自个人的背景、教育和经验，也来自于社会环境的作用。所以，志愿精神是个人对生命价值、社会、人类和人生观的一种积极态度，是构成公民社会的基石之一。志愿人员服务的领域主要涉及行政、各种仪式、交流联络、能源管理、环境、旅游接待、信息技术、国际关系、翻译服务、医药健康服务、奥运家庭运输、新闻发布、公共关系、安全、观众服务、体育项目、电信等领域，甚至开、闭幕式的部分表演者也由志愿人员担当。其实，高质量的志愿服务不仅仅有助于类似于奥运会之类的大型活动，它更有助于整个社会协调、健康的发展。

志愿人员则是指那些具有志愿精神，能够主动承担社会责任而不关心报酬的人，或者说是不为报酬而主动承担社会责任的人，志愿人员从事志愿服务更多的是出自个人的自我动机。

以上仅仅从一般意义上界定志愿精神、志愿服务、志愿者。事实上，志愿的内涵因人、因地、因时而异。美国全国社工人员协会认为，一群人为追求公共利益，本着自我意愿与选择而结合，称之为志愿团体，参与此类团体的工作者，称为志愿工作者。它的范畴很广，经济、社会、教育、宗教甚至政治活动，均可包含于其中。而我国港、澳、台湾地区一般将志愿者称为义工。

志愿服务已经存在和发展了100多年，在发达国家和地区，人们对于志愿者已经有了相当的认同，志愿活动与居民的社区生活息息相关，与社会的进步和社会福利事业息息相关。中国在20世纪80年代后期开始出现自己的志愿服务和志愿人员。改革开放以后，中国最早的志愿人员产生在社区服务的层次上，从属于民政系统，并逐步建立社区志愿人员组织。20世纪90年代初期，另外一支志愿人员队伍在共青团系统中形成，并产生了全国性的志愿组织。目前，在中国最为活跃、规模最大、影响最广的是这两支志愿人员队伍。另外，中国其他的公共部门与非营利组织也有自己的志愿人员和志愿服务项目，包括中华全国慈善总会及其地方组织、中华全国妇女联合会、国际志愿人员协会等。目前，中国的志愿服务正从传统意义的社会福利事业向更广阔的预防性及发展性工作扩展。

二、志愿人员特点

首先，志愿服务是志愿人员自愿承担社会责任的体现。在志愿服务活动中，志愿人员的参与是建立在自己对社会与自身价值的认知基础之上的，在参与过程中，不存在强制力的约束，也较少有功利性的诱导。这种参与并不受制于传统官僚制组织所拥有的权力与权威，其进退也不为世俗的利益交换所左右，而是带有强烈的个性色彩。

其次，志愿服务对于非营利组织而言是辅助其完成自身职能的手段。无论哪一类公共部门和非营利组织，都有自己的在编人员，这些人员都是为了完成部门职能而存在的。但是由于公共事务的大量增长，使得这些部门的现有人力资源不能完全满足社会对于相关服务需求的大幅提升，而志愿人员的加入则从人力成本、技术资源结构诸方面提供了有益的补充。当然，这种补充对于相关的组织而言并没有附加太多的成本诉求。

另外，志愿人员在志愿服务中扮演着多重角色。一方面，作为“编外”人员，志愿人员的参与对于相关部门的工作只是起着一种辅助作用，尽管有些人认为志愿人员会从在编人员处抢走工作职位，但志愿人员一般总是从事那些没有被做完的工作。他们本应是置身于组织内部既有的规则（包括潜规则）、氛围、人际关系之外的；但是实际上，志愿人员参与到组织的相关工作中，自然成为部分参与者甚至是完全参与者，不可避免地受到组织外部与内部环境的影响，使志愿人员的工作心态产生微妙的变化，从而影响志愿人员的参与初衷与热情。

三、志愿者精神的社会意义

志愿者活动具有巨大的社会价值，Robert Putnam 和其他人的研究发现，志愿活动在建构社会资本的过程中发挥了关键作用——志愿活动中形成的网络本身使人们之间产生了友情和联合，这是建设一个密切联系、一体化的社区所必需的关键因素。

志愿人员工作可以促进人与人之间的社会交往和社会互动，为人们之间的社会交往提供机会，促进社会的融合。志愿者可以在人与人之间，社会群体之间架起相互友爱和相互帮助的桥梁。具体来说，志愿服务的作用主要体现在以下几个方面：

(1)建立和谐社会、促进社会融合。由于社会文化、生活方式和社会结构都在发生变迁，人与人之间的关系逐渐疏离和冷漠。志愿工作可以提供社交和互相帮助的机会，加强人与人之间的接触和关怀，减少彼此的疏离感，建立一个和谐、融洽的社会。

(2)促进社会进步。社会进步需要多方面的资源组合和配置，志愿工作正是以提供大量人力资源的方式，积极参与一些补救、预防和发展性工作，协助和预防社会问题的发生，发挥稳定社会功能及促进社会进步的作用。

(3)加强和改善社会服务。志愿者的参与，既可以提供人力，分担专业人员的繁重工作，又可以提供人才，补充工作人员专业技能上的不足。如果能有效地管理和善用志愿者资源，就可以协助改善、加强及发展现有社区服务和社会工作。

(4)提高服务机构工作人员的士气。志愿者的参与，除为所服务的机构提供人力和智力的帮助以外，他们也是这些机构的正式员工的合作伙伴，能够共同参与、策划和推动工作的进展，并从较广的层面上提出建设性的意见和建议，他们的积极和热情，对于正式员工是一个鞭策和鼓励。

(5)丰富个人的生活体验和生活经历。志愿者利用闲暇时间，参与一些有意义的工作，既可以拓展自己的生活圈子，更可以深刻地体验社会和人生，对于社会发展和社会生活做出客观的判断，完善自己的价值观念。参与志愿者活动，可以为志愿者提供自我教育和自我完善的机会。

志愿者的精神是非营利组织的重要精神或称基本精神，但不是非营利组织特有的精神，志愿者精神是一种重要的社会资源。

四、志愿者的具体管理

志愿者是非营利组织人力资源构成的重要且特殊部分，能否对之进行有效管理与激励，决定着组织的生存和发展。

1.志愿者的招募

招募活动能为有志于参加志愿服务的人员提供途径来贡献他们的能力。作为非营利组织或者志愿者小组通过招募活动，使之达到一个双赢的目的。

(1)招募的目的。

1)补充人手。由于志愿者组织并不是稳定的组织，所以志愿者人员变动一般比较频繁，因此需要经常性地招募新的志愿者，以保证志愿服务活动的正常持续的开展。

2)扩展服务。随着非营利组织或者志愿者小组服务经验的积累，志愿者服务的质量及其期望值自然会提高。招募新的志愿者对服务的扩展作用非常重要。

3)遵循志愿者人数准则。一般来说,志愿者人数太少,小组难以提供应有的服务,人数多了可以丰富小组的人力资源。但是人数太多,则可能引起小组决策或者小组管理的问题,因此志愿者小组在准备招募志愿者时,必须保证志愿者人数足够,同时又要保证小组的工作高效。

4)保持小组活力。新的志愿者可以向有经验的组员学习,而后者亦可以得到新的思维的冲击,更能使志愿者小组保持活力。

(2)招募的方法。

1)志愿者介绍。志愿者可以与其身边的亲戚朋友分享宝贵的服务经验,这样更能树立典范,鼓励更多的人投身于义务工作的行列。

2)举办志愿者训练课程。非营利组织可以通过各种形式的训练课程及团体训练计划,引导及鼓励不同层次和年龄的人员参与志愿服务工作。

3)活动推广。在人员流动或居住密集区域,如学校、城市闹市区、居民社区等举办演讲活动,介绍志愿服务工作,并配发宣传单,浏览幻灯片,印制志愿人员招募表,让有意参与志愿服务的人员填写等。这样有助于确认志愿者服务工作的价值和志愿者的贡献,从而吸引更多的人士参与志愿者服务。

4)对外宣传。利用大众媒介,如电视、电台、报纸、刊物、杂志、网络以及户外广告等各种形式,广泛推广志愿者招募信息。

5)运用网络进行招募。在互联网上提供非营利组织的网站,详细介绍志愿者服务的性质、服务的机会、服务活动、福利团体、机构数据等各项信息,鼓励志愿者及有兴趣参与志愿服务的人士在网页上交流做志愿者的心得,同时在网站上建立招聘网页,有兴趣人员直接可以填写。

2.志愿者甄选

(1)招募前的准备。

1)事先要搞清楚机构的需要和服务的要求,以便确定理想的志愿者人选,包括对人选的兴趣、技能及经验的要求等。

2)甄选会面应由机构职员与资深的志愿者共同参与,这样组合有利于平衡观点,有利于日后的工作安排和工作的督导。

3)应设计一张完整的志愿者登记表,包括教育程度、年龄、宗教信仰、技能和参加的其他组织,以及参加志愿者组织的动机、原因、期望和可以服务的时间等。这些数据有助于了解志愿者的背景,但机构必须认真地保管这些表格,不得用于其他目的。

4)准备一些比较简单的测验题目,帮助志愿者了解自己的需要。

5)要懂得因才善用,衡量应征者的体力、能力及心理状况,以便给志愿者安排合适的志愿服务岗位。

6)准备详细的志愿者服务大纲,以便使志愿者能够认识到自己应负的责任。

7)要安排合适的会面地点和时间,这样有助于志愿者对机构保留良好的印象和建立良好的合作关系。

(2)甄选时的面谈技巧。在招募的过程中,面谈环节是非常重要的,通过这个环节可以增进双方的互相了解。面谈过程主要涉及以下问题:

1)你是如何知道本中心进行志愿者招募的?

2)你觉得志愿者的工作是什么?

3)是什么吸引你到本机构参加志愿者服务?

4)你希望在志愿服务中得到什么?

5)你觉得如何可使你获得一个成功志愿者的经验?

6)请列出以往志愿服务经验中最难忘的两件事。

7)请描述工作经验中最难忘的事件(无志愿者服务经验采用)。

8)请形容你心目中理想的上司。

9)你比较喜欢个人工作还是一组人工作?请说出原因。

10)请介绍你擅长的技能。

11)请说出你空闲时间喜欢做的事情和喜欢到的地方。

12)你喜欢接触哪一类服务对象,你比较厌烦哪一类服务对象。

13)以你的意见,我们在提供志愿服务机会时须留意哪些事项。

(3)甄选会面时的注意事项。注意事项主要包括:

1)详细介绍志愿工作的性质及要求。介绍志愿者的权利职责、机构的服务宗旨和服务对象类型等。

2)应坦诚地告诉志愿者将会遇到的挑战,可以让他们做好心理准备和获得满足感。

3)尽量提供多种类型的工作供志愿者选择。

4)说明志愿者必须参加的有关训练课程,以增加对志愿者工作的兴趣及了解。

(4)增进招募效果的方法。如果志愿者小组经常受到人手短缺,以及组员流失率高等问题的困扰,就会影响志愿者服务的推行,则通过以下方法可以有效地提高招募效果。

1)加强培训和发展。如果小组成员因缺乏持续参与志愿者服务的兴趣或动机而流失,机构负责人应经常进行有助于加强志愿者活动吸引力和凝聚力的培训,以保留小组成员。

2)评估及反馈。志愿服务的负责人必须定期评估整个招募程序,尽量收集意见,目的在于多收集资料,衡量招募策略上可改善的地方。某些机构在招募表上询问参加者获知招募机构招募志愿者的资料的来源,其目的是评价宣传渠道效用。此外工作人员也可以作简短的调查或面谈,研究新加入志愿服务成员的原因,如受到广告的吸引,与工作人员面谈时获得的良好印象,这些资料可为小组工作人员检查整个招募程序提供参考。

3.志愿者培训

志愿者是宝贵的人力资源,而培训工作是人力资源管理活动的重要环节。志愿者的培训对促进志愿者的工作表现,增进工作满足感以及提升志愿者服务工作的质量发挥着十分重要的作用。志愿人员培训的内容一般包括组织的目标、战略规划、工作要求、与工作有关的各种技能和方法以及责任感和使命感培训,此外还有正式职员与志愿人员如何相互合作、相互支持的培训。比如,对大型国际运动会(如奥运会)的志愿者就应特别重视这几项培训:①礼仪培训。特别是与中国礼仪不同的国际礼仪常识的培训。②能力培训。它主要包括外语、计算机、应急措施和地理知识等方面的培训。③责任意识培训。

培训是知识、技能及态度三方面的灌输与交流,其主要目的如下:

(1)了解志愿服务工作。培训可以使志愿者明白志愿服务工作的意义并了解非营利组织或志愿者小组的政策目标及理想使命;促进志愿者的个人目标与机构或小组的目标达成一致。

(2)实务工作培训。根据工作岗位的要求,确定志愿者需要掌握所需要的知识、技能和态度。通过实务工作培训,确保志愿者能较快地掌握服务工作,使服务质量达到应有的水平。

(3)志愿者个人发展需要。通过技能、实务的培训可以使志愿者对工作更有信心,帮助他们发展潜能,促进个人发展。

志愿者培训内容主要是根据每次活动的内容而确定的。根据每次不同的工作内容和要求,统一对志愿人员进行短期业务培训,发放《志愿人员服务手册》,宣传志愿服务的意义,介绍服务对象的基本特点和服务工作的基本程序,培养志愿人员从事服务的基本素质、能力和技巧。志愿人员培训一般采用集中讲座或者看录像等方式进行。

4.志愿者小组的管理

志愿者小组管理的目的就是使小组能够高效地利用各种资源完成组织的目标和使命。日常性的志愿者管理工作可区分为小组的内部事务管理和外部事务管理。通常所讲的志愿者小组的管理主要是指小组内部事务的管理。

(1)志愿者小组组织架构的建立。组织架构的建立有利于更好地分配工作,可以促进沟通,加快信息传递,便于管理,因此,每个志愿者小组都应有适当的架构。建立小组架构应注意以下问题:

1)任用合适的志愿者协调员,有助于促进组织与志愿者小组的沟通,以提供支持及监察志愿者运作管理。

2)建立志愿者督导制度,鼓励表现突出的志愿者,提升服务质量及监察小组服务成效。

3)志愿者小组可设立小组主席、副主席、文书、财政、总务等职位,每个职位应有明确的职责。

4)制定志愿者小组会章,选举程序及任期等。

5)提供系统的及适当的技能训练,提高志愿服务的质量及装备,以便他们应付未来发展的需要。

6)设立感谢和奖励渠道,对志愿者的付出表示认可。

(2)决策。增强小组决策能力可以对问题做出针对性的回答,使资源的应用更具效率。常见的小组决策的方法有以下几种:

1)未经小组讨论,而由小组领导(权力者)做出决策。

2)由小组内具有丰富经验的专家做出决策。

3)分别询问小组组员的意见,然后采取大多数人的意见作为小组的决策。

4)由小组内少数组员做出决策。

5)小组有设定的机制对小组的领导赋予决策权。

6)投票表决式决策。

7)寻求共识。

对于决策方式的选择,应该在民主与专权之间谋求平衡,采取灵活的决策方法,使小组的决策能力加强,提高小组工作的效率。

5.冲突处理

组员之间的教育程度、人生阅历、工作经验以及对人生的看法不同,在服务时可能会产生冲突。冲突的正面功能可以增加组员之间的沟通并促使小组成员检查其合作方式;冲突的负面影响可能会导致小组的分裂。管理者应该掌握正确的解决冲突的方法,常见的方法有以下所述:

(1)面对面的讨论。通过面对面的、坦诚的讨论,冲突双方能澄清并探讨冲突的原因,并表达个人的期望和感受，从而达成共识，订立协议。

（2）延迟作出决定。若不能达成协议，管理者应向志愿者说明争论暂时不能解决，可压后商议。这能够让当事人得到冷静的时间，并检查自己的立场，再对事件作客观的分析，最后达成共识。

6. 志愿者服务的督导

服务督导是志愿者服务中不可缺少的一部分。它肩负着维持志愿者服务的质量，协助志愿者处理他们所面对的问题。

作为督导者，主要扮演专家顾问、教练、催化者、协调者、辅导者等督导服务，以帮助志愿者处理服务中的难题，解决志愿者的服务质量问题，树立志愿者服务的良好形象。

进行督导时，可采用个人面谈、小组督导、集体讨论、培训以及现场督导的方式进行。

7. 志愿服务的评估

评估的目的是让组织与志愿者总结经验，检讨服务成效，有助于服务质量的改善，同时还可以将评估结果作为服务发展的参考标准。好的评估，可以帮助志愿者小组及时总结经验，提高服务质量。

（1）评估的含义。对志愿服务的评估包括成效和过程两个层面。成效评估是按照活动的目标作出评估，主要评估各种资源是否得到了有效的利用，活动推行后具有哪些切实的效益，服务受众在活动后有什么收益等。过程评估主要是对活动过程和活动形式作出评估，了解推行服务的手法对目标完成是否具有效能和效率。过程评估着重评估整个活动过程，从策划、执行到完成的整个过程。

（2）评估的方法。评估方法很多，由于志愿者小组的性质，不可以采用过于专业的评估办法。一般的评估为定性评估方式。下面几种评估方法比较常用：

1）访问会面。即采用问答式的、开放性的问题，启发志愿者或参加者对活动的成效作出检查。这种方法的优点是能搜集较全面、深入的信息、容易与志愿者建立关系，适合小组使用；缺点是需时较长，资料归纳比较困难等。

2）问卷调查。工作人员若在短时间内需要获得志愿者和参见者的意见，就可以设计一些意见表和调查问卷让参加者和志愿者填写，了解他们对活动成效的看法。这种方法的优点是可以同时收集多项数据，使用范围比较大，可以避免面对面的尴尬情况；其缺点是参加者的意见受到局限等。

3）现场观察。即由小组导师或者第三者通过观察来评估成效。其优点是省时，适用于任何活动；其缺点是只能了解活动表面情况，观察结果较为主观。

8. 志愿者的遣散

志愿者的遣散工作需要包含在志愿者的管理制度中，它常常被非营利组织所忽略。在非营利组织的项目中，志愿者常常是一种临时性的资源，随着志愿服务的完成，志愿者将重新回到原来的工作岗位中，其志愿服务将告一段落。项目中，志愿者数量众多，不能一次性全部地解散，而应根据工作需要，井然有序地逐步进行遣散。有的后续工作还需要一些志愿者的合作，有的志愿者可能被组织聘为长期的志愿者或者正式的员工。同时，在项目进行过程中，有的志愿者由于多种原因中途退出，需要根据一定的程序进行妥善的安排。

五、志愿人员管理的路径

在非营利组织中，需要提高招聘和管理志愿人员的能力，需要注意如何通过多元的激励，保持志愿人员的长久热情与动力，这种激励要作用于对志愿人员的招聘、选拔、培训、评估和日常管理诸环节，并贯穿于志愿人员参与的整个过程中，这就是永续性激励。为了实现永续性激励，志愿人员管理机构通过以下模式与路径来对志愿人员进行管理。

1.灵活与谨慎的授权

建立分权化的人力资源管理模式是当今公共部门人力资源管理变革的主要方向之一。权力会使人迸发激情，与之匹配的责任感更会将这种激情纳入既定的轨道之中。在这种管理模式中，志愿人员拥有部分甚至全部工作的决定权，他是工作的主导。当然，这要建立在对志愿人员能力有着较为全面认识的基础之上，同时，相关的工作应属于即使志愿人员滥用授权或铸下大错也不会给组织本身带来重大损害的那一种。

2.建立志愿人员的反馈制度

类似制度是激发与引导志愿人员热情的保障，在这里志愿人员仍然是工作的主导，但是对于“编外”的志愿人员来说，他们较为游离于服务组织的内部规则之外，在提供服务的过程中有可能对于组织本身的职能、目标、政策、命令在认识上有所偏差。规范的反馈制度就可以在组织需要的时候让志愿人员向管理者报告工作的进展及已处理的事项，使组织获得更多的信息，及时纠偏，保证工作会朝正确的方向发展。至于反馈制度的严格程度，则取决于管理者对志愿人员的信任程度。

3.提供多元的回报“菜单”

志愿人员参与志愿服务具有多元的激励因素，这些因素在志愿服务过程中得以满足的程度决定了志愿人员再次参与的可能性。既然如此，志愿组织就要有意识地提供多元的回报项目，如伙食费用补贴、交通费用补贴、荣誉的授予、组织的认同、专业知识与技能的传授等，而且这些项目要像菜单一样，事先公布，并由志愿人员根据自己的需求来进行选择，以满足个性化的需求。许多人进入到志愿组织中去是因为它更加的与众不同，所以对个性化需求的满足将激励组织成员的进一步参与。

4.提供完善、持久的培训与开发系统

因为“志愿人员是组织的代理人，他们的工作提出了潜在的风险管理问题，任何代表一个组织工作的人都可能让其他人遭受风险，或自己遭受风险”，所以即使是“编外”人员，志愿人员同样需要接受充分与持续的培训与开发。志愿人员是为公共部门与非营利组织的职能实现来添砖加瓦的，而不是拆墙挖脚，是来帮忙而不是来添乱的，这就需要志愿人员能对组织目标、行事依据等各方面的情况较为了解，从而不会在服务过程中帮倒忙，组织就必须为此加强培训。同时，专业技能、综合素质等方面的培训与开发，会使得志愿人员提高服务的水准，同样会对志愿人员的本职工作大有裨益。所以，完善、持久的培训与开发系统是较为有效的激励元素。比如上海基督教青年会就把培训作为志愿活动的一项重要工作，通过培训与开发工作使志愿人员成为可依靠的重要力量。

5.建立志愿人员的价值转换与衡量机制

志愿人员热情的降低往往在于对自己所从事工作的价值产生了怀疑，总想知道自己的志愿工作究竟有什么意义，价值如何衡量与体现。实际上，志愿人员的贡献是可以进行计量的。通常，人们计算志愿人员所付出时间的价值成本，是以公共部门或非营利组织所支付的活动成本为标准去计算的。在这种情况下，志愿人员的服务可以以金钱作为衡量标准来进行计算，来对他们的活动做出评估。因为，在市场的环境下，志愿人员服务对于社会活动和社会进步具有重要的意义，其贡献可以被视为相等活动的货币价值。志愿人员所贡献的每个小时可以与同类机构组织成员相同工作的报酬的市场价值作估计（但不包括员工福利等的经常性开支的成本），这样就可以在市场条件下给出志愿人员的价值，使志愿人员对自己工作的意义有了另一个角度的认识。

总之，维系志愿人员参与的重要保证是确保志愿者能通过志愿服务满足自我多元的需求。管理者应该积极创造推动志愿者参与的环境，满足志愿人员对归属感的追求及对自主权的需要，实现永续性激励。

本章小结

人力资源是经济活动中的第一资源，是指一定范围内的人口总体所具有的劳动能力的总和，或者说是指能够推动社会和经济发展的具有智力和体力劳动能力的总和。人力资源管理，是在经济学与人本思想指导下，通过招聘、甄选、任用、考核、激励和培训等管理形式对组织内外相关人力资源进行有效调配和运用，最大限度地调动和发挥组织员工的积极性和创造性，实现人力资本价值最大化，从而帮助组织提高核心竞争力和经营绩效，创造竞争优势，满足组织当前及未来发展的需要，保证组织战略目标实现与成员发展的最大化。

非营利组织的人力资源包括董事会成员、高层管理人员、普通工作人员（付薪职员）、志愿者。非营利组织人力资源管理是指非营利组织为实现其组织目标和组织成员的自身发展，通过相关的法规制度方法和手段，对其成员进行规划、选拔、任用、激励、培训、考核等一系列管理活动的总和。非营利组织的非营利性、自治性、自愿性等特性决定了其人员构成相对于政府部门和营利组织而言，更具复杂性和特殊性。

非营利组织人力资源管理的目标应该紧紧围绕非营利组织服务社会和民众的整体目标。非营利组织管理的任务是营造良好环境、求聘优秀人才、合理使用人才、持续开发人才、留住优秀人才。

非营利组织的员工不管是因为一份薪资或受到机构理想和理念的吸引前来工作的，均应有一套完善的人力资源管理制度来辅助、支持他们有较高的服务效率与效果。从员工的任用（招募、甄选、内部迁调）、教育训练（职前训练、工作中训练、工作外训练、自我启发）、绩效管理、报酬管理（内在激励与外在报酬）到职业生涯规划和诉愿处理，均应制定完善的人力资源制度。

志愿者成为非营利组织重要的人力资源，其管理绩效直接影响到非营利组织管理的成功。在非营利组织中，需要提高招聘和管理志愿人员的能力，需要注意如何通过多元的激励，保持志愿人员的长久热情与动力，这种激励要作用于对志愿人员的招聘、选拔、培训、评估和日常管理诸环节，并贯穿于志愿人员参与的整个过程中，实现对志愿者的永续性激励。

专业名词中英文对照

人力资源	Human resourse
非营利组织人力资源管理	Human recourse management of no-profit organization
招募	Recruitment
选拔	Selection

需求评估	Needs assessment
在职培训	On the job training
脱产培训	Off the job training
内在激励	Intrinsic motivation
外在激励	Extrinsic motivation
志愿者	Volunteer
志愿服务	Voluntee service
志愿精神	Volunteerism
人类发展	Human development
员工发展	Employee development
中国青年志愿者协会	Chinese Young Volunteers Association

思　考　题

1. 非营利组织人力资源构成与其他组织有什么区别？
2. 如何对非营利组织的人力资源进行激励？
3. 非营利组织人力资源管理的主要内容是什么？
4. 什么是志愿者，志愿者的理念是什么？
5. 由于志愿者工作临时性的特点，志愿者组织应如何对志愿者进行培训？

案例：美国社区服务志愿者占人口近三成

美国联邦政府独立机构全国及社区服务公司2006年年底发表的报告指出，2005年，志愿为社区提供服务的美国人占美国总人口的29%，创下30年来的最高纪录。

全国及社区服务公司是1993年成立的联邦政府独立机构，它的宗旨就是改善生活、强化社区，通过志愿服务促使美国人不分年龄背景为社区提供志愿服务。这些服务的项目包括教育、环境、公共安全和国土安全等关键领域。

1. 三类项目

该公司的工作项目分为三大类别。第一类项目是老年类，就是借助老年公民的丰富经验和技巧来面对社区的挑战。第二类项目是资助美国各地区的社区计划，让数以千计的志愿者提供服务以满足社区的需求，并且帮助低收入的人和社区脱贫。这些计划也资助迫切需要援助，并且合乎要求的美国的印第安部落。第三类项目是提供赠款给高等教育机构和社区组织，让学生、教师和有关的人员提供志愿服务来满足社区的需求。

全国及社区服务公司的发言人韦斯特，在接受中文部记者采访的时候表示，目前，该公司工作的重点就是帮助美国南方新奥尔良地区，2005年受到卡特里娜飓风影响的灾区的重建工作。

韦斯特说："灾难波及广泛，灾后重建工作仍在进行。目前，志愿工作人员和当地社区的人员携手并肩工作帮助当地灾民重建家园，协助他们恢复正常生活。"

2. 三个群体

韦斯特表示，该公司主要计划的志愿工作者来自三个不同的主要群体，分别是16～19岁的年轻人、45～60岁的婴儿潮时代的人群以及退休老人。

韦斯特看到许多年轻人加入志愿工作者的队伍感到十分的欣慰，认为这是一个很好的征兆。他说："我们发现，人们年轻的时候加入志愿工作者的队伍，以后就成为终身的志愿工作者。因此，我们鼓励年轻人加入志愿工作者队伍。"

不过，美国的社区志愿者工作计划也面临一些挑战，主要的挑战就是如何抽出时间来从事志愿工作，因为美国人都很忙碌。

韦斯特说："美国人也有闲暇的时间。我们的挑战就是如何使人们利用一些闲暇时间做义工。另外一项挑战就是设法让更多的人加入义工队伍。"

本资料来源于：http://www.360doc.com/showWeb/0/0/378755.aspx

第五章 非营利组织的财务管理

教学内容：

(1)非营利组织财务管理的目标、特征及功能。

(2)非营利组织的财务预算、会计、财务管理和监督。

教学要求：

(1)理解非营利组织财务管理的目标和特征。

(2)了解非营利组织财务管理的功能。

(3)了解非营利组织的财务预算。

(4)理解非营利组织财务管理的会计。

(5)了解非营利组织财务管理的监督。

非营利组织财务管理是一项综合性的经济管理工作，是非营利组织生存和发展的保证，是非营利组织管理的重要组成部分。和企业一样，如果搞不好财务工作，非营利组织就会面临危机。但从国内外非营利组织管理实践来看，财务管理不善是非营利组织普遍存在的问题。通常来说，大部分人认为，非营利组织的“非营利”即是“不盈利”，因此，只要收入与支出平衡就可以了。然而事实是，非营利组织为实现其宗旨，必须拥有明确的财务管理目标和建立健全的财务管理体制，也要有盈利。

第一节 非营利组织财务管理概述

非营利组织财务管理是非营利组织管理的一个重要组成部分，它是根据财务制度及财经法规，按照财务管理的原则，对非营利组织有关的资金的筹集、分配及使用所引起的财务活动进行计划、组织、协调、控制，并处理财务关系的一项综合性的经济管理工作。因此，要了解非营利组织财务管理，必须先分析了解非营利组织财务管理的目标。

一、非营利组织财务管理的目标

非营利组织财务管理的基本任务是按照国家的方针、政策，根据自身资金运作的客观规律，利用价值形式、货币形式，对非营利组织的经济活动进行综合的管理。非营利组织财务管理的目标主要包括以下内容。

1. 正确编制非营利组织预算、合理安排资金

非营利组织预算既是组织实现各项事业计划的保证，也是组织财务工作的基本依据。任何非营利组织财务活动都要按规定编制预算，对组织财务活动实行计划管理。非营利组织预算的编制，必须认真贯彻执行党和国家的方针政策，按照量入为出、收支平衡的原则编制；预算既要积极合理，又要保证供给，根据供给的轻重缓急分清主次先后，将有限的资金安排使用到

最需要的地方。

2.依法组织收入、积极筹措资金、保证资金需求

非营利组织除取得国家财政补助外，要在国家政策允许范围内，挖掘潜力，多形式、多层次组织收入，做到应收不漏，减少收入的流失。要严格执行国家物价政策，不多收、不乱收。为确保业务活动的正常开展，非营利组织要积极筹措资金，当筹措资金时，除了注意保证数量外，还要注意资金结构的计划性和协调性，按期按量筹措资金，保证组织资金需求。

3.节约开支、控制费用和成本

非营利组织在积极组织收入的同时，一定要加强控制支出，减少浪费。财务上应严格执行审批制度，制定支出消耗的各项定额，节约成本。非营利组织各项开支，应事先提出计划，经财务部门审核，并由领导批准后执行。

4.建立健全内部财务管理制度

非营利组织财务管理制度是非营利组织财务活动的范围，是非营利组织进行财务活动、处理财务关系时应遵循的基本制度。非营利组织为了强化财务管理，不仅要严格遵循和执行国家财务管理法规，还要建立健全非营利组织内部财务管理制度，确定内部各部门在财务管理上的责权分工和利益分配关系，使财务工作做到有法可依，有章可循，增强各部门的责任心，使各部门之间互相配合、互相制约、协调一致地组织财务活动，处理好财务关系，实现财务工作规范化管理。

5.加强经济核算，提高资金使用效益

进行财务管理时要根据利用价值形式对非营利组织经营活动进行综合性管理，促使各环节讲求经济效益，充分发挥资金的使用效益，促使非营利组织增收节支，完善经济核算和分配的方法，规范经济活动，用尽可能少的劳动消耗和物资材料消耗，提供更多优质的公益服务。

二、非营利组织财务管理的特征

联合国的国民经济核算体系将经济活动划分为五大类：金融机构、非金融企业、政府、非营利组织和家庭。非营利组织与其他四类社会组织的区别在于，非营利组织的大部分收入不是来自于以市场价格出售的商品和劳务，而是来自其成员缴纳的会费和支持者的捐赠。如果一个组织的一半以上收入来自以市场价格销售的收入，则定义为营利部门。

美国财务会计准则委员会1980年发布的财务会计概念公告第四辑《非营利组织编制财务报告的目的》指出，非营利组织的财务管理的主要特征包括：①绝大部分资财来自资财供给者，他们不期望按照其所提供的资财比例收回资财或获得经济利益；②业务运营的目的主要不是获取一笔利润或利润等同物而提供货品和劳务；③不存在可以出售、转让、赎买或一旦机构清算可以分享一份剩余资财的明确的所有者利益。

我国台湾的会计界将非营利组织称为非营利事业，他们认为，非营利事业具有三个重要特点：①该事业不以营利为目的；②事业的一切资财和权益均为事业所有，对于任何特定的个人，不能以任何方式给予特殊利益；③不进行损益计算和利润的分配。

综上所述对非营利组织财务特点的描述，非营利组织财务管理的特征主要表现在以下几个方面：

1.顾客不是主要的资金来源

企业主要的资金来源是通过销售产品和服务从顾客那里获取的收入。如果产品不适销，

不能满足市场需要，那么企业会出现入不敷出的状况，严重的将导致企业破产。而非营利组织则不完全依靠从顾客那里获取的服务收入来维持生存和发展。有些非营利组织资金的主要来源是服务收入，如民办学校的主要收入是学生交纳的学费，医院通过向病人收取医疗费和药费来维持经营。这些非营利组织通常被称为“顾客支持型组织”。其他非营利组织收入的主要来源则不是服务收费，它们被称为公众支持型组织。在这种情况下，顾客所接受的服务与其向组织提供资源的多少之间没有直接的联系，如慈善组织。

2. 不存在利润指标

在企业财务中，利润指标能为衡量企业绩效提供标准，为企业提供量化分析的方法，使企业的分权管理成为可能，也便于进行不同组织之间的比较。然而，非营利组织是不以获取利润为目的，而为社会公益服务的组织。在非营利组织财务中通常缺少利润这一指标，这使得管理的系统性受到损害：①管理人员经常难以就各种目标的相对重要程度达成一致；②对于一定的投入能在多大程度上帮助组织实现自己的目标也难以确定；③分权管理的操作难度加大，许多决策不宜下放给中下层管理人员；④不同非营利组织之间也无法进行绩效的对比。

3. 职权利不是十分明确

对企业而言，内部管理通常可划分为许多责任中心，对每一责任中心都明确其职责，并赋予相应的权力，在对其职责履行进行考核评价的基础上，给予其相应的利益。而对于非营利组织而言，由于不存在利润指标，对各部门的职责履行的情况难以考核评价，因而对各部门的职责权利也就无法十分明确。

4. 所有权形式特殊

对于企业而言，企业的股东投资创办了企业，成为企业的所有者，拥有企业资财的权益。而对于非营利组织，资财的权益属于组织本身所有。但是，非营利组织不能对其资财权益进行转让、出售，并且在某些情况下必须按照资财提供者的要求来运作、管理和处置资财。资财的提供者不期望收回或据以取得经济上的利益，因而非营利组织通常不进行损益的计算，也不进行净收入的分配。

三、非营利组织财务管理的功能

财务管理对于非营利组织的运作和发展具有重要的意义。一个非营利组织的财务管理，不仅将有助于这个组织内部效率的提高和运作成本的降低，而且有助于它对外树立形象，提高组织的公信度。这一切，都将有助于组织的宗旨和目标的实现。具体来说，非营利组织财务管理的主要功能可概括为如下七个方面。

1. 体现宗旨

一个非营利组织的收入和支出项目，一目了然地体现着其活动是否合乎其宗旨。在许多国家，审计部门通过对财务收支的审计，来判断一个非营利组织是否真正具有非营利的性质，从而决定其是否能够享受免税资格。例如，美国税法对非营利组织的优惠即属此类。在我国，随着具体优惠措施的出台，在给予非营利组织免税待遇的同时，也要对非营利组织的财务情况进行较为严格的审计，依此来确认非营利组织的活动是否真正为实现其宗旨服务，从而判断该组织是否真正具有非营利性。

2. 防止腐败

一个非营利组织的财务状况如何，反映着该组织及其工作人员的工作规范和作风。非营利组织和其他组织一样，也不可避免地存在着腐败现象，甚至有的时候还很严重。混乱的财务管理常常掩盖着假公济私、滥用善款、贪污腐败等丑恶现象。严格而健全的财务管理，将使组织活动的每个环节都处于透明与公开的状态，配合合理公正的奖惩制度，将在制度层面上有效地遏制腐败的滋生。

3. 提高效率

效率是组织的生命。不仅企业运作要考虑效率，非营利组织也要千方百计地提高其运作效率。一个好的财务管理系统，不仅能够保障项目所需资金的收支，使组织处于安全运作状态，而且通过成本分析、预算监督等环节，能够提高项目资金的运作效率。

4. 促进营销

非营利组织的营销和财务管理有着密切的关系，没有财务管理的营销，就好比在黑暗之中摸索，不知道该往哪个方向走。通过诸如选择服务或产品的种类、制定合理的价格、计算服务或产品的成本等财务管理环节，营销部门才可以制定相应对策。另外，透明完善的财务管理本身就是非营利组织营销的一个重要宣传点，能直接提高营销效果。

5. 提高公信度

非营利组织的财务报告是非营利组织对捐赠人的一个交代，财务公开对于非营利组织来说具有特殊的重要性。只有高效透明的财务管理才能在社会上取得公信度，使捐赠人更加认同组织，更愿意为组织捐赠，同时也将吸引更多的捐赠人和志愿者。

6. 监督组织运作

财务管理记录了组织的日常活动情况，通过对非营利组织财务情况的监督，可以从一个侧面监督组织的运作。具体来说，包括组织内部监督和外部监督两个方面：非营利组织的理事会成员通过定期检查财务状况，对组织运作和管理进行监督；社会公众则通过非营利组织的财务报告，间接地监督其活动的非营利性与合法性。

7. 预防危机

非营利组织可能面临各种困难或危机，如发不出工资和退休金，受益者需要提供紧急救助，以及各种意外的事件等，都需要在财务管理上贯彻风险意识和提供一定的保障，以处理各种危机。完善的财务管理将及时发现危机出现的前兆，从而引导其他部门制定相应的措施来渡过危机。

第二节　非营利组织的财务预算

预算是一种战略思考的过程，它具有帮助管理者规划未来、制定经营目标和策略的职能，同时，预算又是一项财务工程，它将组织的策略数字化，分解成为一个个具体的、可以衡量的作业目标和计划，用数量的形式集中而系统地反映组织在未来一定期间的全部经济活动及其成果。预算又是一种动态管理工具，利用它可以对组织在计划实施过程中出现的偏差随时予以修正和调整。预算在本质上是一个计划，而任何计划都涉及预测。财务预算是以货币形式表现的组织的计划，它决定了资源的分配，并由此反映出与预算相关的需求者对预算项目的偏好。

对于非营利组织来说，预算有四个基本功能：①为组织将有限的资源合理分配打下基础，便于内部沟通；②指明了未来的筹资需求规模和时限；③为管理者决策提供依据；④预算是评估项目绩效的基础。

一、财务预算内容

任何一种完整的预算都包括收入和支出两个方面，两者相互依存，不可偏废，共同构成预算整体。非营利组织的财务预算内容可分为收入预算和支出预算两部分。

1. 收入预算

(1)收入预算及其内容。收入预算是指非营利组织在年度内通过各种形式、各种渠道可能取得的用于各项事业以及其他活动的非偿还性资金的收入计划。因为收入预算汇集了预算年度内非营利组织可能提供的用于开展各项事业的全部资金收入，所以通过对收入预算各项指标的研究，可以明确完成非营利组织事业计划的财政保证力度，以及非营利组织依法多渠道筹措经费的能力、来源结构和现存状态。

收入预算由财政补助收入和非财政补助收入两部分组成。财政补助收入是指非营利组织直接从财政部门取得的和通过主管部门从财政部门取得的各类事业经费，包括正常经费和专项资金。非财政补助收入包括上级补助收入、事业收入、经营收入、附属单位上缴收入和其他收入。上级补助收入是非营利组织从主管部门和上级单位取得的非财政补助收入。事业收入是非营利组织开展专业业务活动及其辅助活动取得的收入。经营收入是非营利组织在专业业务活动及其辅助活动之外开展非独立核算经营活动取得的收入。附属单位上缴收入是非营利组织附属独立核算的单位按照有关规定上缴的收入。其他收入是指上述规定以外的各项收入，如投资收益、利息收入和捐赠收入等。

(2)收入预算的编制方法。年度收支预算的编制方法有多种，编制单位总预算时，收入预算和支出预算可分别编制，也可合而为一。各种编制方法的选择，取决于非营利组织财务管理体制、会计核算与管理的具体要求和习惯。

具体说来，收入预算的各项指标及其编制方法如下：

1)财政补助收入。该项指标根据财政部门核定的定额或定项补助标准编列。实行定额补助的单位，应核实定员和有关基本数字，按照财政部门确定的补助定额标准进行测算编制；实行定项补助的单位，要按照财政部门确定的补助项目，根据事业发展计划和财力可能，逐项进行计算编制。

2)非财政补助收入。非财政补助收入的各项指标要根据《事业单位财务规则》等规定的各项收入分类要求编列。上级补助收入要根据上级部门的补助数和补助标准编列。事业收入根据具体的收入项目、收费标准，逐项、逐人详细计算；有收费标准的项目，根据预算年度有关业务量和收费标准计算，没有明确收费标准的项目，根据上年执行情况，结合预算年度相关影响因素编列。其中，预算外资金收入也要按照规定编入预算，包括经财政部门批准从财政专户核拨的预算外收入、经批准不上缴财政专户管理的预算外资金收入。经营收入按预算年度经营活动计划业务量和收费标准，并参照上年收入编列。附属单位上缴收入按照规定的上缴比例或上缴定额编列。其他收入根据预算年度具体情况，参照上年度实际水平编列。

2. 支出预算

(1)支出预算及其内容。非营利组织的支出预算是单位年度内用于各项事业活动及其他活动的支出计划。对支出预算各项指标的研究，可以明确非营利组织对有限资源的分配情况，掌握单位的发展方向和发展速度。依其支出的经济性质，支出预算一般可分为事业支出、经营支出、自筹基本建设支出、对附属单位补助支出和上缴上级支出。

事业支出是非营利组织开展专业业务活动及其辅助活动发生的支出，包括人员支出、日常公用支出、对个人和家庭的补助支出三部分。经营支出是指非营利组织在专业业务活动及其辅助活动之外开展非独立核算经营活动发生的支出。自筹基本建设支出是指非营利组织使用财政补助收入之外的资金安排基本建设发生的支出。对附属单位补助支出是指非营利组织使用财政补助收入之外的收入对附属单位补助发生的支出。上缴上级支出是非营利组织按照规定的定额或比例上缴主管部门管理费用的支出。

(2)支出预算的编制方法。我国实行部门预算改革的目标之一是全面推行按定员定额标准编制基本支出预算。非营利组织在编制支出预算时，各项支出具体到项目，属于人员支出的，应根据单位编制管理部门批准的人员编制内的实有人数和国家规定的工资、津贴、补贴标准逐人计算编列；属于日常公用支出的，有支出定额的，按单位性质和部门确定的分类分档定额和定额系数编制，没有支出定额的，要根据实际情况测算编制。

经营支出按经营活动计划业务量和支出标准，并参照上年收入编列。自筹基本建设支出要根据单位财力和基本建设项目需要，在确保事业支出的前提下适度安排。上缴上级支出，按照规定的上缴标准计算编列。对附属单位补助支出，可按附属单位的补助定额和单位财力，参考以前年度补助情况编列。

目前，部分非营利组织编制的支出预算采用复式预算方式，即支出预算分为经常性支出和建设性支出两部分。

1)经常性支出预算。经常性支出包括在职职工人员经费、离退休费用和奖学金等刚性支出，以及日常组织教学、科研、行政、后勤等各项事业开展所必需的开支。经常性支出按支出项目应包括人员支出、对个人和家庭的补助支出、日常公用支出、专项支出、对附属单位补助支出、上缴上级支出等项目。这些项目还可按其经济内容进一步细分为具体项目预算。

2)建设性项目的支出预算。建设性支出指列入本年度的专项事业发展性开支。建设性项目支出预算的决策方案，一般由单位内部各有关部门或二级核算单位，分别依据本年度各项事业发展规划的要求提出，包括对一些临时或特殊项目支出预算建议方案，如计算中心更新计算机设备、改造办公楼等。各有关单位应在提出的决策方案中简述项目的意义、总计支出和分项支出、项目预期效益，或对单位事业发展的影响，以及项目若不能顺利实施可能产生的影响。

财务部门负责收集、整理各单位提出的建设性项目支出预算决策方案，先提出修改意见并反馈给各有关单位，再将反馈后的意见作为单位决策的参考。单位最高决策机构首先必须以零为基点(即不考虑支出项目原先是否曾立项)，根据支出项目的轻重缓急和效益，对支出预算决策方案进行分析、科学排序，然后依据各决策方案的重要性顺序以及单位财力综合考虑是否列入预算。一时因单位财力限制未能列入预算的项目，可作为递补项目预算。

3)递补预算。为了保证非营利组织预算的严肃性和有效性，预算在执行过程中原则上不予调整。但是，在实际工作中，由于单位的事业计划发生重大变化取得了较大数量的新增财源，非营利组织可经上级部门批准视新增财源情况调整支出预算，以此作为递补预算。

递补预算应包括递补收入预算和递补支出预算，并应坚持递补收入与递补支出相平衡的原则，递补预算必须经过单位最高决策机构审查批准，并报主管部门备案。预算收入除按稳健原则预测外，还可列出期望收入，相应地安排递补支出预算。在预算执行过程中，视单位递补收入预算的实现情况和单位财力状况，按项目递补支出。一般说来，这些项目应当属于建设性支出。

二、预算的方法

财务预算有许多不同的种类，各个非营利组织可根据自己的情况选择一种或交叉选择几种预算方法。主要的预算方法包括以下内容：

1.递增预算法

在上一年发生实际支出的基础上，考虑员工加薪、通货膨胀等因素的影响，结合新计划所需的资金，计算出下年度的预算计划。这是一种粗略的计算方法，这种计算方法基本上只是用来预测开支，而没有考虑项目成果和需求变化，最后预测和实际出入往往比较大。尽管这样，因为递增预算法操作简单，在实际工作中被大量使用。一种改进的方法是，不仅以上年度的实际支出为基础，而且综合考虑上年度的预算、往年的预算和实际支出，作相应的修正。

2.项目预算法

将现有资源按比例分配于不同的项目，并将预算过程与评估过程紧密结合在一起，借以考核项目运作是否有效，并检查组织是否实现其宗旨与目标。项目预算法主要根据与宗旨结合的程度、项目可行性、费用开支三个指标，来决定排列服务方案的优先顺序。

3.零基预算法

零基预算法全称为以零为基础编制预算的方法，它是指编制成本费用预算时，不考虑以往会计期间所发生的费用项目或费用数额，而是以零为出发点考虑预算的增减，一切从实际需要与可能出发，逐项审议预算期内各项费用的内容及开支标准是否合理，在综合平衡的基础上编制费用预算。

4.弹性预算法

弹性预算是为克服固定预算的缺点而设计的，因此，它又被称为变动预算或滑动预算。如果组织在一个不确定的环境下运营，那么，弹性预算尤为重要。此种方法在成本分析的基础上，以业务量、成本和利润之间的依存关系为依据，按照预算期可预见的各种业务量水平，编制能够适应多种情况的预算。在组织处于不稳定状态下，宜于采用可经常调整的弹性预算法。

第三节　非营利组织的会计

会计是用于计量和报告一个组织财务记录的方法，是一套用来组织、保持一个组织财务记录的系统。会计是财务管理的基础，是非营利组织不可缺少的一种管理工具。非营利组织的会计就是用于确认计量记录和报告各类非营利组织财务收支活动及其受托责任履行情况的一种会计类型。

非营利组织会计包括财务记录和财务报告两大部分，主要以货币的形式记录一个组织过去所发生的财务收支，并对这些收支数据进行分类、汇总，以财务报告的方式传递和报告组织的财务信息。

一、财务记录

财务记录是会计活动的基本内容，主要包括原始凭证日记账、过账和对账、结账。

经济业务的发生以原始凭证为证据。原始凭证包括内制原始凭证，如工资结算单、费用分配表、货物领取单等，以及外来的原始凭证，如银行进账单、各种发票等。根据原始凭证登记日记账，在日记账中以会计语言反映一笔经济业务的发生，即原始凭证日记账。日记账中最重要的内容就是一个个的会计分录。如果直接采用账户进行记账，不能够明确反映每一笔经济业务，在财务记录过程中往往用会计分录来过渡；经济业务发生时，先登记会计分录，然后再从会计分录中转入各相关账户。会计分录是根据发生经济业务的原始凭证通过编制记账凭证来实现的。会计分录的正确与否关系重大，正确的会计分录，可以保证会计记录的客观性和准确性，并便于事后的检查分析。日记账必须包括以下几个要素：日期，经济业务所涉及的会计科目，账户索引(表明日记账信息已经转移至相应账户)，借方发生额，贷方发生额。

把日记账中的会计信息过渡到分类账中进行分类汇总的过程，称为过账。分类账包括总分类账和明细分类账。总分类账反映的是每一个会计科目增减变化情况，必须包括日期、日记账索引、借方科目与金额、贷方科目与金额。将各账户总分类账汇总成册，则称为账簿。按明细会计科目进行分类汇总的会计记录为明细分类账，明细分类账一般有三种格式，即借贷余三栏式、多栏式和数量金额式。由于总分类账与其所属分类明细账只有从属对应关系，因此，日记账中的会计信息必须同时过渡到总分类账及其所属明细分类账中，这种行为称为平行过账。

由于总分类账与其所属分类明细账具有从属对应关系，因此，一段时期内，总分类账借方发生额应等于其所属明细分类账全部借方发生额之和；总分类账贷方发生额应等于其所属明细分类账全部贷方发生额之和，总分类账期末余额也等于其所属明细分类账全部期末余额之和。日记账中一段时期内的所有信息都同时过渡到总分类账和所属明细分类账内之后，检查分类账中会计记录是否符合上述关系的过程称为对账。如有不符，一定是过账过程中发生了差错，必须重新检查修改，直至正确后方可进行财务报表的编制。

完成对账工作后，结算出各总分类账及各明细分类账期末余额，称为结账。

二、财务报告

财务报告的目的是为了展现组织在一个特定时期的整体形象，也为组织的管理决策提供重要的依据。其内容包括填写资产负债表、经营活动表、功能费用表和现金流量表等财务报表；提供有关注释，如收入报告、捐赠人报告；如果有必要的话，还包括注册会计师审计意见书等其他报告。其中，财务报表是财务报告中最主要的组成部分，主要包括资产负债表、经营活动表、功能费用表和现金流量表等。

1.资产负债表

资产负债表是反映组织某一时点财务状况的一张会计报表，有时也称财务状况表。它反映一个组织在特定日期的资产、负债和组织净资产的状况。资产负债表是针对一定时点的，因此，它是一张静态的报表。资产负债表的重要性在于，表明了组织在报告日期的资产、负债和组织净资产各方面的状况，是组织活动的基础，同时也反映了组织的规模和发展潜力，并可借以预测将来的财务状况。

对于非营利组织，并不要求把资产负债表上的资产划分为流动资产和长期或固定资产。但是，至少资产应该按照流动性的强弱依次排列(流动性最强的资产应列在最前面)，或者在财务报表附注中披露相关的流动性。非营利组织资产负债表的第二个差异就是在受限制资产的处理上。非营利组织经常收到捐赠的资金，但该笔资金的使用仅限于某种特定用途。非营利组织通常会设立独立基金或独立子主体，以便更好地控制受限资产的使用情况。对资产用途的限制也会影响到资产负债表上的净资产部分。在资产负债表中，净资产部分分成三种不同的类型：永久限制、暂时限制和无限制净资产（参见表 5－1）。永久限制净资产一般来源于捐赠的物品。而暂时限制净资产是由于捐赠者对所赠的资源加以暂时的限制条件，要么限定特定的用途，要么规定机构组织必须采取某种行动，或者对使用期限有一定的限制。除了暂时限制和永久限制以外的净资产，都是无限制净资产。表 5－1 为美国流浪者之家资产负债表。

表 5－1　流浪者之家资产负债表　　（单位：美元）

资产		负债和净资产	
现金	100	负债	
有价证券	3 000	应付工资	2 000
应收账款	55 000	应付账款	2 000
存货	2 000	应付债券	6 000
预付费用	1 000	抵押借款	16 000
房屋	40 000	负债合计	26 000
限定购买房屋的现金	900	净资产	
设备净值	35 000	无限制净资产	84 100
长期投资	8 000	暂时限制净资产	4 900
资产合计	145 000	永久限制净资产	30 000
		净资产合计	119 000
		负债和净资产合计	145 000

注：制表时间为 2007 年 12 月 31 日。

所谓资产，是指组织由于过去的经济事件所引起的、组织现在能掌握或者拥有的、能在未来为组织开展活动提供的经济资源，资产可以是货币性的或非货币性的；可以是有形的或无形的。负债是组织由于过去的经济活动，要在未来向其他组织或个人提供资产或劳务的一种责任，它是组织外界人士对组织资产所拥有的要求权。资产减去负债后的剩余权益即为组织净资产。所以在资产负债表中，会计等式“资产＝负债＋净资产”始终成立。由于公开发表的资产负债表大部分都是按照历史成本原则编制的，因此，表中资产和负债的计价和账簿中的计价是一致的，编表时可直接依据结账后的账户期末余额进行编制。

2. 经营活动表

经营活动表反映了某段时期内机构组织的经营成果，以及其他一些影响机构组织净资产的事项，它包含了利润表或营运报表中的信息，此外还增加了其他净资产变动的信息。这份报表能够帮助报表使用者掌握机构组织的经营情况，持续经营能力，以及管理人员的管理水平。

经营活动表中包括了收入、费用、利得、损失，就像营利组织的利润表一样。除非收入有捐赠者的特别限制，否则就表示为无限制净资产的增加。费用则表示为无限制净资产的减少。捐赠被视作收入或利得，列示在无限制净资产或者受限制净资产之下，这取决于捐赠者是否有额外的限制。长期投资和其他资产的损益除非有捐赠者或法律的限制，否则就应作为无限制净资产的变动。

非营利组织必须在经营活动表中清楚地反映出每一种净资产的变动。例如,流浪者之家经营活动表如表 5-2 所示。表中无限制净资产的变动列示在第一部分,紧接着是暂时限制和永久限制净资产的变动。

表 5-2 流浪者之家经营活动表

1.无限制净资产的变动	金额/美元
收入和资助	
顾客收入	11 000
城市收入	20 000
城镇收入	10 000
机构补助	60 000
慈善年会	12 000
捐赠	65 000
收入和资助总额	178 000
免除限制的净资产	
满足限定用途	10 000
满足限定期限	2 000
免除限制的净资产总额	12 000
无限制收入和其他资助的总额	190 000
费用	
食品费用	67 000
咨询费用	35 000
管理费用和基金筹集费用	75 000
坏账	4 000
折旧	10 000
费用总额	191 000
无限制净资产增加额(减少额)	(1 000)
2.暂时限制净资产的变动	
机构补助	10 000
捐赠	5 000
免除限制的资产	(12 000)
暂时限制净资产增加额(减少额)	3 000
3.永久限制净资产的变动	
捐赠	3 000
永久限制净资产增加额(减少额)	3 000
净资产增加额	5 000
净资产年初余额	114 000
净资产年末余额	119 000

注:制表时间为 2007 年 12 月 31 日。

表5－2中的第一部分是无限制净资产的变动，其中包括了所有无限制的收入和资助。在流浪者之家的例子中，包括了顾客收入、城市收入、城镇收入、机构补助、慈善年会和捐赠，还包括免除限制的净资产。此外，有些捐赠是限定用途，有些是限定期限。在表5－2中，我们看到由于部分净资产免除了限制，使得无限制净资产增加了12 000美元。经营活动表的第一部分还包括费用，因为费用都被视为无限制净资产的扣除项目。

表5－2中的第二部分是暂时限制净资产的变动。对流浪者之家来说，这部分包括有限制的机构补助和捐赠，同时要扣除以满足限定条件而成为无限制净资产的部分。注意本部分减少的12 000美元(参见表5－2)恰好和第一部分增加的12 000美元相抵消。净资产总额并没有由于这个从暂时限制净资产转变为无限制净资产的重分类而发生变化。当第一次收到受限制的捐赠和补助的时候，净资产总额就已经增加了。请注意，本部分中10 000美元的机构补助和5 000美元的捐赠就增加了净资产总额。

表5－2中的第三部分是永久限制净资产。然后，将所有三个分类净资产加总，再加上年初余额，就得到了净资产的年末余额。

经营活动表抓住了净资产的所有变动，它反映了三个分类净资产中每一部分的资产变动。暂时限制和永久限制净资产的所有增减变动都必须列示其中。

由于经营活动表反映了某段时期内净资产的所有变动，因此，在表中列示的名称都是诸如净资产的增加额、净资产的变动或权益变动等，而不用净利润这样的名称。经营活动表与营利性机构所编制的利润表相比，是一份更为综合的报表，它不但包含了利润表中的信息，还包含了独立编制的所有者权益变动表中的信息。

3.功能费用表

费用不但要和收入分开独立反映，而且还必须列示详细的信息。这可以帮助捐赠者和其他报表外部使用者了解机构组织资金的用途。具体来说，费用必须按照其功能进行分项披露(披露在经营活动表中或披露在财务报表附注中)。这样的披露可以提供有关的主要营运服务和支持性服务的信息。这种披露必须在一份独立的财务报表中以矩阵的形式反映，称为功能费用表。

功能费用表既反映功能性费用，又反映属性费用，如表5－3所示。请注意费用被划分为营运服务和支持性服务。营运服务是提供服务(或产品)以达到机构组织经营目的的直接活动。例如，提供食品是流浪者之家的一个经营项目，而咨询服务是另一项。但是，机构组织的管理活动和基金筹集活动则是支持性服务。

表5－3　流浪者之家功能费用表　(单位：美元)

费用	营运服务		支持性服务		合计
	提供食品	提供咨询	管理活动	基金筹集	
工资和福利	35 000	35 000	40 000	17 000	127 000
食品	17 000				17 000
宣传费用	2 000	1 000	1 000	2 000	6 000
办公费用	1 000	1 000	1 000	3 000	6 000
租金	14 000	1 000	2 000	1 000	18 000

续表

费用	营运服务		支持性服务		合计
	提供食品	提供咨询	管理活动	基金筹集	
专业服务费			3 000		3 000
坏账	4 000				
折旧	10 000				10 000
费用总额	83 000	38 000	47 000	23 000	191 000

注:制表时间为 2007 年 12 月 31 日。

为什么财务报表要把营运服务和支持性服务的信息分开反映呢?公众通常关心的是非营利组织是否会在支持性服务上花费太多的资源,而在营运服务上花费较少。有些机构组织确实在蓄积资金的活动上过度耗费了资源。通过把营运服务独立进行反映,财务报表使用者能够快速判断机构组织在提供服务方面实际花费了多少资源。

提供有关费用性质的信息可以加深报表使用者对报表的理解。机构组织的经营资金用在了哪些地方?是用在食品支出上,还是用在人工费用上?这些问题可以从表 5 - 3 中得到答案。功能费用表使得报表使用者对机构组织的经营活动更加了解。

4. 现金流量表

非营利组织都要求提供现金流量表,该表必须区分当前经营活动可以使用的现金(无限制)和在近期受限制使用的现金。在表 5 - 4 中所列的经营活动现金流部分,已经减去了 4 000 美元限于长期投资的捐赠和 3 000 美元的永久限制捐赠。这些捐赠包含在经营活动表上的净资产的变动中,但它并没有为当前的经营活动提供可用的现金。因此,应将该笔捐赠从净资产的变动中扣除,以计算经营活动现金流。但是,它又的确带来了现金,因此,应列示在筹资活动现金流中作为现金来源。

表 5 - 4　流浪者之家现金流量表

经营活动现金流	金额/美元
净资产的变动	5 000
加上没有支付现金的费用	
折旧	10 000
其他调整	
加上存活的减少额	2 000
加上应付票据的增加额	1 000
减去应收款项的增加额	(17 000)
减去应付工资的减少额	(1 000)
减去应付账款减少额	(1 000)
减去预付费用的增加额	(1 000)
减去限定长期投资的捐赠	(4 000)

续 表

经营活动现金流	金额/美元
减去永久限制捐赠	(3 000)
经营活动净现金	(9 000)
投资活动现金流	
出售股票投资	4 000
投资活动净现金	4 000
筹资活动现金流	
限定捐赠基金的捐赠	3 000
限定长期投资的捐赠	4 000
抵押借款的偿付	(5 000)
筹资活动净现金	2 000
现金的净增加额(减少额)	(3 000)
年初现金	4 000
年末现金	1 000

注:制表时间为 2007 年 12 月 31 日。

表 5－4 将公认会计准则对不同种类机构组织呈报报表时所要编制的财务报表进行了总结。另外,各种机构组织都要求提供财务报表附注。

资产负债表、经营活动表、功能费用表和现金流量表是相互联系的,任何一张报表上的信息,在某种程度上都要依赖于其他报表的信息,认识到报表之间的联系非常重要。所有财务报表都起源于"资产＝负债＋净资产"这一基本会计等式。经营活动表反映的是收入和费用,这两者都改变了净资产。假定当年在我们提供服务时,耗用了一定的存货,资产就会减少,年末资产负债表上的资产总额会低于年初总额,这是因为存货减少了,不仅如此,还有其他的变化,否则基本会计等式不可能保持平衡。等式左边金额下降会使等式失去平衡。耗用存货,将会降低机构组织的资产价值,同时还会产生一笔费用。费用是净资产的减项,因此,等式右边的金额也会减少。耗用存货导致资产减少,费用增加。这既影响了资产负债表上的存货资产,又影响了经营活动表中的费用项目。同样,收入也会同时影响着两份报表。当我们为所提供的服务向顾客索取回报时,应收账款增加了,也就提高了资产负债表中的资产金额;收入也会增加,从而影响到经营负债表。这些变化都将影响净资产的变动,而它又是现金流量表的起点。

第四节　非营利组织的财务管理

狭义的财务管理是指根据财务资料、财务报告去预测未来,包括成本分析、投资管理和财务分析三大环节,它们构成了非营利组织财务管理的核心。

一、成本分析

成本分析是非营利组织全部活动的基础，在明确的成本分析前提下，组织才能设计筹款计划、营销策略、项目受益面等重要的内容，成本分析使组织运作的各项成本一目了然，使成本控制有章可循，有助于降低成本，提高效率。

非营利组织所提供的服务经常难以最优化，使得成本分析很困难。选择成本的计量单位是一个先决条件。下面是四种常用的服务计量单位：

(1)受益者数量。计算所提供服务的受益者人数。

(2)服务种类。计算工作人员所提供的服务种类，如巡回医疗、家访、特殊治疗、电话咨询、中介服务等。

(3)服务数量。计算工作人员所完成的服务数量，如在一周时间内进行了三次巡回医疗等。

(4)服务时间。计算受益者所获得的服务总时间。比如一个由七个人组成的小组为社区居民开展了一个小时的集体劳动，即可折算成七个小时的服务时间。

此外，行政和管理费一般按项目所占的费用比率，分摊到各个项目的成本之中，计算为间接成本，其中包括房屋租赁费、邮资、清洁费、电话费、人事费和公关费等。

二、投资管理

非营利组织为使组织稳定和可持续发展，也要有投资活动。所谓投资管理，指的是如何应用营运资金、固定资产及年度节余去投资，使资产增值。非营利组织投资管理有三个基本原则：一是安全低风险；二是有一定的投资回报率；三是保证基金的增值。根据这三个基本原则，确定投资策略时，要考虑下列参数：投资目标、投资期、风险极限、要求的回报率、要求的流动性、支出的原则、须签订的契约、法规的限制等。

世界上的许多国家，为体现非营利组织投资管理的上述三个原则，一般通过立法给以特别的规定。例如美国允许基金会投资于股票和债券，但必须遵循《一般谨慎投资者法》(Uniform Prudent Investor ACT)。按照这项法令，基金会的投资不是为了营利目的的投机，而是在确保操作稳健、风险合理基础上的投资，为此要求基金会的理事承担投资的责任。为减少风险，美国许多大的基金会通常将其资金的60%投资于股市，30%投资于债券，10%作为存款。

此外，美国"税法"规定，禁止基金会的内部交易(Self-dealing)。内部交易指基金会与其"圈内人"发生的各种交易行为，包括买卖、租赁、借贷、资产及收益的使用或转移等。"圈内人"包括主要捐助人或企业、基金会理事，以及他们的家庭成员等。因为内部交易违反社会公益事业的责信(Accountability)原则，会带来各种利益冲突(Inter conflict)。

三、财务分析

和企业相比，非营利组织更容易受到经济不景气、捐赠骤降、突然得到大笔捐赠等情况的影响，组织需要根据形势的变化，快速作出反应。经常进行财务分析，运用财务分析方法解读财务报表，是非营利组织的理事、秘书长、高层管理人员的必修课，唯有如此才能随时掌握组织的财务状况，进行科学的管理和决策。

组织的财务状况和取得的成果可以用财务报表来反映，但是要对此作出评价，仅有报表上的数据是不够的。例如，募款规模10万元的2万元成本和募款规模50万元的2万元成本显然是不一样的。为了满足不同的需要，还要对报表上的数据进一步加工，通过分析、比较，求出新的数据。而这些新数据往往能说明某些方面的具体问题，如评价组织财务状况健全与否、组织的运作是否高效、组织的前景是否乐观等。通常，年度财务报表要经过注册会计师的审查证明，因此分析的时候，可以参阅会计师对该表的审核意见，以确定数据的可靠程度。

纵向分析和横向分析是财务分析的两种基本方法。纵向分析又称动态分析或趋势分析，是根据连续几期的财务报告，比较前后期各项目的增减方向和幅度，来揭示财务和经营上的变化和趋势的。横向分析又称静态分析，是将同一期财务报表上的相关数据进行比较，以说明财务报表上所列项目之间的相互关系。

财务分析有四种常用的指标：

(1)比率指标，即两组数据之间的比较，表现为一定的百分比或数值比。

(2)动态趋势，表现为以时间为横轴的波形图。

(3)百分比，即部分占全部的百分比，表现为圆形饼图等形式。

(4)差异指标，比较实际费用与预期费用之间的差异等。

以上四种指标中，比率分析法最为有效和简捷。通常采用的几种主要比率如下：

$$\text{短期比率}=\frac{\text{短期资产}}{\text{短期负债}}$$

$$\text{即时比率}=\frac{\text{现金}+\text{短期收益}+\text{市场安全基金}}{\text{短期负债}}$$

$$\text{现金量可用日数}=\frac{\text{现金}+\text{市场安全基金}}{\text{执行费用}-\text{折旧费用}}\times 365$$

$$\text{结余边际比率}=\frac{\text{收入}-\text{支出}}{\text{总收入}}$$

$$\text{工作资本可用日数}=\frac{\text{短期资产}-\text{短期负债}}{\text{执行费用}-\text{折旧费}}\times 365$$

$$\text{净资产比率}=\frac{\text{净资产}}{\text{总资产}}$$

$$\text{固定资产财务比率}=\frac{\text{长期负债}}{\text{固定资产净值}}$$

通过短期比率和即时比率，可了解现金流量。通过现金量可用日数，可了解可用资金及其组织能够维持多久。工作资本可用日数，反映了一年内流动资金能支撑组织运营的边界，一般介于15～90天之间。通常把90天作为一个组织的财务安全线，低于90天就要有危机意识，一方面需要通过净资产比率和固定资产财务比率掌握组织的长期资产的负债能力；另一方面要采取措施开源节流，努力改善财务状况，进行财务调整。

第五节　非营利组织的财务监督

众所周知，非营利组织可以接受财物的捐赠，也可以享受税收上的优惠，而且非营利组织的活动又是依托着基金而开展的，因此，有关部门或社会公众有权了解其财务活动是否符合规定。我国政府对非营利机构的财务监督体现在捐赠法、审计法、会计法等有关的法规中，具体来说，包括以下内容。

1. 非营利性的约束

这是非营利组织开展各种活动所应遵守的一个基本原则。我国于1989年发布实施的《社会团体登记管理条例》中第四条明确规定:“社会团体不得从事以营利为目的的经营性活动。”《中华人民共和国捐赠法》第四条也规定:“不得以捐赠为名从事营利活动。”《基金会管理办法》中也规定:“基金会不得经营管理企业。”

非营利组织的非营利性质由此可见一斑。但是,值得注意的是,非营利并不等于不营利,许多非营利机构都有营利。非营利机构和营利机构的根本区别在于,非营利机构在开展活动时的合法收入,必须全部用于该组织有关章程所规定的业务活动,不得在会员中进行分配;组织在被注销后的剩余资产,不得转移或私分等。

2. 受赠财产支出比例的约束

《中华人民共和国捐赠法》规定,公益性社会团体应当将受赠财产用于资助符合其宗旨的活动和事业。对于接受的救助灾害的捐助财产,应当及时用于救助活动。基金会每年用于资助公益事业的资金数额,不得低于国家规定的比例。

3. 财务公开制度

所谓财务公开是指非营利组织的财务账目应当接受政府有关部门的监督,同时向社会公众和捐赠人公开,接受社会监督。我国的《社会团体登记管理条例》规定:“社会团体应当向业务主管单位报告接受、使用捐赠、资助的有关情况,并应当将有关情况以适当方式向社会公布。”还规定:“社会团体必须执行国家规定的财务管理制度,接受财务部门的监督;资产来源属于国家拨款或者社会捐赠、资助的,还应当接受审计机关的监督。”《中华人民共和国捐赠法》则规定:“受赠人每年度应当向政府有关部门报告受赠的财产的使用、管理情况,接受监督。必要时,政府有关部门可以对其财务进行审计。”另有规定:“受赠人应当公开接受捐赠的情况和受捐财产的使用、管理情况,接受社会监督。”

本章小结

本章从财务预算、财务会计、财务管理和财务监督等方面对非营利组织的财务管理进行了分析。编制预算是财务管理中一个很重要的工作,制定适当的计划体系、搜集各种业绩资料等是做好预算的必要前期准备,确定预算规模时要运用各种预算策略、预算技术,以期达到最优策略;通过会计日记账及财务报告,使非营利组织的财务运行处于可控、透明的状态;而成本分析、投资管理和财务分析对于降低成本、增加收入、提高效率起到实质性的促进作用;另外,非营利组织接受来自社会的资助,有关部门或社会公众有权了解和监督其财务活动是否符合规定。

专业名词中英文对照

财务预算	Financial budget
财务会计	Financial accounting
财务管理	Financial administration
财务监督	Financial supervision

思　考　题

1.非营利组织为什么要进行财务管理,其目的何在?
2.非营利组织财务管理有哪些特征?
3.试简述非营利组织财务预算的方法。
4.简述非营利组织财务会计的内容。
5.简述非营利组织的财务分析涉及的内容。
6.试述非营利组织财务控制的主要方式。
7.非营利组织财务监督主要包括哪些方面?

案例:广州慧灵弱智服务机构的财务管理

广州慧灵弱智服务机构(以下简称慧灵),是一家主要为弱智弱能人士提供服务的非营利组织,创办于1990年2月。

作为一家自下而上的民间非营利组织,慧灵走过了一条坎坷的发展道路。现任董事长孟女士曾是广州一家家具工厂的工会干事,1985年,她与一批热心的青年人及弱智人士的家长们,共同创办了一家致力于向弱智弱能人士提供服务的民办机构——广州至灵学校。由于各种原因,孟女士在1989年第二次创业,筹办了"慧灵弱智青年训练中心"。在经历了几年的风风雨雨之后,目前,慧灵已从最初的"慧灵弱智青年训练中心"发展成为拥有幼儿园、学校、职业训练中心、托养中心和研究所的综合服务机构,吸收了不同年龄,不同类别的智障弱能人士,形成了多元化的一条龙服务模式。在整个发展过程中,慧灵得到国际和国内社会的大力支持,来自中国香港(如香港大学,香港理工大学,"扶康会"等)、意大利、英国等许多地区和国家的大批捐助者,成为慧灵发展的坚强后盾。同时,慧灵不断改进与完善自身的管理与服务,将社会工作专业的基本价值理念"以人为本"及一些专业手法和技巧融入日常工作中,大大提高了服务质量。

慧灵的宗旨是,提供机会让弱智人士发挥潜能,尽可能独立自顾,并且融入社会生活,成为社会的真正一分子。慧灵每年都要派出员工到国内外同行那里学习,也有不少国内外的业内人士亲临慧灵指导,给慧灵不断注入新鲜血液,使其服务质量日益提高。慧灵事业欣欣向荣,她所作的努力与成绩得到了社会及政府有关部门的关注和认可,有很多机构都给予了慧灵资助项目(见表5-5),这与慧灵注重财务管理是分不开的。

表5-5　慧灵1990—1999年得到政府及社会基金资助明细表

日期	组织名称	资助内容	金额/元
1992	广东省募捐委员会	资助开办职业训练中心	60 000
1993.07	广州市残联	资助活动经费	5 000
1994.04	广州市自选数奖券	房产纠纷后困难期间	20 000
1994.05	广州市公益中心	房产纠纷后困难期间	30 000

续表

日期	组织名称	资助内容	金额/元
1995.01	广州市慈善基金	房产纠纷后困难期间	20 000
1995.01	广州市残联	资助活动经费	5 000
1995	广州市募捐委员会	扩大服务范围和提高服务质量	50 000
1996	广州市教育基金会	特殊教育专项补贴和教研	30 000

慧灵的财务是公开的，每年年终由会计作财务报告，虽然没有严格的审计，但他们坚持把收支状况刊登在《广州慧灵通讯》上，以此方式向家长汇报资金使用情况，力求做到透明化。

表5-6所示是1996—2000年慧灵的日常收支状况，虽然数据不完整，但大致能看出慧灵资金的使用情况：学员所缴的学杂费是慧灵收入的主要来源，占总收入的50%以上；社会捐款平均占总收入的13.58%；投资收入与其他收入（如义卖等）分别占总收入的5%和26.75%。人工费用占总支出的32%左右，基础建设装修、设备购置采用平均支出占总支出的30.48%，办公费约占总支出的5.32%。慧灵年年亏损，平均每年赤字30多万。他为什么还能继续经营下去？孟女士说："慧灵现在欠家长和其他人士的集资款200万元，这笔款是逐渐筹集而又不需要一下子集中归还的，对慧灵发展事业起到很大作用，现在慧灵拥有固定资产近400万元，资可抵债，说明慧灵的运作并不盲目。海内外社会和个人的同情和支持给了慧灵很大的帮助，从创办至今，慧灵大概得到社会各界的捐助有235万元，这些资金主要用于助学助养方面。慧灵每年都向政府部门和本地相关基金会呈递资金申请报告，至1999年共计28.45万元。另外，慧灵把部分资金用于定期储蓄，合理使用入学基金购买升值债券，使这笔巨额款项得以保值。

表5-6　慧灵收支状况表(1996—2000年)　(单位:元)

收支状况 \ 年份/年		1996	1997	1998	1999	2000
收入	学杂费	166 867.00	*561 699.00	914 528.50	1 010 371.00	1 058 617.60
	捐款助款	136 976.58	128 183.90	44 734.00	74 012.50	311 365.20
	投资收入			87 767.00	124 732.00	45 660.00
	入学基金			110 000.00	111 600.00	47 310.00
	许国贤助养助学金				165 820.00	127 508.00
	其他收入	36 544.18	347 052.22	238 159.95	214 430.35	533 724.97
	合计	340 387.76	1 036 935.12	1 395 189.45	1 700 965.85	2 124 185.77

续 表

收支状况 ＼ 年份/年		1996	1997	1998	1999	2000
支出	工资/奖金/津贴	188 081.88	521 671.35	548 433.77	608 143.60	644 783.94
	加班费	22 987.96		28 975.80	46 522.60	66 456.80
	保险/福利	18 241.20	54 575.96	9 609.50	7 869.00	2 809.50
	教学训练活动	33 244.45	10 644.45	11 550.10	6 739.80	16 024.61
	生活/保健用品	11 867.75	24 033.55	20 410.13	31 236.15	34 504.63
	助学金/劳务费		27 239.00	36 735.90	18 340.00	14 205.00
	办公费	36 545.85	28 142.28	97 075.13	111 882.77	150 976.51
	校车/交通费	34 077.12	35 417.55	46 037.25	39 972.57	69 317.04
	水电费	14 932.80	27 176.45	39 497.29	65 291.40	66 657.06
	租金/管理费	69 800.00	115 297.40	64 400.40	36 706.40	36 932.87
	公关/宣传	4 086.60	5 788.70	15 160.03	12 757.05	7 742.90
	设备购置	234 211.80	80 416.56	71 717.00	86 219.32	128 718.41
	基建/维修/装修	243 552.93	50 458.18	397 706.65	663 932.00	495 287.70
	其他	101 580.22	134 277.11	340 125.93	361 495.90	316 296.12
	合计	1 013 210.56	1 115 120.54	1 709 434.88	−396 142.71	73 472.68
损益累计		−672 822.80	−78 185.42	−314 245.43	−396 142.71	73 472.68

例如，2000 年，慧灵的收费标准如下：

托养中心：根据学员能力程度不同和选择的宿舍不同分为：A 宿舍 600～800 元/月，B 宿舍 1 000 元/月。广州市弱智人士办理终生托养公证手续时须借出 2 万元，外地人士借出 5 万元，到该弱智人士亡故后归还。

职训中心：300 元/月。

慧灵一校：590 元/月。

幼儿园：普通走读生 330 元/月，智障走读生 550 元/月，智障住宿生 750 元/月。

研究所：每个自闭症儿童 1 500 元/月。

每到节假日，不接走学员的一天多收 30 元。

根据慧灵的成本核算，如果按照服务成本，起码要增加收费 30%。但由于机构非营利的服务宗旨，使收费标准设定在服务对象普遍可承受的程度内，并对困难家庭实行一定的减免费用或助学助养等措施。

慧灵的经济来源于社会，其创办者并不是投资者，只是发挥个人智慧去筹集资金，并不具备财产所有权。因此，慧灵章程明确规定：若日后机构不得不停办关闭，除了还清债务外，剩余资产用于慈善事业，以防止归属不明的弊端。

案例来源：王名. 非营利组织管理概论. 北京：中国人民大学出版社，2003.

第六章　非营利组织的项目管理

教学内容：

(1)非营利组织项目管理的含义及特点。

(2)非营利组织项目管理的原则。

(3)非营利组织项目的申请、管理及评估。

教学要求：

(1)理解非营利组织项目管理的特点。

(2)了解非营利组织项目管理的原则。

(3)掌握非营利组织项目的申请过程。

(4)理解非营利组织项目管理过程。

(5)了解非营利组织项目的评估。

项目管理作为一门学科，最早出现在美国，其产生的直接动力是建设和管理大型项目的需要。它主要研究如何优化定量的资金，运用科学的管理方法达到既定的项目目标。20世纪80年代末期，项目管理的概念引入中国，越来越多的组织采用了项目运作的方式来进行管理。从世界范围来看，许多非营利组织都是以项目的方式开展活动的，有的非营利组织就是为了运作项目而成立的。由此可见，项目控制与运作水平的高低，成为非营利组织发展与进步的决定因素之一。能否申请到项目，能否管理好项目，是关系到非营利组织生死存亡的大事，也是实现其宗旨的重要手段。

第一节　非营利组织项目管理概述

一、项目和项目管理

1. 项目

什么是项目？不同的人有不同的理解。《世界银行项目管理》对项目的定义为“所谓项目(Project)，一般是指同一性质的投资(如设有发电厂和输电线路的水坝)，或同一部门内一系列有关或相同的投资，或不同部门内的一系列投资(如城市项目中市区内的住房、交通和供水等)”。ISO10006界定项目是指“具有独特的过程，有开始和结束日期，由一系列相互协调和受控的活动组成。过程的实施是为了达到规定的目标，包括满足时间、费用和资源等约束条件”。一般认为，项目是一个组织为实现自己既定的目标，在一定的时间、人员和资源约束条件下，所开展的一种具有一定独特性的一次性工作。现实生活中，大到青藏铁路工程、北京申办2008年奥运会，小到出一趟差、办一个联欢会都是项目。项目具有以下属性：

(1)一次性。这是项目最基本的属性。项目有明确的起点和终点，没有可以完全照搬的先例，也不会有完全相同的复制。

(2)独特性。每个项目都是独特的。有的是项目所提供的产品或服务有自身的特点；有的项目提供的产品或服务与其他项目类似，然而其时间和地点、内部和外部的环境、自然和社会条件有别于其他项目，因此，项目的过程总是独一无二的。

(3)目标的确定性。如在规定的时段内或规定的时点之前完成、提供某种规定的产品或服务，不超过规定的资源限制。

(4)组织的临时性和开放性。项目班子在项目的全过程中，其人数、成员、职责是在不断变化的。某些项目班子的成员是借调来的，项目终结时班子要解散，人员要转移。这一点与一般企、事业单位和政府组织不同。

(5)成果的不可挽回性。项目的一次性属性决定了项目有较大的不确定性和风险，它不同于其他事情可以试着做，做坏了可以重来。项目在一定条件下启动，一旦失败就失去了重新进行原项目的机会。

2.项目管理

从20世纪40年代起，由于美国国防工程建设和工民建工程建设的需要，关键路线法(CPM)和计划评审技术(PERT)等科学的系统方法相继出现，从而使项目管理成为一门学科。传统项目管理方法主要致力于项目预算、规划和为达到特定目标而借用的一些运营管理的方法，在相对较小的范围内所开展的一种管理活动。

20世纪七八十年代以来，随着网络、计算机技术的飞速发展，项目管理的内容发生了很大的变化，项目管理进入现代项目管理阶段，项目管理的应用领域在这一阶段也迅速扩展到社会生产与生活的各个领域和各行各业，并且在各种组织的战略发展和日常管理中的作用也越来越重要。

美国项目管理学会PMI颁布的项目管理知识体系(Project Management Body of Knowledge,PMBOK)指南中，认为项目管理是指“把各种系统、方法和人员结合在一起，在规定的时间、预算和质量目标范围内完成项目的各项工作。有效的项目管理是指在规定用来实现具体目标和制定的时间内，对组织机构资源进行计划、引导和控制工作”。按照这种理解，项目管理应该包括以下三个方面的内容：

(1)项目计划。项目获得批准后，一般需要在项目申请工作的基础上，制订详细的项目计划。

(2)项目控制。项目控制包括项目进度控制、财务管理、项目监测和内部评估、信息沟通、风险控制等内容。

(3)组织管理。在组织管理中需要重点考虑的是项目管理机构的设置和项目经理的选择。

项目管理的概念在20世纪60年代初就引入我国，在国民经济各个部门试点应用，当时将这种方法命名为统筹法(Overall Planning Method)。1965年，华罗庚出版了著作《统筹方法平话及其补充》。该书的核心是提出了一套较系统的、适合我国国情的项目管理方法，包括调查研究、绘制流程图、寻找主要矛盾线以及在设定目标条件下优化资源配置等。之后，统筹法在建筑工程、设备维修、生产组织、生产运作流程等诸多领域得到应用并很快创造了数以千计的成果，取得了巨大的经济效益。尤其值得指出的是，在这一期间开发出了数以百计的作业流程，为进一步实施规范化和标准化奠定了坚实的基础。改革开放后，项目管理在水利、建筑、化工等领域大量被应用。1980年后，华罗庚和他的助手们开始将统筹法应用于国家特大型项目，如两淮煤矿开发项目(涉及投资60亿元)，准噶尔露天煤矿煤、电、运同步建设项目(涉及投资120亿元)等。他们将以统筹法为基础的项目管理水平提高到一个新的高度，其中特别有意义的是通过应用统筹法模拟完整的作业流程、测度资金流、在特定目标下优化资源配置等方面的实践，提供了对大型项目进行有效管理的经验和方法。1986年国家经贸委在全国各企业大力推广包括统筹法(网络技术)在内的18种现代化管理方法。1992年，中国优选法统筹法与经济数学研究会成立了项目管理研究委员会，对推动我国项目管理的发展起到了积极的作用。

二、非营利组织项目管理的含义及特点

1.非营利组织项目管理的含义

非营利组织项目管理是指为了实现其宗旨，通过项目申请的形式获取资金、人力等社会资源，并经过有效的组织、计划、控制项目的运作过程，使这些资源达到最优化配置，实现既定的目标的过程。大多非营利组织采用项目运作方式，如中国扶贫基金会所开展的贫困农户自立工程，是一个包括饮水、搬石造地、住房改造三大内容的综合项目，借以改善贫困农户的用水、生产和居住的基本条件。有的非营利组织甚至就是为了运作项目而存在，其主体工作就是一个大型项目。由于项目管理强调对运行成本的精确估算和严格控制，对实施过程的仔细推算和谨慎遵守，对执行质量的详细规定和认真评估，因此，从一定程度上讲，非营利组织的项目管理直接关系到非营利组织的存亡，直接关系到非营利组织目标的实现。实施高效的项目管理，是我国非营利组织提高自身竞争力，适应新环境变化的重要途径。

2.非营利组织项目管理的特点

非营利组织的项目管理与主流项目管理的区别：

(1)项目管理内容不同。非营利组织的项目管理大多为服务类项目，主流项目管理侧重于工程类项目。如印度在20世纪80年代后期，政府开始直接资助非营利组织，并将非营利组织纳入规划的项目中，典型的如乡村综合发展项目、乡村妇女儿童发展项目、乡村集中供水项目、非正规教育项目、全民扫盲运动等，这些项目均为服务类项目。

(2)项目来源不同。非营利组织的项目管理大多为外部立项，主流项目管理则主要为组织内部立项。非营利组织的项目通常向各种基金会、支持机构、中介机构、国际组织、政府部门、企业等外部组织申请，也正因为如此，非营利组织项目管理更重视申请环节。因此，作好项目选择、可行性分析、项目建议书填写等申请环节，有利于提高申请的成功率，保证项目的运作效果。特别是国际资助的项目，通常要经过严格的申请程序，并准备大量的申请资料。同时，这也决定了对于项目管理过程中各个阶段的评估、报告和财务审计等环节，相对于主流项目管理来说，有更为严格的要求。

(3)项目管理目的不同。非营利组织的项目管理大都以提供某类服务、增加社会福利或公益为宗旨，主流项目管理则主要以营利为目的。由于非营利组织的项目的主要目的是为了实现其宗旨，并不以项目营利为目的，因此，无论在项目前期可行性分析阶段还是项目后期的评估阶段，都更加注重各种评价社会效益的指标，而很少使用各种经济效益的评价指标。此外，由于大多数非营利组织的项目成果政治和社会影响较大，因此，对于项目交付期、成本和质量控制的要求都很高，同时也强调了在项目管理过程中应用各种项目管理技术的重要性。

三、非营利组织项目管理的原则

1. 目标明确

现代项目管理一个重要理念就是强调启动各项活动时决策的科学性，即做正确的事(Do the right thing)，而绝非简单地把事情做正确(Do the thing right)。成功的项目在很大程度上取决于“做什么”，即有明确的目标。也就是说，不管什么项目，尽管目标各有差异，但都应该有目标。目标不确定，会为活动的立项带来困难，会为活动的实施埋下祸根。如清华大学 NGO 研究所承担项目救灾案例研究项目“汶川公民行动研究”，旨在通过数据年鉴、问卷调查和案例研究等方法，对汶川地震中社会组织紧急动员和紧急救灾行动进行系统全面的实证研究。

2. 管理程序规范

由于非营利组织的领导高层较企业来说，更换甚为频繁，如理事长、秘书长等管理者都是按届选举产生的，而且经常要吸收组织外人事的加盟。在这种条件下，为了项目管理的持续性，一套简单而高效的规范化项目管理程序就显得尤为必要。项目管理程序是指遵循项目运作的客观规律，总结项目管理的成功经验，编制和确定统领项目管理全过程的科学的路径、步骤、流程、序列，保证项目稳健有序地运行。管理程序规范则是强调严格执行，是指在各项管理活动中必须依照程序、执行标准，其目的是实现管理行为的井然有序、协调高效。

3. 注重申请环节

前已述及，非营利性组织的项目根据资源的来源可以分为组织内部项目和组织外部项目，但非营利组织的组织外部项目居多。因此，为了保证项目的成功申请，需要做好项目选择、可行性分析、项目建议书的填写等申请环节，保证项目的运作效果。

4. 注重项目运作效率

非营利组织不以营利为目的，但不等于非营利的项目管理不顾及效率。非营利组织项目管理和其他项目管理一样，需要控制成本，优化资源配置，提高效率。项目成功标准的制定，有助于提高项目管理的效率，激励项目团队士气。虽然，非营利组织的项目成功有不同的判别标准，但项目本身的实现是一个重要的方面，如在预定的时间期限内，在预算的成本范围内，在适当的性能规格下，达到项目的实现。此外，项目的社会影响也是评价项目成功的重要指标。

第二节　非营利组织的项目申请

非营利组织项目管理的一般程序可以分为项目申请、计划、组织、控制、管理及评估等环节。项目申请是项目从无到有的关键时期，是非营利组织项目管理的出发点，其工作质量的好坏直接关系到项目的最终成败，是非营利组织项目管理的前期准备阶段。一般来说，项目前期准备工作又可分为以下三个阶段：设计项目、可行性论证和完成项目建议书。

一、项目申请的基本程序

1. 设计项目

项目设计者必须根据组织的内、外部环境，调动项目参与人员及各方面的积极性，集思广益，策划并勾勒出项目范围，对满足需要、效益、资源、成本的可行性方法进行初步评估，设计出可行的项目及思路。在设计项目过程中，可以通过以下步骤来实现。

(1)必须从组织的宗旨出发,考虑设计项目的目标是否与非营利组织的战略目标一致。如一个为智障儿童开展服务的组织把主要精力放在环保项目上显然不合适,而涉及一个能够改善智障儿童教育环境的项目可能更为合理。

(2)分析项目合作方的状况。通过合作方的公开资料以及通过网络等各种途径获得合作方的以往的合作经历、高层领导的变更、合作意向等必要的资料,以提高项目申请的命中率。

(3)分析当地实际情况。每个地方都有其独特的自然地理环境、人文资源环境,只有根据当地的情况和特色设计出来的项目才能够更顺利地得到实施。因此项目设计时,要充分利用当地的各种资源,并分析所提供服务的市场需求。如山东大学威海分校生命科学协会注意到,威海有漫长的海岸线、优良的水质和气候是鲸豚动物的天然优良栖息地,但同时也是我国鲸豚动物搁浅的高发地,急需形成救助机制。于是,他们申请了"绿石基金资助项目",旨在通过环境、法律等相关知识的大规模深入宣传,使威海海域的渔民认识到鲸豚动物的重要生态价值,在渔民群体中形成不伤害,并且主动救助搁浅及受伤鲸豚动物的良好氛围,从而保护渤海和黄海的生态系统。

(4)注重效率。在项目设计上要坚持和体现少花钱多办事的原则。当非营利组织显示出良好的项目运作效率,当用最少的投入能够达到最好的效果时,用最少的钱服务最大范围的群体时,更容易获得项目支持。

(5)选题。一般来说,选题有三种形式:一是命题式选题,即项目资助机构有明确的项目指南,项目选题必须在指南的范围之内进行,这时只要逐一考虑指南中的项目是否符合组织实际情况即可;二是非命题式选题,即资助机构没有明确的项目指南,但申请者和资助者都有明确的申请意向,选题的过程是一个相互磋商和调整的过程;三是合作式选题,即双方已经有明确的合作意向和经费意向,但双方都还没有明确的项目指向,选题的过程就是在合作的基础上逐渐明确项目指向的过程。

(6)替代方案。对于一个项目的构思,不能只有一种方案,而应有若干种不同的选择方案。这就需要涉及项目时,把各种思路都罗列出来,为项目的可行性论证提供各种可供挑选的素材。

2.可行性研究

项目选择与确定阶段决定着组织内、外资源的有效配置,旨在做正确的事情,对项目成败具有决定性作用,对组织的发展具有战略影响。

在项目选择过程中,必须考虑各方面的因素,包括构建因素、市场因素、财务因素、员工因素等。构建因素主要是指构建项目的成本、构建项目的时间变动、构建项目需要的资源的供应情况等;市场因素主要是指非营利组织项目运行的特定群体等;财务因素主要是指项目的预算,项目合作方的资信状况、现金需求量和财务风险水平等;员工因素包括员工的业务水平、工作条件、员工参加的培训等。

在项目方案进行最初选择之后,就可以开展可行性研究对项目进行最后的选择。可行性研究是指专门为决定某一个项目是否合理、是否可行所做的深入论证,为决策提供依据。可行性研究阶段是项目决策的重要基础。它主要是对项目进行全面的技术、经济、组织机构和社会分析,就项目的实施提出多个可供选择的方案,通过方案对比,找出切实可行的实施方案,为项目决策提供可靠的依据。

可行性研究工作对于整个项目建设过程有非常重要的意义。进行可行性论证时必须遵循科学性原则、客观性原则、公正性原则。要站在旁观者的角度，做好基础资料的收集和分析工作，在此基础上，对每一种方案进行各项指标，包括各个方案的优缺点、费用、成效等指标进行全面分析，最终确定实施哪个方案。编制可行性报告时，必须注意报告内容要完整，避免粗制滥造。

可行性论证一般要仔细分析项目背景、项目意义、组织内外部环境、需要的资金、预期成果等。一般来说，可行性论证需要回答以下问题：

(1)为什么开展本项目？

(2)具备哪些条件？条件是否已经成熟？

(3)实施该项目需要多少资金？如何筹集资金？

(4)实施该项目需要的人力资源状况如何？

(5)实施该项目后给服务对象带来了哪些益处？

(6)实施过程中可能出现什么问题？存在哪些困难？该项目的组织机构形式如何？

可行性研究的结论有以下五种情况：①项目可以立即进行；②项目需要增加资源后才能够进行；③项目需要等待某种条件成熟之后才能进行；④需要局部修改之后，项目才能够进行；⑤项目不能或没有必要进行。

3. 项目建议书

填写项目建议书的目的在于打动资助方，让资助方提供项目需要的各种资源。不同资助机构要求的项目建议书有很大区别。如有的要求宽泛，可以任意发挥；有的限定格式，提供表格。在填写过程中，要求项目运作人员根据实际经验，认真填写。

虽然格式要求不同，但填写内容一般可分为以下几个部分：

(1)项目名称、项目由来及背景。经过项目设计和项目的初步论证，项目的选题和方向已经确定。填写时，还需要仔细斟酌用词，以确定一个能够高度概括而又准确表明项目内容的名称。立项背景主要描述项目的历史、发展及现状；通过该项目的实施，项目受益人群将会有何种变化，会给社会带来哪些有益的影响。

(2)项目内容、进程、预算及难点。项目内容包括项目目标，并说明如何达成项目目标，选择项目运作的方式，项目运作的简单计划，与地方政府、其他组织合作的计划等。项目进程是指详细的日程安排，进度计划的作用是将工作安排反映到日历上，它不仅规定整个项目以及各阶段的起止日期，还具体规定了所有活动的开始和结束日期。项目预算过程其实可以分成估算和预算两大部分。估算的目的是估计项目的总成本和误差范围，而预算则是将项目的总成本分配到各工作项中去。估算内容包括人工成本、费用、设备、原材料、劳务和外包成本等。

(3)参与人员。项目主持人和项目执行人的详细资料，包括学历、职业经历、项目运作经验、该领域的主要研究经历等项目其他参与人员的相关资料。

(4)合作者。有的项目要求有不同类型的合作者，包括国际合作者、政府部门合作者和其他非营利组织等。填写时应在项目建议书中列出合作者的基本数据、合作形式及合作内容等。如联合国开发计划署在向我国西部某贫困县乡村发展协会提供扶贫项目资助的时候，要求在县政府中成立项目办公室，把政府部门作为合作者。如果需要合作者，应该在项目建议书中列出合作者的基本数据、合作形式及合作内容，还需要项目合作者开具有关合作的承诺书。

(5)成果。这里的成果是指项目运作预期成果，即期望获得的成果，如果需要的话，还要包括项目中期成果。

第三节 非营利组织项目运作管理程序

项目运作管理是非营利组织管理的核心环节，一般包括项目计划、组织实施、控制与管理三个阶段。在这一阶段中，人们开始项目的实施。在项目实施的同时，人们要开展各种各样的控制工作，以保证项目实施的结果与项目设计、计划的要求和目标相一致。

一、项目计划

计划是为了完成一个目标而进行的系统的任务安排。项目计划是为完成项目目标而对项目所需人、财、物和宣传等各种活动的安排和落实。非营利组织的项目计划是围绕着非营利组织的项目目标展开的，它系统地确定项目的工作任务、安排项目进度、编制预算等，从而保证项目能够在合理的期限内，尽可能以少的投入及尽可能高的质量完成。非营利组织项目计划作为项目实施的"龙头"，是项目的依据与指南，是决定项目成败的关键因素。

项目计划包括项目总计划和年度工作计划。

项目总计划一般由项目经理和项目参与人员一起完成。总计划通常包括项目总目标和分阶段目标、各项活动目标，各项活动设计和时间估算，并作优先次序排列，资金预算、人员配备、设施要求、详细的时间进度系统(可采用单线图、进度指标、工作计划网络等)。在制定项目总计划的时候，宜从一些简单的、亟须进行的、困难又较少的、周期比较短的项目活动开始，这样可以为复杂的活动打下良好的基础，并充分调动参与者的积极性。

项目年度工作计划是在项目总计划和预算的基础上，明确年度中的工作内容、方法、工作量、时间控制、项目区域范围、参与人员的详细分工、预期效果及详细的报告程度以及所需资金的年度预算。项目年度工作计划在项目执行的控制和管理中起着重要的作用，是项目管理部门批准各个项目活动和所需经费的基础。编制年度工作计划，需要考虑如下问题：

(1)年内实施的各个主要的项目活动及其优先顺序如何？

(2)这些活动能否在一年内完成，需不需要延续到明年？需要哪些支持？

(3)谁能作为活动的合作伙伴？要不要进行培训？活动成本是多少？

(4)如何确定各项活动的负责人？

(5)最后的年度报告如何产生？按照怎样的时间来进行？如何着手？

二、项目的组织实施

制订了项目计划之后，接着就应该考虑项目的组织实施的问题。关于项目的组织实施，以下三个方面要重点考虑。

1. 项目经理

项目经理是项目的主管，不是所有的人都能成为项目经理。项目经理是项目的负责人，在项目管理中占据核心地位，对项目的顺利实施也起着至关重要的作用。项目经理在项目总计划和年度计划下，负责拟定进度，监督工作确实按进度实行，确保所有工作都方向正确，不出纰漏，协调团队关系，并向高级主管报告项目状况。在许多非营利组织中，项目经理的工资往往超过秘书长的工资。项目经理要在资深的员工中挑选，必须在项目相关的领域内工作过很长时间，有足够的经验，或者以项目助理的形式担任过类似的项目管理工作，还可以从外部聘请项目经理。项目管理与一个乐队演出进行比较，可以发现，一个项目经理和一个乐队指挥的角色非常相似，作为乐队指挥，他的目标就是要成功地完成演出，最大限度地满足听众对演出的目标要求。怎样来演奏好这场音乐会？需要所有参加乐队演出的演奏人员齐心协力，同时还要有一个统一的指挥，统一的要求。乐队的总谱就相当于项目管理的一个计划，乐队指挥要按照项目计划进行，项目工作才得以开展。演奏过程的先后次序，工作的轻重缓急，乐曲的强弱，包括不同声部的进入，都需要有一个完整、周密的计划。

一个好的项目经理，也相当于一个乐队指挥，项目经理的作用就是使整个项目团队齐心协力，形成一种合力，大家为达成项目的目标共同努力。

2. 项目管理机构

非营利组织项目管理机构可由下列人员组成：项目经理、各个分活动负责人、相关专家、资助方的相关人员等。一般由项目经理担任机构的最高领导者，各个分活动负责人参与，作为整个项目实施、管理和协调的部门，以保证预期的效果。在大型项目或一些特殊项目中，通常也采取聘请专家参与的方法，以提高项目的实施效率，也有一些项目需要吸收资助方的人员参与，做一些监控工作。为了确保项目的成功实施，要求项目管理机构的人员相对稳定。

3. 项目管理机构的组织结构

对于传统的管理结构，秘书长是最高领导，项目经理直接归秘书长领导，由项目经理从各个职能部门抽调人员组成项目小组。这种结构虽然具有权力集中、易集中资源的优点，但是等级森严、信息不畅的缺点也很明显，各个项目经理容易陷入琐碎的协调类事务之中，甚至出现争权夺利的矛盾。现代非营利组织的项目管理往往采取网络式的管理结构，秘书长下面仍然是各个职能部门，但其中新增一个项目主管，项目主管下面再分设项目经理，项目经理不再直接面对秘书长，项目经理和各职能部门之间更多的是一种横向的合作关系。这种结构使单个的项目管理机构更为独立，自主权更大。

三、项目的控制与管理

非营利组织项目控制是指在项目实施过程中，项目管理者跟踪、检测和测量项目的实际进展，对比项目计划目标，找出偏差，分析成因，研究纠偏对策，实施纠偏措施的全过程。

1. 非营利组织项目控制的内容

项目控制的前提是项目实施中发生了变更，即项目实际情况与计划出现了偏差，因此，必须找到项目变更的原因，找到偏差对项目目标实现的影响。项目的变化无疑会影响项目的进度、预算、人员分配、质量要求等方面，或者会影响项目交付内容的范围方面，无论是哪种情况的变更，都要求非营利组织项目管理者逐一分析这些变化，确定其对项目的影响，从而采取有效措施消除由于这些变化产生的负面影响。概括地说，非营利组织项目的控制主要包括进度控制、财务控制、质量控制以及风险控制等。

(1)进度控制。项目进度控制主要是通过项目进展报告来完成的。编制报告时要对项目计划中的目标和各项指标，对实际运作情况进行定量分析，对项目进展情况作文字性的概述，对项目实际运作情况进行定量分析并提出时间节点。项目进度控制一般应该包括以下内容：对于包裹期间各项活动的进展情况应尽可能的具体化，包括项目活动进展的内容、时间、地点、参与人员、费用支出等；分析造成项目变更的原因，提出相应措施；项目管理机构及人员配备情况;项目实施的阶段性成果;项目下一步的工作安排等。

(2)项目财务控制。健全的项目财务控制是项目顺利实施的重要保证和基石。对于非营利组织而言,项目一经批准,资助方往往根据项目的进展情况将项目经费逐笔汇到项目管理机构。在项目运作过程中,项目管理机构必须做到专款专用,必须严格进行支出控制,必须配备专门的财务人员。财务控制的前提是做好财务计划,财务计划中应包括以下内容:在项目成本中,包括哪些阶段和工作包;谁对这些成本负责;项目带来的财务收益;财务支出的授权等。财务工作管理主要包括对成本和收益的估计;得到支出的许可;预测未来的成本;报告等。

(3)项目风险控制。谁都希望项目成功,但风险是客观存在的。风险是任何可能阻碍你达到拟定目标的潜在危险事件,它可能影响到项目进度、收益、效果。项目管理者不能利用风险管理消除所有的风险,但通过周密的计划,采取相应的策略,可以避免风险或者在事件中最大限度地减少风险的破坏性。风险管理的良好开端是根据进度指出有效的监控偏差。当计划和现实出现偏差时,项目可能正面临着不可控风险,需要项目经理对偏差作出分析,采取措施及早进行调整。做好应急计划也是降低风险的一种方法,应急计划是为控制未来可能出现的事情所作出的准备,包括风险描述、风险出现的可能性、风险的影响及对策等,这些都有利于将风险降到最低。

2.非营利组织项目控制的过程

根据以上项目控制的理解,可以发现项目控制的依据是项目目标和计划,而制定项目控制目标,建立项目绩效考核标准,衡量项目实际工作状况,获取偏差信息,分析偏差产生的原因和趋势,采取适当的纠偏行动等便构成了控制的过程。

(1)制定项目控制目标,建立项目绩效考核标准。项目控制目标包括项目总体目标和阶段性目标。总体目标通常就是非营利组织运行该项目的目标;阶段性目标可以是项目的里程碑事件要达到的目标,也可以由项目总体目标分解来确定。绩效标准通常根据项目的技术规范和说明书、预算费用计划、资源需求计划、进度计划等来确定。

(2)衡量项目实际工作状况,获取偏差信息。通过将各种项目执行过程的绩效报告、统计数据等文件与项目合同、计划、技术规范等文件对比或定期召开项目控制会议等方式考察项目的执行情况,及时发现项目执行结果和预期结果的差异,以获取项目偏差信息,并编制偏差报告。偏差报告有两种形式,第一种是数字式的,第二种是用图形来表示的。项目偏差数据可以通过将项目绩效报告、项目跟踪统计与项目检验记录等与项目文件、项目计划与技术标准规范等相关数据相比较而得出。偏差分为正向偏差和负向偏差两种。正向偏差意味着进度超前或实际的花费小于计划花费。这对项目来说是个好消息,但是正向偏差也有一些问题,如果进度超前,项目负责人不得不重新修改资源进度计划,这会增加额外的负担。负向偏差意味着进度延迟或花费超出预算,正如正向偏差不一定是好消息一样,负向偏差也不一定是坏事,例如超出了预算,可能是因为在报告周期内比计划完成了更多的工作,只是在这个周期内超过了预算,或许是用比最初计划更少的花费完成了工作,但是不可能从偏差报告中看出来,必须将成本与进度结合起来分析才能得出正确的偏差信息。

(3)分析偏差产生原因,采取适当的纠偏行动。造成偏差的原因有多种,具体的一般有以下几个方面:一是来自于项目承办方,例如项目承办方负责的项目设计缺陷,项目计划不周全,项目实施方案设计在执行过程中遇到障碍，项目执行过程中出现失误等，都会造成项目偏差；二是来自于合作方，与非营利组织合作的一方，由于提供的物力、财力数量不足或质量不合格也会造成项目偏差；三是来自于不可抗力，不确定性的、不可预见的各种客观原因会造成项目偏差，如战争、自然灾害、政策法规变化等。

有经验的项目负责人，通常在项目的计划阶段就对可能引起偏差的原因及其对偏差的影响程度进行充分的分析，以便在计划阶段采取相应的预防措施避免或减弱这些原因对项目的影响。

第四节　非营利组织的项目评估

非营利组织围绕其使命采用目标管理、全面质量管理等手段进行管理，强化公共部门对国家权力机关和对顾客的双重责任；实行成本核算，加强财务控制，完善信息反馈，实行绩效预算制度。各种迹象需要使社会公众确信非营利组织所开展的各种公共项目，从而使项目评估成为了非营利组织加强管理的重要方法与手段，成为了社会公众监督与参与管理的重要途径。由于非营利性组织的资金在很大程度上依赖于公众的捐赠，因此，人们首先关注非营利组织是否能将捐赠的资金真正用于公益事业，能否遵守非营利组织的行为规范和道德标准，所以，对项目的结果进行评估，能够促进非营利组织的健康发展。

一、项目评估的含义和原则

项目评估是在可行性研究的基础上，根据有关政策、法律法规、方法与参数，从项目及国家的角度出发，由有关机构对已经完成的项目的目标达成的情况、执行过程、成效、项目管理能力所做的系统的、客观的分析。项目评估是项目决策科学化、规范化、程序化、民主化，避免失误的重要保证。通过项目评估，检查项目预期目标是否达到，项目是否合理有效，项目主要绩效指标是否实现，如果没有实现，找出原因，为未来新项目的设计、决策、项目管理提供经验教训。项目评估应遵循以下原则：

(1)公正性。公正性是指评估人员应从项目利益相关者以外的机构或个人出发，独立地进行，特别要避免项目管理者自己评估的情况。

(2)全面性。项目评估是对项目实践的全面评价，是对项目立项决策、设计与实施等全过程进行的评价。它包括社会效应、环境以及项目综合管理各个方面。

(3)反馈性。项目评估结果需要及时反馈到决策部门，作为新项目的立项和评估的基础以及调整规划和政策的依据。

(4)实用性。项目评估以实际情况为基础，应该具有针对性强、文字简练明确、具体的特点。

二、项目评估的内容

一般来说，非营利组织项目评估的内容涉及项目的理念如何，项目设计是否科学，技术水平是否可行，项目实施过程的状况如何和对项目实施效果进行评估等。

1.技术评估

技术评估主要采用的方法有单参数法、多参数法等。单参数法是从项目所用技术中选取一个关键参数，与相类似的技术进行对比，检验其科学性和先进性。如对一项募捐活动进行对比时，通过人们自愿参与程度这一单一参数就能初步判断出它的水平和效果。有的募捐借助了太多的行政手段，采用了行政动员的方法，表面上看参与者很多，热情很高，但在群众中往往有强制的感觉，这样有损于树立非营利组织的良好形象。多参数法是从项目所用技术中选取多个重要的参数，在相对限定条件下，与相应技术进行对比，检验其科学性和先进性。它是在单参数法的基础上，加上一个或多个参数，用一组参数来判断项目效果的好坏。

2.经济评估

经济评估是从不同角度利用一些经济指标的计算结果对项目活动进行评估。对企业进行评估时，一般从投资回收、净产值和投资利润等概念来思考问题，但由于非营利组织的净产值和投资利润等指标难以量化，因此，经济评估的角度是从非营利组织的资金是否用得合理。对于非营利组织而言，财务评估时只对其支出作审计，而不对其收益做预期的经济要求。但对于其中一些援助开发项目，就有必要应用经济活动式的财务评估方法。

3.社会评估

社会评估主要是对大型项目而言的，着眼于项目对社会提供的有用产品和服务及活动所耗费的全社会有用资源的角度来考察活动的效益和费用。通过社会评估检验项目的目标定位和自身的社会形象。

三、项目评估的方法和程序

项目评估程序和方法的科学化、合理化对项目质量保证有重要意义。项目评估的基本方法有观察法、问卷法、文献法、访谈法等，对非营利组织项目的评估，往往是这些方法的综合运用，用一种方法往往很难作出准确的评估。

项目评估的基本程序如下：

1.准备阶段

收集并整理项目评估所需要的有关基础资料，对项目的可行性报告、项目建议书、项目进展状况、财务报告、年度工作计划等与项目运作有关的文件以及项目所在地区资料、组织战略规划、宗旨等相关性资料进行详细的阅读。

2.开展调查

根据评估需要，对项目情况进行系统的调查，与直接参与项目的有关人员和没有直接参与项目的人员座谈，召开由项目受益者、项目管理者和资助者参与的会议，一对一访谈，现场观察等，对于大量的重复性问题或者不方便访谈的问题，可以采取问卷的方式。

3.撰写评估报告

根据评估结果，评估人员对各项评估结果作出科学的总结，写出评估报告。评估报告力求格式规范，准确清晰，避免专业晦涩的词语，以便于阅读和对比。报告一般包括摘要、项目概况、项目内外部影响因素、实际调查的情况、经验教训、意见和结论、评估方法、参考资料等部分。

本章小结

实践中,非营利组织经常是通过一个个项目来提供服务和产品的,因此,项目管理的好坏是评价非营利组织能力和潜力的重要方面。非营利组织项目管理是指为了实现其宗旨,通过项目申请的形式获取资金、人力等社会资源,并经过有效地组织、计划、控制项目的运作过程,使这些资源达到最优化配置,实现既定的目标的过程。非营利组织的项目管理与主流项目管理在项目管理内容、项目来源、项目管理目的等方面存在不同。非营利组织的项目申请的基本程序为设计项目、进行可行性研究、填写项目建议书。项目运作管理是非营利组织管理的核心环节,包括项目计划、组织实施、控制与管理三个阶段。非营利组织的项目评估的内容涉及项目的理念如何、项目设计是否科学,技术水平是否可行、项目实施过程的状况如何、项目实施效果等。用一种方法往往很难作出准确的评估,因此,非营利组织项目评估的方法综合运用观察法、问卷法、文献法、访谈法等方法。项目评估的基本程序有准备阶段、开展调查、撰写评估报告。

专业名词中英文对照

项目管理	Project management
项目经理	Project manager
技术评估	Technology evaluation
经济评估	Economic evaluation
社会评估	Social evaluation

思考题

1. 与主流项目管理相比较,非营利组织项目管理有哪些特征?
2. 非营利组织项目申请的程序是什么?
3. 简述非营利组织项目管理的运作程序。
4. 如何对非营利组织项目管理进行评估?

案例:香港乐施会的项目管理实践

香港乐施会是一个在中华人民共和国香港特别行政区成立的独立的发展和救援机构,跨越种族、性别、宗教和政治的界限,与政府部门、社会各界及贫穷人群合作,一起努力解决贫穷问题,并让贫穷人群得到尊重和关怀。“助人自助”是香港乐施会的宗旨和目标,乐施会成立于1976年,1988年,在香港注册成为独立的发展和救援机构。资金主要来源于香港市民的捐赠,超过90%的总捐款来源于市民的个人捐赠,有时也向香港政府申请部分赈灾专项资金。香港乐施会运用筹集到的资金先后在全球超过60个国家推行扶贫及救灾工作,支持各国开展综合发展、紧急援助、教育、卫生和水利等项目，帮助贫穷人改善生活，自力更生。从1987年开始，香港乐施会便与中国内地政府部门合作，致力在中国推行扶贫发展及防灾救灾工作。1992年，香港乐施会在昆明设立项目办公室，这是香港乐施会在香港以外地区开设的第一个项目实施机构，然后相继在北京、贵阳和兰州设立项目办公室，继续推行扶贫发展等工作。伴随着香港乐施会在内地扶贫发展与救援工作的扩展，香港乐施会用于内地的资金逐年增加，至今已累计投入资金达3亿元人民币，受益人口超过500万人。乐施会采用了以权为本的工作手法，即与各领域相对应的“可持续生活保障的权利”“基本服务的权利”“生命安全受保障的权利”“被聆听的权利”“平等对待的权利”。香港乐施会希望为内地的扶贫发展及防灾救灾而工作，能为中国建设社会主义新农村，构建和谐社会贡献一份积极的力量。

2006年，乐施会与上海民间组织的合作，旨在通过上海的优势，去支持其他地区从事扶贫发展和公益事业的民间组织的健康成长，因此，在上海，支持民间组织能力建设主要开展了两个项目：“支持长江三角洲地区民间组织公共服务社会化与能力建设”和“非营利组织财务支持网络及能力建设”。

1. 合作项目“支持长江三角洲地区公民社会发展与能力建设项目”

项目合作伙伴：中山大学广东发展研究院和上海绿根力量信息咨询有限公司

联系人：曲栋

项目周期：2005年8月至2007年3月

项目资金额：人民币435 320元（与香港社区伙伴合作支持）

项目背景：以上海为中心的长江三角洲地区因其优越的地理位置始终是中国经济发展的中心。近几年来，随着资本和劳动力的不断涌入，上海更是以惊人的发展速度向国际大都市发展。在经济持续快速发展的同时，也出现了一些民间组织和市民个人希望通过参与社会公共事务来体现自己的价值和推动社会的和谐发展。但整体上长江三角洲的草根NGO组织发展的能力较低，公民社会还处在初步发展的阶段。一方面，草根NGO和民间组织仍然存在着机构发展能力不足的情况；另一方面，草根NGO提供公共服务的经验也缺乏。因此，乐施会与中山大学广东发展研究院和上海绿根力量合作，利用上海的职业人才优势和经济中心优势推动更多的本土NGO的健康发展，并推动更多关注社会公益志愿组织提高服务水准和能力。

项目总体目标：

(1)培育公民社会理念和发展公民社会组织的服务能力。

(2)对长江三角洲地区以及部分西部地区草根NGO组织工作者和管理者进行能力建设。

(3)促使长江三角洲的草根NGO组织以及民间行动者讨论和思考底层人群、农村和农村社区的生存、发展、文化保护以及环境保护等议题，并反思在现有的发展模式下城市和农村的关系，推动讨论和尝试新的发展观和发展道路。

采取的策略和开展的活动：

(1)在长江三角洲地区开展培训实习、评估咨询和交流的工作，传播公民社会的相关知识和理念，提升公民自身及其参与的草根NGO组织的能力，支持其自身及其参与的草根NGO的发展，并促进不同的行动者之间的交流与合作。形式上仍然沿用参与方法和技巧，通过成功和不成功的经验和教训进行案例分析、角色扮演和模拟行动的方式来深入探讨，强调学员的互动和实际操作能力，增加学员之间的交流和分享。

四期工作坊八大主题内容如表 6－1 所示。

表 6－1　四期工作坊八大主题内容

序号	工作坊	9 个方面的目标
1	NGO 的社会分析与合法性	了解公民社会的理念以及讨论公民社会组织如何参与中国的发展。 让 NGO 进一步熟悉草根 NGO 法律注册以及其他法律规范
2	NGO 项目管理	提高学员的项目设计、实际的运作和管理能力
3	NGO 的组织管理：财务、筹款、志愿者管理与媒体关系	a. 建立 NGO 透明、高效和负责任的财务体系。 b. 反思 NGO 主流的媒体策略，提高 NGO 的媒体运作能力，并探讨 NGO 和媒体的关系。 c. 结合上海本地情况，确立自主透明的筹款制度。 d. 志愿者管理理念和系统
4	NGO 的内部治理与团队建设	a. 增强草根 NGO 组织的内部治理能力，尤其是对章程和理事会的理解。 b. 提高草根 NGO 的团队建设能力

(2)以沙龙/讨论、小型工作坊、读书分享、影片观赏、公益旅行等形式推动行动者和部分青年志愿者反思农村发展和中国传统文化保护，并进一步反思中国的发展和相关议题。

(3)向草根 NGO 组织着重提供财务管理和法律注册方面的咨询和支持。为上海和周边地区 NGO 提供相关的财务、策略发展等相关咨询和支持，重点是提供财务管理、组织评估等咨询服务和对草根 NGO 的支持。

2. 非营利组织财务支持网络及能力建设项目

项目合作伙伴：上海绿根力量信息咨询有限公司

联系人：曲栋

项目周期：2006 年 2 月至 2007 年 1 月

项目资金额：人民币 328 700 元

项目背景：尽管很多草根非营利组织仍然无法在民政部门获得合法注册，但他们以工商注册或者未注册的形式存在着，并在其所关注的领域内发挥着越来越大的作用，并越来越被政府、媒体、公众等利益相关群体所关注。有关部门颁布的中国慈善事业五年发展指导纲要，显示出目前的政府也在谨慎地推动民间非营利组织的发展。在这样的背景下，中国非营利组织的自身能力建设以及公信力建设越来越重要，也越来越成为中国非营利领域整体发展的核心问题。

财务管理是公信力建设的必要基础。然而，由于受到自身能力和外在环境的限制，多数草根非营利组织在努力建设自己的公信力的过程中，却都普遍地面临着财务管理能力不足的困难。原因主要在于，一方面，非营利组织领域缺乏财务管理的专业人员，并且财务管理的专业性也局限了非营利组织工作人员通过简单的自学而从事财务管理工作的可能性；另外一方面，是由于目前国内的非营利组织法律环境不完善,草根非营利组织很多都注册在工商部门或者不注册,这样的注册形式使此类非营利组织的财务管理具有先天的不足和一些很难解决的困难;再者,目前,针对草根非营利组织的财务管理能力的提升的培训和支持太缺乏,使草根非营利组织无法在财务管理方面寻找到帮助。

在这种情况下,很多草根非营利组织由于财务管理能力不足,面临着公信力的危机或者潜在的危机。这样的情况影响着草根非营利组织自身的发展,也使政府、公众和国际机构对草根非营利组织的支持和信任度难以提升。

自2004年底开始,在乐施会的支持下,由中国国际民间组织合作促进会、北京慧灵智障人士社区服务机构、北京惠泽人咨询服务中心、北京市文化传播中心、绿根力量共同发起了为期两年的“非营利财务管理能力建设及审计支持行动”项目,开展了财务管理现状和需求调研、财务管理讨论和培训、审计支持、经验分享和集体年报等活动。

结合前期的工作成果,希望通过此项目能够充分地提升草根非营利组织的财务管理能力,推动非营利组织确定规范的财务管理标准,并最终实现支持非营利组织建设自律和有公信力的社会形象。

项目总体目标:

普遍提升民间非营利组织的财务管理能力;

协助草根民间组织普遍建立对政府、公众和国际机构的良好公信力;

建立普遍认同的、有效的民间非营利组织自律、问责的行业规范;

倡导非营利组织的财务公开、透明和规范管理,形成非营利组织财务管理标准,推动非营利组织财务管理的自律、问责的行业规范,提升非营利组织的社会公信力。

项目周期内具体目标:

建立非营利组织财务管理的专业顾问团队,并促使专业顾问团队的能力建设和发展;

通过培训、顾问咨询与指导提高民间非营利组织的财务管理能力;

形成非营利组织财务管理的系统框架的知识手册和相关工具。

项目主要活动:

(1)非营利组织财务管理专业顾问团队的组建和发展。建立和发展非营利组织财务管理的专业顾问团队来提供和发展非营利组织财务管理的经验和知识。专业顾问团队成员将承担以下职责:制作非营利财务管理系统框架知识手册,并每半年进行更新;制作适合非营利财务管理的财务会计软件;为非营利组织提供财务管理的支持、咨询、指导和审计准备指导和评估服务;设计针对非营利组织的财务管理培训,并担任非营利组织财务管理培训的讲师;定期研讨和发展非营利财务管理的经验和知识;编写非营利财务管理方面的培训教材和资料;专业顾问团队的5名成员分布在贵州、陕西、甘肃、北京、上海,其将根据就近原则为邻近区域的非营利组织提供财务管理顾问、培训、支持和审计工作。

(2)《非营利组织财务管理系统框架知识手册》和相关工具的制作、发展和传播。《非营利组织财务管理系统框架知识手册》和相关工具将包括非营利财务管理的理念原则、操作方法和实务以及具体案例。以如下方式向非营利组织传播:以电子邮件的方式将知识手册的电子版本发送给确定的非营利组织;以邮寄的方式将完成装订的知识手册寄给确定的非营利组织;在相关培训和研讨会期间分发装订的手册。

(3)区域性非营利组织财务管理支持网络及相关服务。在项目实施期间将在上海、北京、陕西等地建立区域性的非营利组织财务管理支持网络，开展区域性的财务管理培训和日常财务管理指导与咨询工作。每个区域性支持网络将对该区域内的2～3家草根民间组织给予支持，以邻近的部分专业顾问团队成员为核心提供培训、指导、顾问、支持和评估服务。

(4)区域性非营利组织财务管理能力建设培训。推动在上海、广州、陕西/甘肃和贵阳举办非营利组织财务管理能力建设培训。培训的课程设计和讲师由专业顾问团队成员担当，培训的组织和行政安排由秘书处和本土组织承担。

(5)非营利组织财务管理方面的理念倡导。在逐步提升非营利组织财务管理能力的基础上，将推动有关非营利财务管理的相关倡导工作，包括以下几个方面工作：《非营利组织财务管理系统框架知识手册》的出版、传播；非营利财务管理培训以及咨询支持过程中的理念传播；项目第二年开展非营利组织财务管理规范和标准的讨论。如有可能，在项目周期第二年，将推动成立非营利组织财务管理支持委员会，作为本项目的管理机构。

http://www.oxfam.org.hk

第七章 非营利组织的营销管理

教学内容：

1. 了解非营利组织营销的必要性。

2. 理解非营利组织的营销策略。

教学要求：

1. 了解营销的“4P”理论与“6P”理论。

2. 了解非营利组织的营销策略。

“营销”一词原本来自企业界，然而，近年来越来越多的各种非营利组织，如大学、医院、艺术团体和教会等对营销发生了浓厚的兴趣。因为这些组织也有各种市场问题，在面临消费者态度的变化和财源减少的情况下，其管理人员正在为保持它们的生命力而斗争。它们中的许多机构都已经转向营销，希望能用以解决它们的问题。非营利组织的营销管理与企业组织相比较，有哪些特点？非营利组织的营销策略有哪些？本章将回答这些问题。

第一节 非营利组织营销理论概述

一、非营利组织营销的必要性

在现代的市场竞争中，非营利组织与营利组织一样，同样面临着种种压力：消费者背弃、会员减少、机构成本上升、捐赠与资助减少、出现财政困难，等等。要解决这些问题，广大非营利组织纷纷引入营销观念，实施营销战略，以达到非营利组织发展壮大的目的。

例如，面对招生减少和成本增加，许多私立大学正在应用营销来吸引学生和资金，从而使它们更好地确定目标市场，改进它们的沟通质量和促销方式，并努力对学生的欲望与需求作出反应。

再如，随着医院费用和房费的猛增，许多医院面临着资源利用不足问题，从而转向营销活动。它们开发产品计划，改进急救病房服务，进行病人需求性的研究，制订广告计划，进行电话销售访问等。

例如，美国 300 000 家教堂中的相当一部分陷入了困境，信徒在减少，财务支持不足，如果教会希望恢复它们在公众中的作用的话，它们就需要像它们的竞争机构一样，更好地了解信徒的需求并积极活动。

许多表演艺术团体不能吸引足够的观众，即使那些在某个季节场场客满的演出，譬如芝加哥抒情歌剧公司，每年也面临演出任务严重不足的局面。

许多很活跃的非营利组织——如青年会、救世军、女童子军和女基督徒戒酒联盟——其成员正在不断地减少，因此，正忙于修改它们的传教活动和“产品”，以吸引更多的成员和捐赠者。

具体说来，非营利组织营销的必要性表现在以下方面。

1. 营销是非营利组织获取各种资源的有效手段

维持一个非营利组织的正常运转需要各种资源，而各种资源的获取须运用各种营销手段才能奏效。菲利普·科特勒曾指出："为什么有些人愿意捐赠？非营利机构必须很好地理解捐赠的动机，才能使集资更为有效。"他还说："交换是营销学的中心概念，它要求给对方贡献出一定的价值以换取对自己有利的价值……推销者知道怎样去研究和了解对方的需求，以设计一种有价值的贡献去满足这些需要，去同捐赠者进行有效的沟通，并在恰当的时间和地点把它展现出来"。因此，非营利组织要对社会各界的捐赠者和志愿者等进行行为分析与调查，积极地挖掘他们隐蔽在捐赠背后的动机与心理，千方百计地同他们进行沟通并满足其需要，最终取得自己所需要的资源。

2. 营销是非营利组织可持续发展的需要

由于非营利组织的收入来源主要是各种捐赠和政府的免税，当捐赠减少或政府免税力度缩小时，非营利组织的正常运转就会发生困难。因此，只有当非营利组织通过其所有成员的卓有成效的营销活动，才能赢得更多的个人与团体的自觉捐赠和说服政府加大免税力度；才能通过多种经营方式，获取比较稳定的收入；才能及时了解消费者变化了的各种愿望与需求，改正与完善自身的准公共产品的质量，并提供新的服务项目，从而使非营利组织实现可持续发展。

3. 营销是非营利组织提高核心竞争力的需要

无论是企业还是非营利组织，要在激烈的市场竞争中站稳脚跟并取得长足的发展，关键是要有自己的核心竞争力。核心竞争力的形成，是要靠非营利组织内部所有成员的通力合作，单靠某个人或某个部门是无法奏效的。因为按照菲利普·科特勒的观点，所谓市场营销就是以消费者为中心、为消费者服务的企业或非营利组织的一切经营活动，换句话说就是"在适当的时间，适当的地点，以适当的价格，适当的信息沟通和促销手段，向适当的消费者提供适当的产品和服务"。这就要求非营利组织内部每个人都应站在消费者的角度去思考，尽其所能地帮助组织营造出优质的消费者所需的使用价值和满意度，并将其交付给消费者。这个过程，也就是核心竞争力实现的过程。每成功一次，便向核心竞争力最终形成靠近了一步，而核心竞争力的最终形成反过来又促进了非营利组织的发展。

4. 营销是非营利组织进一步提高管理效率的需要

现代市场营销要求在高度注重效率、效用和社会责任的前提下，以满足人类现实的和潜在的需求为目的，在目标市场上实现交换的活动。随着市场经济体制的建立，非营利组织的社会公共事务范围日益扩大，要真正地形成"小政府、大社会"，非营利组织必须使自己的管理和运行逐步规范化、高效化，创造"透明"和公益的社会环境。市场营销理论的运用，能够促进非营利组织有效的管理，取得效率和效用的提高。

二、营销的"STP"理论

所谓"STP"理论，就是目标市场营销理论。该理论认为，营销开始于业务策划过程之前。在任何产品产生以前，必须先做营销"作业"，即进行市场细分(Segmentation)，然后选择适当的市场目标(Targeting)，最后再进行市场定位(Positioning)简称 STP，只有如此，才能开发出适销对路产品，才能满足目标消费者的需要。

非营利组织所服务的消费者种类繁多。有些消费者认为非营利组织的供应有没有无所谓,有些消费者则认为非营利组织的供应根本就没有必要,而还有些消费者则认为此种供应不可或缺。之所以会产生如此之大的差异,是因为消费者的需求各不相同。此外,消费者对供应的了解程度以及所获信息的渠道也不尽相同,况且消费者之间的性别、年龄、所在地区、职业、生活习惯等又存在着相当大的差异,因此,对非营利组织的供应会产生各种不同的评价也是很自然的。这种情况下,实施 STP 理论(即目标营销理论),对非营利组织来说就显得尤为重要。

实施 STP 理论,可以使非营利组织在众多的子市场中辨明和发现新的市场机会,并根据不同的细分市场来调整组织的产品、价格、分销渠道、促销组合,实施不同的营销方案,从而达到预期目的。

具体地讲,实施 STP 理论主要分三个阶段:

第一阶段即市场细分。市场细分就是根据消费者的不同需求,利用有效的细分变量把市场细分为若干个不同的目标群体,并在此基础上对各个细分市场(即子市场)进行描述。细分的目的是为了更好地剖析各个细分市场,以利于组织做出战略的选择。

第二阶段即目标市场的选择与确立。市场细分之后,非营利组织所面临的问题就是要对各个细分市场(子市场)进行评估,通过分析与评价各个细分市场(子市场)的吸引力来选择有利的细分市场。

第三阶段即市场定位。选择了细分市场(一个或多个子市场)之后,非营利组织就要为其供应和营销组合实施市场定位,以区别于竞争对手。

三、营销的“4P”理论与“6P”理论

1.“4P”理论

“4P”理论,是营销的重要理论,是贯穿于整个市场营销全过程的一根主线。该理论认为,无论是营利组织或非营利组织,都必须根据可能的机会,选择一个或几个目标市场,并试图为目标市场提供一个有吸引力的市场营销组合,市场营销组合主要包括四个基本变量,即产品(Product)、价格(Price)、地点(Place)和促销(Promotion)。由于这四个名词的英文字头都是“P”,所以市场营销组合又称为“4P”组合,也称“4P”理论。

(1)产品(Product)。营销的第一个概念是产品,所涉及的含义有你有什么公共服务可以提供?消费者是否需要它?消费者需要的东西是什么?你能否生产出来?产品的质量如何?消费者对产品是否满意?等等。对于一个非营利组织来说,产品就是它所提供的服务或公共物品。一个非营利组织必须了解社会的需求,及时向社会提供高质量的公共服务或公共物品,并不断地研究分析消费者的新一轮需求,或者从宗旨出发,引导消费者的需求。

(2)价格(Price)。营销的第二个核心概念是价格,所涉及的含义有你的产品值多少钱?卖多少钱?产品的成本是否全部得到了补偿?有没有盈余?消费者是否接受这一价格?等等。对一个非营利组织来说,价格意味着对公共服务的收费。任何服务都包含着成本,需要通过收费来弥补成本。非营利组织虽然不以盈利为目的,但是如果任何服务都分文不取,那么,非营利组织将很难持续发展。不以盈利为目的,是非营利组织应有的组织理念和宗旨,但是,不以盈利为目的,并不说明非营利组织不能盈利。相反,如果非营利组织通过提供合适的公共服务得到一定的盈利,可以支持组织的发展壮大,以期为社会提供更多更好的服务。事实上,服务收费是非营利组织资金的重要来源之一。非营利组织营销的一项重要任务就是确定合适的价格。

(3)地点(Place)。营销的第三个概念是地点,它是指组织为使目标消费者能接近和得到其产品而进行的各种活动。"地点"涉及的含义是,哪里是市场?哪些人到哪里去购买?怎样购买?通过怎样的方式把产品送到消费者手中?如何让消费者得到满意的服务?等等。对于一个非营利组织来说,场所意味着所面对的受益者人群,以及他们获得服务的场所、渠道和方式。谁是组织的受益者?他们在哪里(社区、农村、还是家庭)得到服务?他们以何种方式得到服务?如何有效提供服务?如何开拓新的受益人群?如何改进和完善服务传送方式?这些问题都是非营利组织营销需要考虑的内容。

(4)促销(Promotion)。营销的第四个概念是促销。促销涉及的含义是,如何让消费者知道你的产品正是他所需要的?怎样引起消费者的注意?如何扩大消费者群体?如何扩大组织本身的影响力?等等。对于一个非营利组织来说,促销意味着积极地宣传自己,扩大组织的社会公信度,让社会更多更全面地了解组织,吸引公众对组织提供的公共服务的注意力,让公众认识到这些服务的重要性,努力获得公众的支持、关注和热忱。

2."6P"理论

"6P"理论,亦称"大市场营销"理论。菲利普·科特勒认为,为了成功地进入特定市场,并在那里从事业务经营,在战略上协调地运用经济的、心理的、政治的和公共关系等手段,以博得外国或地方的各有关方面的合作与支持,从而达到预期的目的。换句话说,要在原有的营销组合的"4P"之外,还应再加上两个"P",即权力(Power)与公共关系(Public relation),即"6P"。在菲利普·科特勒看来,只有综合运用包括权力(政治力量)和公共关系在内的各种因素,才能打破国际或国内市场上的种种壁垒,为组织的市场营销开辟道路。

(1)权力(政治力量)(Power)。这是大营销中的一个重要概念。权力(政治力量)涉及的含义是,如何让消费者所在的地区或国家的有关权力部门(或其他专业组织部门)打消对非营利组织的戒备心理或种种疑虑;如何让他们认为非营利组织到该地区或该国家提供公共产品与服务,有助于促进该地区的和谐与发展;如何通过权力(政治力量),协助非营利组织打开与扩大该地区(或该国)市场。一个非营利组织只有正确地利用该地区或该国家的权力(政治力量),才能真正有效地消除种种障碍,才能最大限度地推广其公共产品与服务。

(2)公共关系(Public relation)。这同样是大营销中的一个重要概念。公共关系所涉及的含义是,如何让当地政府、专业团体、社团组织、非营利组织和公众认为你所提供的公共产品与服务是可靠的、有效率的与良好的;如何与他们进行有效的沟通,以取得他们的信任,取得他们的支持,从而建立牢不可破的友谊关系;如何通过相互信任与友谊的关系来进一步提供和扩大公共产品与服务。

其他"4P"前已阐述,不再赘述。

四、非营利组织营销的特点

非营利组织和企业不同,非营利组织提供的是一般的公共物品或服务,而企业提供的是一般的私人物品,所以非营利组织的营销和企业的营销有所不同。

(1)活动受捐赠者限制。非营利组织通常预算不足,资源缺乏。如果非营利组织某项活动的经费来源全部是由私人捐赠或由政府补助的话,其营销活动就会受到这种主要因素的影响;捐赠者对被捐赠者的行为在许多程序上都有所限制和规定,而且往往不支持创新。例如,捐款人可能要求不得使用某种产品或利用某种媒体,或必须使用某种产品,因此,对某些产品的营销或宣传必须征得捐赠者的同意才可实施。

(2)缺乏营销意识。有些非营利组织轻视营销,不接受营销观念。他们认为,①营销是企业的事业,非营销组织提供的是一般的公共物品或服务,是不以盈利为目的的,无需营销活动;②过多地实施营销会干扰人们的私人生活,而且人们还会认为非营利组织采用营销活动就是为了操纵目标市场,因此,营销活动应予以避免,否则就会给组织带来负面影响;③经费紧张,抑制了营销活动,由于许多非营利组织是接受私人捐赠或政府资助的,有时资金不到位会出现连正常的活动都无法开展的尴尬境地,这就也限制了营销活动的实施,只能坐等消费者上门消费。

(3)竞争意识淡薄。在营利性企业中,考虑到从品牌竞争到一般性竞争等多个层次的竞争,企业会根据市场竞争状况来制定相应的竞争战略。然而,非营利组织却很少规划其竞争战略,因为他们不知道竞争者是哪些组织或机构,他们来自哪些领域,竞争者的目标是什么。事实上,在非营利领域,很多机构都存在着竞争,只不过这些非营利组织并没有意识到这种竞争而已,因为非营利组织所提供的产品或服务大多是无形的,所以组织的管理者就根本意识不到这种基本层次的竞争。再者,尽管各非营利组织是不同的机构,但他们都为了共同的目标而努力,即为公众负责任,因而,他们主要考虑的是与多方面的协助与合作。

(4)目标与战略方向受到限制。一般情况下,企业可以采取各种不同的竞争战略来增强自己的竞争力,从而获取更多的利润。但是,对于非营利组织而言,这种选择的余地却非常有限。例如,一所大学不可能随时增加或停止一个学院的课程;市政府必须为市民提供一定的服务,如教育、公共安全等。虽然它可以决定某一项服务的数量多少,但却不可以终止这些服务项目。而且,许多非营利组织所提供的服务项目不完全是由董事会或高层管理人员所决定的,而是受到外界的引导。例如,许多非营利组织所提供的产品和服务必须服从国家政府的指导方针,并且很多捐赠人在向非营利组织捐赠时,会事先规定资金的用途。

(5)消费者漠不关心,获益不明显。由于非营利组织所提供的是一般的公共物品或服务,有时与消费者(公众)的直接利益相距甚远,因而,他们对非营利组织的活动表现出漠不关心,甚至毫无兴趣,造成了组织的营销计划无法制订或即便制订了计划也无法实施。如人们对太阳黑子运动、酸雨、水土保持与生态平衡等问题表现出漠不关心的态度,他们认为这些与自身的现实生活距离太遥远,实际上,它正威胁着人类的生存。

同时,消费者获益不明显。这一点不像营利性产品,消费者在购买产品后便可马上体会到其价值。非营利组织提供的产品为消费者可带来的价值与满足相对来说是一个漫长的过程,如健康和教育的益处达不到立竿见影的效果。这些都影响到非营利组织营销活动的开展。

第二节 非营利组织的营销策略

一、非营利组织的产品策略

1. 非营利组织产品的定义

所谓产品,就是任何能用以满足人们某种需要或欲望的东西。当然,对非营利组织的产品而言,上述定义也同样适用,只是非营利组织的产品是公共产品。非营利组织提供的公共产品包含内容十分广泛,如博物馆、交通运输等。

2.非营利组织产品的分类

非营利组织的产品种类繁多，而且差异性很大，例如，学校提供一系列课程，医院提供内外科等医疗服务。非营利组织提供的产品有营利和非营利之分。由于非营利组织的产品多样性和复杂性，很难对之做出概括性的分类。一般情况下，把非营利组织的产品分为有形产品、观念、实践。

有形产品，如戒烟糖、戒酒饮料、计划生育运动中的避孕药、非营利性医院的药品等。这些有形的非营利组织产品与营利组织的有形产品差别不大，是核心产品借以实现的形式，即向市场提供的实体和服务的对象。它在市场上通常表现为产品质量水平、外观特色、式样、品牌名称和包装等。当然，非营利组织产品的有形产品并不是主要产品，它们只是实现某个社会行为的工具。比如戒烟糖和戒酒饮料分别是为戒烟、戒酒运动服务的，避孕药是为计划生育服务的。有形产品的基本成分是指运动中可能会有的物质产品。

观念和实践都是无形产品，它是非营利组织产品中的主要部分，其中社会观念可以表现为看法、态度和价值观。看法是对某个事物的感性认识，不存在评价的成分。比如："吸烟有害健康""嗜酒有损身体，尤其是肝脏""贫困孩子需要救助"等；态度是对人、物、观念积极或消极的评价。例如，希望工程的"资助贫困孩子读书，能为下一代带来平等的受教育机会，增强中国未来的竞争力"；价值观是有关什么是正确的和什么是错误的总体观念。例如反邪教组织所要宣传的就是科学宇宙观和科学人生观等价值观念。

社会营销者除宣传社会观念外，还进行社会实践，因此，实践也是非营利组织产品的组成部分。它既可以是单个行动，如种一次牛痘，发一次脊髓灰质炎糖丸，也可以是一种新的行为方式，如戒掉毒品、保护环境、预防艾滋病等。

需要说明的是，非营利组织的最终目标是改变人们的行为。因此，一次戒烟运动的目的不是简单地让消费者知道吸烟的害处，而是要改变他们的生活方式，引导他们用积极的方法消除紧张情绪。非营利组织不能满足于看法和态度这一层面，应该造成"购买与使用"和价值观的转变。

正是由于非营利组织所提供的产品大多趋向于服务或所供应的综合利益，因而它有这样几个特征：

第一，无形性——是指服务，服务在很大程度上是抽象的、无形的和不可感知的。

第二，不一致性——是指服务的标准不一致的且非常可变的，这是因为服务无法像有形产品那样实现标准化，每次服务带给消费者的效用、消费者感知的服务质量都可能存在差异。

第三，不可分割性——典型服务的产生和消费是在同时完成的，消费者参与到过程之中。例如，只有消费者在场时，抽血医生才能为其抽血。

第四，不可储存性——不可能像有形产品那样储存服务。献血服务、戒烟服务、博物馆的讲解服务、教师的授课等都无法储存，然后在下个季度进行销售或消费。

3.非营利组织产品生命周期及策略

(1)非营利组织产品的生命周期。产品生命周期是指产品和服务从进入市场到退出市场所经历的市场生命循环过程。在现代经济条件下，无论是营利组织还是非营利组织的产品与服务都必须针对市场，开发出有针对性的产品与服务，必须随着产品生命周期的发展变化，灵活地调整市场营销方案，并且重视新产品与新服务项目开发，及时用新产品和服务代替衰退的老产品与服务。一般情况下，产品生命周期要经历导入期、成长期、成熟期和衰退期四个阶段。

1)导入期。新产品和服务投入市场,便进入导入期。此时,消费者对产品和服务还不了解,只有少数追求新奇和敢冒险的消费者可能购买与接受服务,销售量很低,处于缓慢增长阶段。

2)成长期。在产品和服务在导入期的销售取得成功以后,便进入成长期。这时,消费者对产品和服务已熟悉,大量的新消费者开始购买,市场逐步扩大,处于市场快速接受阶段。

3)成熟期。经过成长期以后,市场需求趋向饱和,潜在的消费者已经很少,销售额增长缓慢直至转而下降,标志着产品进入成熟期。这时,由于产品和服务已经被大部分潜在消费者所接受,且竞争者大量存在,因此,增长有所减缓。

4)衰退期。随着社会的发展,科技的进步,人们观念的转变及新产品与服务的出现,消费者的消费习惯和接受事物与观念等发生改变,转向其他产品与服务,从而使原来产品和服务的销量与绩效迅速下降。于是,产品与服务便进入衰退期。其显著标志是销量和绩效明显下降。

(2)非营利组织产品生命周期的策略。

1)导入期策略。导入期开始于新产品与服务首次在市场上普遍销售之时。在这一阶段,非营利组织的重点是促使公众首次尝试使用新产品。然而,由于这一时期的销售较少,且促销费用也较大,因此,非营利组织在开始时可能会面临着销售不畅,甚至是失败的危险。为此,非营利组织应当加大促销力度,以吸引人们的注意,并鼓励人们尝试使用新产品、接受新观念。当然,让一个人第一次采取行动和让他重复采取行动所采用的营销策略是不相同的。例如,让某一个人第一次吃戒烟糖可能会很难,但是一旦越过了这道障碍,营销工作就很容易开展。促使尝试对于非营利组织很有用,非营利组织可以用此方法去促使公众采取第一次尝试行为。通过促使尝试,非营利组织可以了解尝试者在产品导入期的不同特性,同时利用这些特性之间的相互关系来分析尝试者的接受模式。

2)成长期策略。进入成长期的主要标志是销售迅速地增长。同时新竞争者也大量加入,在这一时期,非营利组织就应该采取目标营销法,即首先将消费者市场进行细分,然后把其中的一个或几个子市场做为自己的目标市场,将其确定为自己的服务对象,了解他们的特点,辨明他们对新产品的需求以及满足需求的方式等。在产品方面的一个重要策略就是狠抓服务产品质量,在"好"字上下工夫,突出服务产品的策略,争创名牌品牌。另外,还可以将新产品服务的重点放在早期采用者的身上,因为早期采用者很有可能成为"意见领袖"和消费先驱,他们的行为将带动潜在消费者的跟进。

3)成熟期策略。当产品的销售达到某一点后,其增长便会逐渐放慢,便进入相对稳定的成熟阶段。其特征是,消费者购买或接受服务总量大,但增长速度缓慢,随着市场需求渐趋饱和,消费者需求变化或其他非营利组织的竞争,服务产品的销售收入及接受服务公众人数的增长率甚至呈现下降状态。这一阶段的主要任务是集中一切力量,尽可能延长产品生命周期,扩大市场,增加销量,取得良好的经济效益,为非营利组织积累更多的资金。其产品策略主要是,保持和提高产品质量,力创名牌产品或保持名牌产品称号,开展优质服务,提高产品声誉,开辟新的市场,吸引新的消费者,增加销售量,改革现有服务产品。

4)衰退期策略。在经过了成熟期之后,当非营利组织产品的供应总量开始缓慢下降或迅速下降时,表明已经进入了衰退期。这一时期的主要特征是,非营利组织提供的服务产品老化,已不适应消费者的需求变化,陷入被市场淘汰的境地;消费者人数及收入急剧下降;一些非营利组织纷纷退出市场,转入开发新的服务产品项目。这一阶段非营利组织的主要任务是抓好一个"转"字,即转入开发新服务、新产品或转入新市场,如根据调查研究,选择新的目标市场,由国内转向国际市场,由城市转入乡村市场。在产品方面的一个重要策略是,缩减服务产品,有计划地逐步撤出市场,淘汰老产品;根据新的目标市场需要,组织开发新的服务产品,重新占领市场。

二、非营利组织的价格策略

所有营利组织和非营利组织都面临一个给它们的产品或服务制定价格的任务。因为任何产品和服务都必然包含着一定的成本,这种成本需要适当地收费来予以弥补。因此,与营利性企业提供的产品与服务一样,非营利组织所提供的产品或服务也存在着许多基于"成本"和"定价"的营销战略问题,尽管有些非营利组织所提供的产品或服务是免费的,例如国家推出的全民健身运动是一项健康服务,即在各个社区安装健身器具以供人们锻炼身体,增强体魄,这种健康服务是免费的。因此,非营利组织营销的一项重要任务就是确定合理的价格。

1. 非营利组织的定价目标

对非营利组织来说,在进行定价前,必须确定有哪些大的可供选择的目标,具体说来,有以下一些目标:

(1)生存。当非营利组织面临着资源短缺、捐款数量有限、志愿者人数不多、竞争激烈以及消费者需求发生变化时,就可能将维持生存作为自己的主要目标。通常情况下,非营利组织只能采取以较低的价格来提供产品和服务。只要价格能够弥补部分可变成本和固定成本,组织就可能生存下去。

(2)成本回收。很多非营利组织希望通过定价来收回部分成本乃至全部成本。比如说有些大学希望收回部分成本,由于用于大学发展的资金来源主要是通过政府的财政拨款或靠部分捐款而获得的,这些拨款或捐款只能满足其部分的运转费用需要,其余部分必须自筹,因此,大学必须收回这部分成本。再如一些组织希望收回全部成本,因为这些组织没有其他任何的私人捐款和公共保证,其资金来源主要是靠自营来获得。为此,组织在为其产品和服务制定价格目标时,必须考虑收回全部成本。

(3)社会平等。为了实现社会平等,非营利组织常常主张富人多出钱,穷人少出钱。因此,可以根据消费者的收入情况制定不同的定价策略。

(4)应对竞争。非营利组织主要着眼于在竞争激烈的市场上以应付或避免竞争为导向的定价目标。在市场竞争中,大多数竞争对手对价格都很敏感,在定价以前,一般要广泛搜集信息,把自己产品的质量、特点和成本与竞争者进行比较,然后制定本组织的产品价格。通常采用的方法有:①与竞争者同价;②高于竞争者的价格;③低于竞争者的价格。

(5)阻止市场。有时非营利组织制定价格的目的是在于阻止公众购买或使用产品或服务,这一点与营利企业截然不同。非营利组织之所以这样做,是因为这种产品或服务对公众没有益处,因此,非营利组织通常以制定高价的方法,使公众不可过多地使用某些产品或公共设施。例如:美国旧金山金门大桥管理分局当年就采用阻止市场的定价方法,以减轻大桥的承载能力。因为该桥的负荷太重,桥梁结构已经难以承载过重的压力。为此,管理分局对所过的车辆根据车内乘坐的人数多少而收取过桥费,如果只有一人驾车过桥,那么此人就必须缴纳最高的费用。管理分局的这种定价方法有效地限制了私人用车,其结果是鼓励人们使用公交汽车。

2.非营利组织的定价方法

非营利组织的定价是受多方面因素影响的，尽管它自身有能力决定价格，因而它有多种定价方法。

(1)全成本定价。对许多非营利组织来说，大量的产品和服务是以全成本定价的。比如，大多数医院、大专院校来自政府的拨款是以全成本为基础的，非营利组织常常拥有独占权。它的价格定位不应超过其成本，否则就是对其独占优势的不合理利用。进一步地说，非营利组织不需要高于成本的价格，如果它这样做会产生利润。当然，非营利组织定价也不应低于全成本，因为这将使其提供的服务少于它们可提供的量，而且将导致资源的不合理配置。

(2)全成本附加的定价。一些非营利组织必须把价格定高到超过其全成本，并有一定的剩余。对这些组织来说，这部分剩余额扮演了一个极重要的经济角色，可以满足固定资产的更新或工资成本的供应。

(3)以市场为基础的定价。全成本或全成本附加的定价政策，适合于和组织的主要宗旨直接有关的服务以及其他联系密切的服务，但此定价原则对与非营利组织主要任务关系不大的活动并不适合。这些活动的价格一般应相当于同类服务的市场价格。比如在大学，伙食和房价应以全成本为基础，因为学生住宿和在食堂吃饭是教育过程的必要部分。课本、实验设备等也应以全成本定价。但对外出租场地费、特殊项目收费，与大学的主要目的关系不大。这些服务大学没有独占，它们的价格应是市场价格。同样的，大学进行的研究项目价格应以全成本为基础。

(4)补贴价格。非营利组织可以使用补贴价格鼓励那些不能或不愿支付以全成本或全成本附加为基础的价格向消费者提供的服务，除非这种服务是公共产品，以低于成本的价格提供更好地服务。补贴价格应是提供服务成本的一个百分比，而不是直截了当地给每位消费者。

(5)处罚价格。非营利组织为了阻止消费者使用某一类型服务而以高于全成本的价格收费；或者因为提供这种服务的装备不行；或者因为提供这种服务对组织或它的其他服务产生一定的负效果。比如，国内某一著名大学在寒暑假期间对组团前来参观的旅行社收取较高的费用，目的是想通过此举来减少或限制日益增长的各类游客。

为了阻止有些产生社会危害的活动，价格也可定高点。因此，可以对河流的污染者征收费用，价格可以定得高到足以完全停止这种污染活动或高到足以弥补治污工程的成本。

(6)特殊费用。补贴或惩罚价格的使用导致了许多特殊情况的出现，在非营利组织中，有时会出现补贴或惩罚性价格。

(7)分配型定价。一些服务的定价是为了保证在不同支付能力的使用者之间进行公正的分配。对特定阶层的使用者，价格中可能有直接的折扣，如对老年人或残疾人，或者用间接的办法也可达到同样的效果，如对学生的奖学金。在许多情况下，为实现明确的社会目标，这些特殊价格的影响力是不能计算的，也不能作仔细考虑。但也有些争论，例如，在美国对老人乘坐公共汽车和地铁、上公园、膳食、剧院票价及其他服务都给予优惠，这些好处既给了那些完全有支付能力的老人，也给了那些承担不起这些服务的老人。

3.非营利组织的定价策略

(1)新产品定价策略。非营利组织制定新产品的价格除了要考虑定价的各种因素外，还需要运用适当的方法和技巧，采用一定的定价策略。

1)撇脂定价策略。所谓撇脂定价，是指在产品生命周期的最初阶段，把产品的价格定得很高，以攫取最大利润，犹如从鲜奶中撇取奶油。非营利组织采用此策略主要认为：一是许多人购买非营利组织的产品与服务本身带公益性质，本身不考虑产品与价值的关系；二是市场上有足够的消费者，他们的需求缺乏；三是由于消费者存在着对新产品的求新、求异的心理动机，因此可以利用新产品与服务的新颖性和优越（质）性，降低消费者的价格敏感度，追求时尚的消费者就愿意以高价购买新产品与服务。

2）渗透定价策略。所谓渗透定价，是指企业将其新产品与服务的价格定得相对较低，以吸引大量顾客，提高市场占有率。非营利组织采用此策略主要认为：一是市场需求显得对价格极为敏感，低价会刺激市场需求迅速增长；二是消费者存在求廉实用的心理，新产品上市时以低价刺激人们的需求，给消费者留下了一个经济实惠的感觉和印象，从而在消费者中提高组织和产品的知名度、美誉度，提高消费者满意和忠诚度，进而提高消费者价值。

3）满意定价策略。此策略是以适中的价格将新产品推向市场，从而使组织获得稳定的销量和合理的利润，让消费者也觉得公平合理。这种定价方法充分考虑到了生产者和消费者的利益，使双方得到双赢，但采用这种方法的特点不突出，不容易打开销路。

非营利组织的新产品究竟该以何种价格推向市场，还与非营利组织的此项产品的性质有很大关系。如果该产品是非营利性质的，可以考虑采用低价策略，让需要的人们买得起该产品；如果该项产品是营利性质的，既可采取低价格策略，更可采用高价格策略。

（2）调价策略。调价策略包括主动降价策略、被动降价策略、主动提价策略和被动提价策略四种。

1）主动降价策略。主动降价策略是非营利组织在竞争对手价格没有变动的情况下率先降价，从而扩大产品的销售，提高产品的市场占有率。

非营利组织一般在如下的情况下，使用主动降价策略：①非营利组织遇到激烈的市场竞争，市场占有率下降；②组织的生产能力过剩，产品出现积压；③随着产品销量的增加，单位生产成本降低；④产品是消费者迫切需要的，而他们又购买不起。

2）被动降价策略。被动降价策略是竞争对手率先降价，非营利组织做出反应的降价策略。

非营利组织可以使用以下几种被动降价策略：①相应降价策略；②部分降价策略；③变相降价策略；④维持价格不变策略。

3）主动提价策略。主动提价策略是非营利组织根据环境的变化而主动提高产品价格的策略。

非营利组织一般在如下的情况下，使用主动提价策略：①新产品上市时采用渗透定价，经过一段时间的运作，已经产生了预期的效果；②组织的知名度和美誉度的提升，产品质量的提高，产品对消费者有相当大的吸引力；③产品供不应求，通过提价抑制需求。

4）被动提价策略。被动提价策略是因为环境的变化导致组织不得不提高产品的价格。

非营利组织通常在如下的情况下，采用被动提价策略：①通货膨胀，原材料涨价，组织的生产成本提高；②竞争对手提高价格，而产品的需求弹性又比较小；③非营利组织出现资金问题，运作陷入困境。

（3）心理定价策略。心理定价策略是针对消费者的消费者心理，针对不同类型的消费者购买产品的特定心理动机而制定产品价格的定价策略。主要有以下几种：

1）公益定价策略。许多消费者购买非营利组织的产品，总是抱着一种作贡献的心理态度，所以愿意接受较高的产品价格。例如，美国童子军销售的饼干价格高于市场价格，人们购买产品是为了表示对该组织的支持,愿意为之做出贡献。在义拍会上,许多捐赠的东西都能够拍出较高的价钱,也是同样的道理。

2)尾数定价策略。所谓尾数定价,是指利用消费者数字认知的某种心理,尽可能在价格上不进位而保留零头,使消费者产生价格低廉和组织经过认真的成本核算才定价的感觉,从而使消费者对组织的产品及其定价产生信任感。

3)声望定价策略。所谓声望定价是指组织利用消费者仰慕名牌产品、知名组织所产生的某种心理来制定产品的价格,故意把价格定成整数或高价。质量不易鉴别的产品的定价最适宜采用此法,因为消费者有崇尚名牌的心理,往往以价格判断质量,认为高价代表高质量。但价格也不能高得离谱,使消费者不能接受。例如,目前,国内许多大学 EMBA 的价格高达 20 多万元,而且价格还在不断提升。该类产品通常需求弹性较小,高价通常能获得较高的收益。

4)招徕定价策略。所谓招徕定价,是指组织利用部分消费者求廉心理,特意将几种产品的价格定得较低以吸引消费者,消费者在购买较低价格产品的同时,有可能也购买其他正常价格或较高价格的产品。

5)吉利定价策略。所谓吉利定价,是指根据消费者追求吉利的心理,在定价时适当采用的策略。例如,许多中国人喜欢 3,6,8,9 等意头好的数字,"888"即为"发发发","369"即为"向上走","86"即为"发了","666"即为"大顺"等。当然,当采用该定价方法时,应当充分考虑到不同地区、不同民族的方言、习俗,例如"13"在西方就是非常不吉利的数字,如果把产品价格尾数定为"13",可能会影响到产品的销售。

三、非营利组织的分销策略

为了交换,非营利组织必须与目标消费者以某种方式进行直接或间接的接触。如果提供的是有形产品,那么,非营利组织必须交付实物;如果提供的是服务,那么,非营利组织就一定要使消费者能够利用这种服务;如果是为了带来社会某种行为的改变,那么,就必须利用传播媒体与公众进行沟通。总之,非营利组织要将自己与消费者联系起来,并为消费者创造时间与空间的效用,只有这样,才能进行交换。

1.分销渠道的含义与功能

(1)分销渠道的含义。分销渠道是指促使产品或服务顺利地被使用或消费的一系列相互独立的组织或机构,这些组织或机构相互依存,相互配合,主要从事为使用或最终消费而提供产品或服务的一系列活动。

由此定义可以看到,分销渠道不仅仅以适当的时间、地点、价格、数量和质量来提供产品和服务,以满足消费者的需求,而且还能通过其他的相关组织或机构的促销活动来刺激需求。因此,分销渠道的任务是将营销者与目标消费者联系起来,通过提供时间、地点、销售方式以及产品和服务为消费者创造价值,其目的在于便利交易。

(2)分销渠道的功能。分销渠道在克服产品及服务与使用者之间,在时间、地点和所有权方面的关键性差距上,具有以下六大功能。

1)完成产品的所有权和实物向消费领域转移的功能。分销渠道按市场需求,经销或代销非营利组织的产品(这期间要就其产品的价格和其他条件进行谈判并达成最终协议),然后通过若干种方式将产品转移到消费领域中去。

2)促进销售功能。分销机构通过广告、展示、商标、现场演示等促销手段,刺激消费者的需求，引起购买欲望，并利用自己的良好信誉来劝说消费者购买。

3)为非营利组织筹集资金的功能。非营利组织生产的产品若不经过分销渠道，由组织直接卖给消费者，则产品实现其价值转移所经历的时间较长，非营利组织往往不能得到足够的资金而难以维持正常运转。借助分销渠道，由其预付资金以购入产品，然后再分销，可以使组织及时获得资金，使生产过程得以正常进行。

4)承担风险的功能。分销渠道由于对非营利组织的产品收购，而承担了由于商品失灵、损耗及其他原因而造成的损失，从而为组织和消费者提供风险保证。

5)信息渠道功能。能够帮助非营利组织收集有关现实的和潜在的消费者、竞争对手以及其他影响消费者购买的相关信息，使组织做到知己知彼，在竞争中取胜。

6)为消费者提供商品的功能。通过分销渠道，可以为目标消费者提供适宜的各种产品，以便消费者在较短的时间内，以较少的精力满足不同的需求。

2.分销渠道的模式

在非营利组织中，有形产品的分销一般有四种模式，如图 7－1 所示。

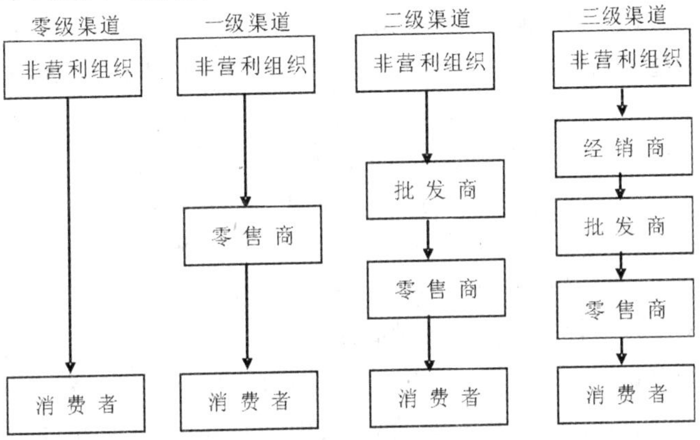

图 7－1　非营利组织的分销渠道的模式

零级渠道是一种直接分销的方式，可以通过挨家挨户、邮寄或网上定购等方式加以实现；一级渠道有一个分配中介，比如药品零售店；二级渠道有两个分配中介，批发商和零售商；三级渠道有三个中介，经销商、批发商和零售商。

如果非营利组织的产品须分销给大量消费者，光靠直接销售是远远不够的，中介机构（分销渠道）在分配大量产品方面占有很大的优势；如果产品的受众面少，则直销是缩短销售时间、降低分销费用的最佳方式。

分配产品时，非营利组织需要做两方面的决定：分销途径的类型、分销点的数量及位置。比如，一个计划生育机构可通过诊所、医院、街头零售等途径来分销产品。选择途径时应注意消费者的喜好，选择消费者喜欢的方式将产品送达接受者。

分销点的数量取决于非营利组织的规模和潜在消费者的数量及所处位置。一个小的戒烟机构只允许开设一个分销点，那么这个分销点的位置应该接近目标消费者，最大限度地缩短他们之间的距离。

当非营利组织已经有了几个分销点，增设分销点可能会削弱现有分销点的目标，因此，营销者必须分析新设分销点对整个网络的影响，而不是独立地对待每一个分销点。

3.分销渠道的管理

非营利组织在进行渠道设计之后，还必须对个别中间商进行选择、激励与定期评估。

(1)选择渠道成员。非营利组织招募中间商时，常处于两种极端情况之间。一是毫不费力地找到特定的中间商，并使之加入渠道系统。之所以能吸引中间商前来加入渠道系统，可能是因为它很有声望，也可能是因为它的产品能赚钱。二是必须费尽心思才能找到期望数量的中间商。如果遇到上述哪一种情况，则都必须明确中间商的优劣和特性。一般来讲，组织须评估中间商经营时间的长短及其成长记录、清偿能力、合作态度、声望等。当中间商是销售代理商时，生产者还必须评估其经销的其他产品大类的数量与性质、推销人员的素质与数量。

(2)激励渠道成员。非营利组织不仅要选择中间商，而且要经常激励中间商使之尽职。因为组织不仅通过中间商销售产品，而且把产品销售给中间商。这就使得激励中间商的工作不仅十分必要，而且非常复杂。

1)激励的首要原则是站在别人的立场上了解现状，设身处地为别人着想，而不应只从自己的观点出发看问题。

2)必须避免激励过分与激励不足。当组织给中间商的优惠超过它取得合作所需提供的条件时，就会出现激励过分的情况。其结果销售量提高，而利润量下降。当给予中间商的条件过于苛刻，以至于不能激励中间商努力时，会出现激励不足的情况，其结果是销售降低，利润减少。所以，生产者必须确定应该花费多少力量以及花费何种力量鼓励中间商。

3)与中间商的关系。非营利组织处理它与中间商的关系时，常依不同情况而采取相应的方法：合作、合伙和分销规划。

合作。不少组织认为，激励的目的就是设法争取中间商的合作。因此，他们多利用高利润、奖赏、津贴、销售比赛等积极手段激励中间商。如果不能奏效，它们就采取一些消极的惩罚措施，诸如威胁减少中间商的利润，减少为中间商提供的服务，甚至终止关系等。这些方法的根本问题，是组织从未认真研究过中间商的需要、困难及其优缺点；相反，只是草率地依靠“刺激-反应”式的思考，把很多繁杂的手段拼凑起来而已。

合伙。也有一些组织试图与中间商建立长期合伙关系。这就要求组织必须深入了解组织能从中间商那里得到什么，以及中间商可从组织那里获得什么。这些可用市场覆盖程度、产品可得性、市场开发、寻找消费者、技术方法与服务、市场信息等各种因素来衡量。

分销规划。组织与中间商还可进一步建立和发展更密切的关系。所谓分销规划，是指建立一个有计划的，实行专业化管理的垂直市场营销系统，把组织的需要与经销商的需要结合起来。组织可在市场营销部门下专设一个分销关系规划处，负责确认中间商的需要，制订交易计划及其多种方案，帮助中间商以最佳方式经营。借助该部门的有关活动，可以转变中间商对组织的某些不利看法。比如，过去中间商可能认为它之所以赚钱是因为它与消费者站在一起共同对抗组织的结果；现在它可能改变了看法，认为它之所以赚钱，是因为它与销售者站在一起，作为销售者精密规划的垂直营销系统的一个组成部分而赚钱。

(3)评估渠道成员。非营利组织除了选择和激励渠道成员，还必须定期评估它们的绩效。

1)契约约束与销售配额。如果一开始就与中间商签订有关绩效标准与奖惩条件的契约，可避免种种不快。在契约中应明确中间商的各种责任及享受的权利，这是前提。除了契约之外还应定期发布销售配额，以确定目前的预期绩效。组织可以在一定时期内列出各中间商的销售额，并以销售额大小排出先后名次。这样可促使后进中间商为了自己的荣誉而奋力上进；

也可促使先进的中间商努力保持已有的荣誉，百尺竿头，更进一步。

2)测量中间商绩效的主要方法。其一，将每一中间商的销售绩效，与上期绩效比较，并以整个群体的升降百分比作为评价标准。其二，将各中间商的绩效与该地区基于销售潜量分析所设立的配额相比较。即在销售期过后，根据中间商的实际销售额与潜在销售额的比率，将各中间商按先后名次进行排列。这样，组织的调整与激励措施可以集中用于那些未达既定比率的中间商。

4.无形产品的分销

无形产品包括观念和实践，这些都是很虚无缥缈的，那么非营利组织怎样将这些无形产品送达消费者呢？分配这些产品的渠道又是什么呢？

(1)无形产品的直销渠道。直销是最适合无形产品的配送模式，这主要是由于服务和服务提供者不可分割的原因造成的。

当非营利组织选择直销时，主要目的往往就是为了获得某些特殊的营销优势，具体如下：

1)在考虑消费者差异化的基础上，对消费者提供个性化的服务。

2)对服务的供应和表现，可以有比较好的控制。

3)免去了中间环节，提高了产品的价格优势。

4)有利于接受消费者的反馈，进而改进服务质量。

(2)经由中介机构的分销渠道。许多研究人员认为，大众传媒是从事信息传播和信息提供的，因此，大众传媒是分配无形产品的主要渠道。另外，非营利组织的一个特点就是有大量志愿人员的加入，因此，志愿人员与消费者的交流是非营利组织独特的分销渠道。分销无形产品还会涉及诸如医生等专业人员，他们也是分销无形产品的重要渠道。

1)传媒。传媒包括电视、收音机、报纸、杂志、户外广告、网络等不同类型。非营利组织须考虑的一个问题是，信息从组织到消费者涉及几个渠道等级。有的学者把媒体传播渠道分成三个等级，如图 7－2 所示。

一步传送： 非营利组织→媒体→消费者
两步传送： 非营利组织→媒体→最初接受者→最终消费者
多步传送： 非营利组织→广告机构→媒体→最初接受者→最终消费者

图 7－2　传播渠道的三个等级

一步传送模式是非营利组织将信息通过媒体直接传送给消费者；两步传送是信息先传到最初接受者，再由最初接受者传给最终消费者；多步传送是信息以更复杂的形式在广告机构和媒体间传播，经由最初接受者传给最终消费者。

有些产品的推销需要传送很强的人际性联系和服务。比如，扫盲运动和计划生育运动分别要依靠学校和诊所等机构来完成，而这很大程度上依赖机构中的志愿者和专业人士与消费者之间的人际交流。

2)志愿者。志愿者是非营利组织生生不息的源泉，如果没有志愿者的存在，非营利组织将无法生存。志愿者往往站在非营利组织产品分配的最前沿，他们代表了整个组织的形象，他们与消费者的交流决定着组织的成败。因此，满足志愿者的需要就显得十分重要。

一般志愿者加入非营利组织有三个动机：个人的兴趣，相信非营利组织的运动有利于社会，希望帮助他人。

非营利组织在分析志愿人员动机的基础上还须具体分析他们的情况和具体动因。

3）专业人员。专业人员在产品分配中也扮演着重要的角色。比如在戒烟、戒酒运动中，作为专业人士的医生就是最主要的分销渠道，他们肩负着改变吸烟、饮酒行为的重要责任。

非营利组织分配产品时，应尽量吸引专业人士的加盟。一方面，可以通过法律等强制手段让他们参加，使他们认识到，如果不参加非营利组织的运动就可能增加他们的经营成本或损害他们的声誉；另一方面，也可以通过奖励和营销计划来鼓励专业人士合作，使他们觉得参加非营利组织运动可以得到资金的赠予和声望的提高。

当然，在无形产品的分销中，媒体、志愿者、专业人士的运用并不是独立的，许多非营利组织多采取大众媒体、专业人士及人际交往的渠道相互结合的方式来实现产品分配的最大化。有时以大众传媒为主，人际交往渠道为辅；有时以人际交往渠道为主，大众传媒为辅，这都需要非营利组织根据组织的实际情况灵活运用。

四、非营利组织的促销策略

成功的市场营销活动，不仅需要制定适当的价格、选择合适的分销渠道，向目标市场提供令消费者满意的产品，而且需要采取适当的方式促销。正确制定并合理运用促销策略，是非营利组织赢得广大消费者的理解、支持并得到较大发展的必要保证。非营利组织可选择的促销工具或方式主要有广告、人员推销、销售促进和公共关系四大类。

1. 广告策略

广告是非营利组织诸促销方式中采用最为普遍的一种，广告是利用大众传播媒介传递信息的促销方式。当然，随着大众传播媒体的空前发展和深入社会生活的各个角落，广告也以空前的速度发展。非营利组织已经意识到广告的巨大作用，它们纷纷利用广告进行宣传、沟通，以期通过广告或提高组织的知名度，树立良好的公众形象；或宣传组织的供应；或为特殊事件或活动发布信息等。

非营利组织使用的主要广告：

1）政治广告。如西方总统或首相（总理）及地方选举所做的广告。

2）社会广告。非营利组织利用广告促进社会目标的实现，并请求广告公司以及媒体协助制作并播出广告，如关爱艾滋病人、关爱老年人、吸烟有害健康、安全驾驶、教育、助残、环境治理等。

3）慈善广告。此种广告的主要目的在于经常性的或临时性的募捐，捐得的善款作为急需者、不幸者、生病求助之用，如红十字会、希望工程等机构捐赠广告。

4）政府广告。各级政府花费相当可观的广告费用以吸引新住户、观光者以及投资者，利用广告出售产品，如邮票、旅游项目以及观念等。

5）非营利组织广告。大学、博物馆、医院以及其他团体等都有各自的传播计划、年度报告、直接邮件、分类广告、广播信息以及其他形式的广告。

6）协会广告。专门职业协会及商业协会（律师协会、会计师协会、护士协会等）的付费广告，以改进他们的形象，加强公众对他们的理解。

（1）确定广告目标。制定广告规划的第一步就是确定广告目标。这些目标必须服从先前制定的有关目标市场、市场定位和营销组合诸决策。这些市场定位和组合战略限定了广告在整体营销规划中必须做的工作。

所谓广告目标是指在一个特定时期内，对于某个特定的视听接受者所要完成的特定的传播任务和所要达到的沟通程度。广告的目标可分为通知、说服、提醒。

1)通知性广告主要用于一种产品的开拓阶段，其目的在于促发初级需求。例如，某高等学校向社会介绍其新创办的某个专业的专业培养方案、社会需求状况以及就业前景等相关资料与信息。

2)说服性广告在竞争阶段十分重要。这里，非营利组织的目的在于建立对某一特定品牌的选择性需求。大多数广告属于这一类型。例如某大学企图说服消费者(学生)，该学校的建筑学专业或会计专业与众不同，具有自己的独特优势，在此上学，其建筑学专业文凭可获得英联邦国家承认；会计专业可很容易取得注册会计师资格，从而可以在会计事务所工作。

3)提醒性广告在产品的成熟期十分重要，目的是保持消费者对该产品的记忆。经常刊登在杂志及多种媒体上的一个瞪着一双大眼睛的小女孩照片的希望工程广告，其目的既非通知，也非说明，而是为了提醒人们想起希望工程，从而关注和支持希望工程。与此相关的一种广告形式是强化广告，其目的在于让现有的消费者相信，他们购买这种产品的决定是正确的。例如禁止酒后驾驶的广告，应该经常描绘那些不饮酒的司机如何心情愉悦，精力充沛，安全快捷地驾驶汽车，而那些酒后驾车的，则上演了一幕幕车毁人亡的惨剧的景象。

广告目标的选择应当建立在对当前市场营销情况透彻分析的基础上。例如，如果产品种类在成熟期，而组织又是市场的领导者，并且产品使用率低，因此，适当的广告目标可以是刺激消费者更多地使用这一品牌。如果产品种类是新推出的，组织不是市场领导者，而其品牌优越于领导者，那么适当的广告目标应该是通过广告宣传其品牌优于市场领导者。

(2)确定广告预算。广告目标决定后，非营利组织即可制定广告预算，即确定在广告活动上应花费多少资金。一般来讲，组织确定广告预算的方法主要有四种。

1)量入为出法。即组织确定广告预算的依据是它们所能拿得出的资金数额。也就是说，在其他市场营销活动的经费被优先分配之后，尚有剩余者再供广告之用。严格说来，这一方法在某种程度上存在着片面性。

2)竞争对等法。它是指组织比照竞争者的广告开支来决定本组织广告开支的多少，以保持竞争上的优势。在市场营销管理实践中，不少组织都喜欢根据竞争者的广告预算来确定自己的广告预算，造成与竞争者旗鼓相当、势均力敌的对等局势。

采用这一方法的前提条件有二：一是竞争者的广告费用开支代表了这一行业的集体智慧；二是维持竞争对等有助于阻止各组织之间的广告战。

然而，事实上，上述前提条件很难具备。这是因为，每个非营利组织的声望、资源、机会和目标有很大的不同，他们的广告预算很难作为一个标准。

3)销售百分比法。即非营利组织按照销售额(销售实绩或预计销售额)或单位产品售价的一定百分比来计算和决定广告开支。

使用这一方法的最大优点是，其一，意味着广告费用可因组织能承担的能力差异而变动，这使组织中那些注重财务的高级管理人员认识到，组织所有类型的费用支出都与总收入的变动有密切关系；其二，它鼓励管理者以广告成本、产品售价和销售利润为先决条件进行思考。

然而，这一方法也有其不足之处：其一，它把销售收入当成广告支出的“因”而不是“果”，造成因果倒置，用此方法确定广告预算，是根据可用的资金，而不是根据市场机会，因而会失去有利的市场机会；其二，用此法确定广告预算，将导致广告预算随每年的销售波动而增减，从而与广告长期方案相抵触；其三，不是根据每种产品和地区来确定广告预算，造成不合理的平均主义。

4)目标任务法。即非营利组织要明确广告目标，确定达到这一目标必须完成的任务以及需要的各种费用，这些费用的总数就是广告预算。

这一方法的最主要缺点是，没有从成本的观点出发考虑某一广告目标是否值得追求这个问题。

(3)广告媒体的选择。非营利组织还必须评估各种主要媒体到达特定目标沟通对象的能力，以便决定采用何种媒体。当今主要媒体包括电视、广播、报纸、杂志、直接邮递、海报、电话以及正在日益兴起的互联网等，这些主要媒体在送达率、频率和影响价值方面各有差异。了解不同媒体的优点和局限性，对媒体的正确选择十分重要。

选择媒体包括考虑如下四个主要因素：其一，媒体的特征包括考虑地理覆盖面、可触及到听(观)众的类型、使用频率、使用颜色、声音和迁移的潜力，以及用可靠的方法影响目标细部的能力。其二，媒体的气氛是指那些确保媒体加强了组织所希望表达形象的东西。其三，媒体覆盖率触及到人群数量和他们的特征。其四，比较成本是要触及到一定特殊听众(观众、读者)规模的特定成本。

1)报纸。报纸是最重要的传播媒介，它的优点是弹性大、及时、对当地市场覆盖率高、易被接受和被信任；其缺点是时效短，转阅读者少。

2)杂志。杂志的优点是可选择适当的地区和对象、可靠且有名气、时效长、转阅读者多，其缺点是广告购买前置时间长、有些发行量是无效的。

3)广播。广播的优点是大量使用、可选择适当的地区和对象、成本低，其缺点是仅有音响效果、不如电视吸引人、展露瞬间即逝。

4)电视。电视是现代最重要也是最先进的广告媒体。它的优点是视、听、动作紧密结合且引人注意，送达率高；其缺点是绝对成本高、展露瞬间即逝，对观众无选择性。

5)直接邮寄。它的优点是沟通对象已经过选择、有灵活性、无同一媒体的广告竞争；其缺点是成本比较高、容易造成滥寄的现象。

6)户外广告。它的优点是比较灵活、展露重复性强、成本低、竞争少，其缺点是不能选择对象、创造力受到局限等。

7)互联网广告。它是近几年新兴起的广告媒体形式。它的优点是可以根据更细微的个人差别将消费者进行分类，分别传递不同的广告信息；广告是互动的；可以利用最先进的虚拟现实界面设计来达到身临其境的感觉。其缺点是广告的范围比较狭窄，费用比较高，对象受到一定的限制。

2.人员推销策略

人员推销是一种传统的促销方式，但在今天，人员推销依然发挥着十分重要的作用。

(1)人员推销的优点。所谓人员推销是指组织通过派出销售人员与一个或一个以上可能成为消费者的人交谈，作口头陈述，以推销商品，促进和扩大销售。

人员推销具有广告和宣传等其他促销形式所无法比拟的优势或优点。

1)信息传递双向性。在人员推销过程中，一方面，推销人员将有关产品特性、用途、使用方法、价格等方面的信息传递给潜在的目标消费者；另一方面，又将消费者对产品性能、规格、质量、价格、交货时间等的要求及时反馈给非营利组织。推销人员可根据每位潜在消费者购买动机、要求和问题的不同，随时调整自己的策略和方法，有针对性地进行推销，充分地说服消费者，使消费者的要求得到最好的满足。

2)推销过程灵活性。推销人员在推销过程中可以亲眼观察到消费者对推销陈述和推销方法的反应，并揣摩其购买心理变化过程，因而能立即根据消费者情绪及心理的变化酌情改进推销陈述和推销方法，以适应各个消费者的行为和需求，促进最终交易的达成。

3)友谊协作长期性。推销人员与消费者直接见面，长期接触，可以促使买卖双方建立友谊，密切组织与消费者之间的关系，易使消费者对组织的产品产生偏爱。因此，在长期保持友谊的基础上开展推销活动，有助于建立长期的买卖协作关系，稳定地销售产品。

4)有利于组织了解市场需求，提高决策水平。推销人员承担了“信息员”和“顾问”双重角色。由于人员推销是一个双向沟通的过程，因此，推销人员在向消费者提供服务和信息的同时，也为组织收集到了市场信息；另外，推销人员处于第一线，经常直接与消费者打交道，他们最了解市场状况和消费者的反应，因而也最有资格为组织的市场营销决策提供建议和意见。

5)与广告相比，其针对性强，无效劳动少。广告所面对的受众十分广泛，其中有些根本不可能成为组织的消费者，所以，组织做广告所花的钱，有一部分是白花的。而推销人员总是带有一定的倾向性访问消费者，目标较为明确，往往可以直达其消费者，因而，耗费无效劳动较少。

当然，人员推销也有一些缺点，一是支出较大，成本较高；二是对推销人员的要求较高，组织往往很难物色到有才干的推销人员。

(2)人员推销的任务。人员推销的任务可归纳为五个方面的内容：

1)积极寻找和发现更多的可能的消费者或潜在消费者。

2)向目标消费者传递有关非营利组织和产品的信息。

3)运用推销技术，千方百计推销产品。

4)向目标消费者提供各种服务，如向消费者提供咨询服务，帮助消费者解决某些技术问题，安排交货事宜等。

5)收集信息，主要为非营利组织进行市场调研和情报收集工作。

(3)人员推销的基本策略。人员推销的基本策略主要包括以下几方面：

1)试探性策略。试探性策略也称为“刺激-反应”策略。这种策略是在不了解消费者的情况下，推销人员运用刺激性手段引发消费者产生购买行为的策略。推销人员事先设计好能引起消费者兴趣、能刺激消费者购买欲望的推销语言，通过渗透性交谈进行刺激，在交谈中观察消费者的反应，然后根据其反应采取相应的对策，并选用得体的语言，再对消费者进行刺激，进一步观察消费者的反应，以了解消费者的真实需要，诱发购买动机，引导产生购买行为。

2)针对性策略。针对性策略是指推销人员在基本了解消费者某些情况的前提下，有针对性地对消费者进行宣传、介绍，以引起消费者的兴趣和好感，从而达到成交的目的。因推销人员常常在事前已根据消费者的有关情况设计好推销语言，这与医生对患者诊断后开处方类似，故又称针对性策略为“配方-成交”策略。

3)诱导性策略。诱导性策略是指推销人员运用能激起消费者某种需求的说服方法，诱发引导消费者产生购买行为。这种策略是一种创造性推销策略，它对推销人员要求较高，要求推销人员能因势利导、诱发、唤起顾客的需求，并能不失时机地宣传介绍和推荐所推销的产品，以满足消费者对产品的需求。因此，从这一个意义上说，诱导性策略也可称“诱发-满足”策略。

3.销售促进

所谓销售促进，是指非营利组织运用各种短期诱因，鼓励购买或销售组织产品或服务的促销活动。

销售促进包含着很多促销工具，大致可分为如下三种：

(1)消费者推广。例如样品、优惠券、折扣、折让、奖励、竞赛、免费试用、保证等。

(2)中间商推广。包括免费赠送、折扣、合作广告、推销激励、展示、中间商竞赛等。

(3)推销员推广。如报酬、竞赛、销售会议等。

尽管促销工具的种类很多，但是其最大的特点就是在短时期内强烈诉求，即通过急切的诉求以克服目标消费者的购买迟钝或惰性，从而刺激目标消费者的需求，以此实现促进销售的目的。但是，从长期的观点来看，促销也有其缺点，即通过促销很难建立消费者对组织或产品的忠诚度。因为若频繁使用或使用不当，往往会引起消费者对产品质量、价格产生怀疑。

很多非营利组织都在利用促销工具。例如，大学对学习成绩好的学生提供奖学金，或减免部分学费，或给有希望来校就读的学生发送宣传品等；图书馆为长期读者提供优惠卡；医院为患者举办联谊活动，或为医护人员提供激励等。

就整体而言，销售促进有三项主要任务：

(1)沟通。通过提供促销信息引起消费者的注意，以激励消费者使用产品和服务。

(2)激励。通过提供价值来吸引新的使用者和回报忠诚的消费者，以此提高消费者的重购率。

(3)达成。希望立即成交。

尽管销售促进是一种促销效果比较显著的促销方式，但倘若使用不当，反而会影响产品销售，甚至损害组织的形象。因此，组织运用销售促进方式促销时，必须予以控制。

1)选择适当的方式。选择好的促销方式是促销成功的关键。一般说来，应结合产品的性质、不同方式的特点以及消费者的接受习惯等因素选择合适的销售促进方式。

2)确定合理的期限。推广的期限既不能过长，也不宜过短。这是因为时间过长会使消费者感到习以为常，失去刺激需求的作用，甚至会产生疑问或不信任感；时间过短会使部分消费者来不及接受销售促进的好处，收不到最佳的促销效果。

3)禁忌弄虚作假。销售促进的主要对象是组织的潜在消费者，因此，在销售促进全过程中，一定要坚决杜绝徇私舞弊的短视行为发生。本来销售促进这种促销方式就有贬低产品之意，如果再不严格约束组织行为，那就会有失去组织长远发展的巨大风险。因此，弄虚作假是销售促进中的最大禁忌。

4)注重推广中后期宣传。销售促进不仅要注重推广前期的宣传，而且应注重推广中后期的宣传。在销售促进活动的中后期，面临的十分重要宣传内容是销售促进中的组织兑现行为。这是消费者验证组织推广行为是否具有可信性的重要信息源。所以，令消费者感到可信的组织兑现行为，一方面，有利于唤起消费者的购买欲望；另一方面，可以换来社会公众对组织良好的口碑，增强组织良好形象。

4.公共关系策略

在现代非营利组织的营销管理中，公共关系是一项重要的管理职能。非营利组织利用公共关系以评估公众的态度，使组织的政策及各项措施与公众的利益相一致，并通过实施公共关系计划，获得公众的了解与接纳。

在市场营销方面，公共关系工具的使用具有三个明显的特征：

其一，高度可信性。新闻报道和特写对于读者来说要比广告更可靠，更可信。

其二，消除防卫。很多潜在消费者能够接受宣传，但却都回避推销人员和广告。作为新闻的方式将信息传递给消费者要比销售导向的信息沟通为好。

其三，戏剧化。公共关系如广告一样，有一种能使组织或产品更富有表现力的效能。

开展营销公关活动要进行以下主要决策：

其一，确定公关目标。营销公关的基本目标是在公众中树立组织形象和产品形象，促进销售。但在每次特定的公关活动中还需有具体的目标，如建立或提高组织与产品知名度，激励中间商和志愿者的工作热情，使潜在消费者了解该产品能带给人们好处等。

其二，选择公关活动的形式及所要传递的信息。假设一家知名度不高的大学，可通过聘请著名学者、专家、教授及学科带头人作为自己学校的正式或客座或兼职教授，建设特色专业，策划一系列学术讲座、报告会、演讲会，参与社会上一些大型公益活动，再将这些素材编集成册，广为散发、报道，或在电视、报刊及杂志上发表文章吸引人们注意。

其三，实施计划。公关计划在实施过程中还会遇到种种具体的困难，需要谨慎对待。特别是在组织竞赛、记者招待会、大型社会公益活动时，更要求公关人员有一个反应灵敏的头脑，迅速处理好现场发生的问题。

本章小结

本章主要包括两个部分：非营利组织营销理论概述和非营利组织的营销策略。在现代的市场竞争中，非营利组织与营利组织一样，同样面临着种种压力：消费者背弃、会员减少、机构成本上升、捐赠与资助减少、出现财政困难，等等。要解决这些问题，广大非营利组织纷纷引入营销观念，实施营销战略，以达到非营利组织发展壮大的目的。所谓产品，就是任何能用以满足人们某种需要或欲望的东西。当然，对非营利组织的产品而言，上述定义也同样适用，只是非营利组织的产品是公共产品；与营利性企业提供的产品与服务一样，非营利组织所提供的产品或服务也存在着许多基于成本和定价的营销战略问题；为了交换，非营利组织必须与目标消费者以某种方式进行直接或间接的接触；正确制定并合理运用促销策略，是非营利组织赢得广大消费者的理解、支持，并得到较大发展的必要保证。

专业名词中英文对照

营销策略	Marketing strategy
产品策略	Product strategy
价格策略	Price strategy
分销策略	Place strategy
促销策略	Promotion strategy

思 考 题

1. 非营利组织为什么需要营销管理？

2. 非营利组织的营销管理与营利组织有何区别？

3. 非营利组织常见的营销策略有哪些？

案例：伦敦奥组委的营销管理

走进奥林匹克公园，就像走进了名店街一样，路边全是鳞次栉比的赞助商的店面。电视上，广告商抓紧一切机会宣扬着“更高、更快、更强”精神。包括伦敦奥运会和2010年温哥华冬奥会在内的四年时间里，国际奥委会在转播费和赞助商那里得到了48.7亿美元，负责伦敦奥运会和残奥会具体工作的伦敦奥组委(LOCOG)，也通过门票销售和纪念品许可证颁发等收获了7亿英镑。为了这些利益，伦敦奥组委不断和打擦边球的赞助商、运动员博弈。

1. 顶级赞助商的顶级垄断

“穿着某可乐T恤的观众不得进入奥运会体育馆”“奥运场馆内的饮食提供者，不能单独提供薯条”……这一切听上去都有些奇怪，但确实是伦敦奥运会上真实发生的事。这一切，均源于对顶级赞助商的保护。

先来看看什么是顶级赞助商(Top)：11家全球赞助商向国际奥委会支付了巨额资金，以获得奥运会标志的使用权，每一个商业领域只允许一家，如软饮料方面的可口可乐等。这种商业模式的开端要追溯到20世纪80年代，以前奥运会的商务开发相当混乱，很多赞助商只要支付很少的钱就可以借奥运会标志成为某些市场的优势品牌。不过，如今国际奥委会却只向很少的赞助商兜售巨额合同了，这些顶级合约都是长期(至少8年)，而且是全球性的。尽管每笔交易的数字都是秘密，但从统计数据来看，11家顶级赞助商在2009—2012年之间的花费总额为9.57亿美元。

伦敦奥组委对奥运品牌以及各级赞助商的呵护可谓无微不至。在温布尔登网球场(简称温网)的纪念品商店里，全是奥运特许商品，温网自有的纪念品全部移至仓库。店员说，这是遵从伦敦奥组委的规定，绝不“搭车”贩卖、隐性营销。早在2006年，英国政府就出台法令加强对奥运赞助商的保护，并规定对违规者可实施最高达两万英镑的罚款。伦敦奥运会开幕前半年，伦敦奥组委就致函中国奥委会，提醒中国商家，凡是以承诺“伦敦奥运游”和“伦敦奥运门票”进行的营销活动均属违规。对此，伦敦奥组委主席塞巴斯蒂安·科认为，在这个经济环境困难的时刻，是来自赞助商的资金支持了奥运会相当一部分的花销，如果赞助商的权益没有得到很好的保护，那未来奥运会的赞助前景将受到严重影响。

2. 非赞助商猛打擦边球

尽管伦敦奥组委严防死守，但非赞助商当然不愿放弃这4年一次的营销机会。于是各种各样的擦边球在伦敦奥运会中轮番开打，并且手段越来越高明。在伦敦塔桥桥头的一座圆拱形建筑上，Nike花费巨资打出广告“伟大(Greatness)”。在文字图片中，尽管没有“奥林匹克”

“伦敦”等词语，但美国男篮等队伍的代言，会让人产生错觉：Nike 也是奥运赞助商。除了商家，运动员们同样为了自己的利益与奥组委博弈。粉丝们想看科比的近况得登陆脸书，国内的几大微博网站也在争夺冠军运动员，夺冠后往往会打出“某某通过某微博庆祝冠军”。但国际奥委会很快注意到这一动向，对相关运动员提出警告，甚至让他们删去相关内容。

一些身背赞助合同的运动员也身不由己，比如美国运动员无法得到各自所属的项目联合会的资金支持。“商业赞助是我们能够保证训练的唯一途径。想继续我们的奥运梦想，这是唯一的出路。”美国男子中长跑名将尼克·西蒙兹说，他将左臂划出一块地方作为临时文身广告投放位实属无奈。根据国际奥委会的规定，尼克在比赛时必须用白色的胶布遮住那处文身。“这实在太没道理了，”尼克抱怨道，“他们竟然试图控制那些本就属于我身体的部位。”

3. 中国赞助商大幅度缩水

尽管在伦敦奥运会上，中国体育代表团创造了海外奥运会的最好成绩，但中国厂商的表现并不突出：来自中国的赞助商已由上届北京奥运会的 20 余家降为 2 家，分别是大陆水晶石数字科技有限公司和台湾电脑厂商宏基集团。

业内人士分析，由于本届奥运会中国并非东道主，加上经济形势不好、奥运效应减退，大量中国赞助商选择退出对伦敦奥运会的赞助。此外，很多中国赞助商放弃成为奥运会四个层级赞助商之一，转而全力赞助中国军团。中国奥委会的合作伙伴有 8 家，包括宝马。据不完全统计，中国奥运代表团的 31 类项目，共获得了国内外约 65 家赞助商的支持。其中，有 29 家上市公司，1 家准上市公司。赞助中国奥运军团的厂商数量，相比北京奥运并无太大变化。

击败李宁和阿迪达斯的安踏，成为中国奥委会唯一合作方，并独家提供中国国家队领奖服。一位安踏的负责人表示，本次赞助的费用超过了奥运顶级赞助商的门槛费用，他们认为十分超值。外界猜测，他们的赞助额超过 6 亿元人民币。此外，经历了北京奥运会，中国商家也趋于理性。英国《每日电讯报》报道，伦敦奥运会有一支隐性的中国赞助军团，官方网站上的 194 种奥运产品中 90%来自海外制造，当中近 2/3 的商品都在中国生产，9%由土耳其生产，4%为菲律宾制造。

4. 赞助商是否在谋杀奥运会?

英国媒体惊呼，伦敦奥运会可能是对品牌保护最严的一届奥运会。伦敦奥组委为了保护赞助商的利益，甚至有点滥用权力。包括开幕式在内的部分场次出现了空看台，重要原因之一就是伦敦奥组委提供给赞助商的门票太多，赞助商送不出去，白白浪费。开幕式门票普通席位的售价在 1 000 英镑左右，最高售价达到 2 012 英镑，黑市上甚至超过 1 万英镑。很多英国人有钱也买不到奥运门票，但这些门票在赞助商眼里却一文不值。消息一出，引发很多英国民众的不满。

就在前几天，伦敦街头还出现了一群市民，用染料涂抹在自己身上以示抗议，反对某化学巨头成为奥运赞助商，因为该企业位于印度博帕尔的农药厂 20 多年前曾发生过有害物品泄漏事件，造成至少 8 000 人死亡，“这样的企业也能赞助奥运，绿色环保的理念如何实现?”当然，奥运会带给赞助商的并非都是好事。柯达正式退出国际奥组委顶级赞助商的行列，公司目前积重难返，奥运营销也救不了。为伦敦奥运提供安保服务的 G4 公司，在奥运会期间股价大跌。

举办奥运会的初衷就是强调人与人之间的平等。可是，当赞助商享有的特权越来越多时，过度的商业化是否已违背了奥运精神？当英国《卫报》抛出这样一个调查，答案显示，91%的受访者对伦敦奥组委对赞助商无微不至的“关怀”表示反感。《每日快报》则调侃道：“运动员们在‘更快、更高、更强’精神的激励下奋勇争先，伦敦奥组委无疑也有着类似的精神——‘更挣钱’。”

资料来源：http://news.xinhuanet.com/sports/2012—08/13/c_123572577.htm

第八章　非营利组织的评估

教学内容：

(1)评估的概念及类型。

(2)非营利组织评估的重要性和必要性。

(3)非营利组织的评估框架和评估指标。

(4)非营利组织评估的方法。

教学要求：

(1)掌握评估的概念及类型。

(2)充分了解非营利组织评估的重要性和必要性，从而掌握非营利组织评估的意义。

(3)了解国外及中国非营利性评估机制与标准，掌握非营利组织评估的框架及指标体系。

(4)掌握非营利组织评估的方法，区别各种评估方法的优缺点。

非营利组织的评估是非营利组织外生态环境中的最后一环，是对非营利组织存在发展的肯定或否定，是社会、政府、公民对非营利组织的一个综合评定。由于非营利组织的资金在很大程度上依赖于公众的捐赠，因此，人们首先关注的是非营利组织是否将受赠的资金真正用在实现其基本宗旨上。能够遵守非营利的行为规范和道德标准，能够取信于捐赠者，已经成为非营利组织发展的关键因素。在这一背景下，人们开始了建立对非营利组织进行诚信评估的机制。随着社会的发展和进步，公众开始意识到非营利组织不仅应当诚信，而且更应当有效利用资源来追求组织的目标。因此，现在的评估制度已经不再是简单的诚信评估了，而是安排非营利组织的使命、绩效、组织能力等方面的综合评定，并通过评定促进非营利组织的健康发展。

第一节　非营利组织评估概述

20世纪70年代以来，评估问题开始受到国际社会的普遍关注，并广泛应用于许多国家和世界银行、亚洲开发银行、双边和多边援助组织以及国际非营利组织的资助项目。中国从20世纪80年代后期开始，也逐步重视评估工作。这里首先介绍一些有关评估的基本概念和原理。

一、评估的概念

评估有广义与狭义之分。广义的评估是指评估主体对评估客体的价值大小或高低的评价、判断、预测的活动，是人们认识、把握某些事物或某些活动的价值的行为。这里的价值指的是客体满足主体需要的程度。本书的评估主要指广义上的评估。

狭义的评估则是指在一定的时限内，尽可能系统地、有目的地对实施过程中或已完成的项目、计划或政策的设计、实施和结果的相关性、效果、影响和持续性进行判定和评价。与传统的监测、工作总结、评价相比较，它具有以下几个特点：

第一，系统性、规范性和科学性。评估有一套完整的理论和指标体系，规范科学和有目的的评定活动。而中国传统的工作总结往往缺乏系统的定性和定量指标，随意性较大。

第二，时限性。评估是在一定的时间范围内完成（如一周或一个月）的，而不是贯穿于项目、计划或政策的始终，这也是评估区别于监测的主要特性。

第三，学习性。评估不仅是对项目、计划或政策的相关性、绩效和成功度的简单评价，而且还要通过评价活动本身进行学习。甚至可以说，学习加责任就等于评估。实际上，通过评估过程学习到的知识更具有权威性，特别是对一系列项目、计划或政策进行的评估，从中所学习的经验更适合在较大的范围内推广。

二、评估的类型

根据不同的标准，可以将评估分为不同的类型。按照时间顺序，评估可分为事前评估、中期评估和事后评估；按照评估者的来源，可以把评估分为自我评估与外部专家评估。

1. 事前评估、中期评估与事后评估

（1）事前评估。事前评估也称预评估或前评估，是指项目、计划或政策开始实施之前所进行的评估。由于是在实施之前进行的，因此事前评估实际上是对项目、计划或政策进行可行性分析的评估。

事前评估的结果一方面可以决定项目、计划或政策是否实施；另一方面事前评估取得的数据可以作为基准线，在项目、计划或政策完成后进行前后对比。目前，中国的非营利组织对事前评估工作还不够重视，大多数公益工程都没有认真地开展此项工作，其后果往往是引起项目的低效，而且在公益工程中期或结束后进行评估时缺乏可供对比的数据，从而难以反映公益工程的真正绩效。

（2）中期评估。中期评估是指在项目、计划或政策开始后到完成前之间的任何一个时点进行的评估。中期评估的目的在于检查项目、计划或政策的设计和事前评估的质量，或者评估实施过程中的重大变更及其影响，或者诊断实施过程中的困难、问题，以寻求对策及其出路。

（3）事后评估。事后评估是在项目、计划或政策结束后，根据原目标和实际实施情况的比较而进行的全面、系统的评估，事后评估一般更容易为人理解和接受。因此，目前，非营利机构对事后评估工作相对更重视一些。

（4）事前评估与事后评估的差异。事前评估与事后评估的差异主要体现在以下几方面：

1）评估的时点不同。事前评估是在项目、计划或政策开始实施之前进行的评估，而事后评估则是在项目、计划或政策结束后所进行的全面、系统的评估。

2）评估的目的不同。事前评估的目的是确定项目、计划或政策是否可以立项，它是站在项目、计划或政策的起点，应用预测方法分析评价未来的效益，以确定是否值得与可行；而事后评估的目的是为了回顾总结，同时又对后续项目进行前景预测。

3）评估的依据不同。事前评估的依据主要是历史资料和经验性资料，以及相关的行业标准等；而事后评估的依据主要是项目、计划或政策实施的实际数据。

4）评估的主体不同。事前评估的主体主要是非营利组织自身，而事后评估的主体主要是外部专家，诸如独立的中介评估机构人员、监督管理部门的专家、捐赠者代表、科研单位的专家，等等。

2. 自我评估与外部专家评估

(1)自我评估。自我评估指项目、计划或政策的实施者进行的内部评估。其优点首先在于评估者是项目、计划或政策实施机构的成员，对组织内部结构与运行机制较为了解，对项目、计划或政策实施的整个过程较为熟悉，对评估区域的社会经济背景、文化风俗习惯较为了解；其次，自我评估的成本较低，在项目、计划或政策实施的每一个阶段都可以进行评估，有利于及时发现问题、解决问题；第三，自我评估的结果或建议容易在执行过程中得以实现。这是因为评估者本人就是项目、计划或政策的执行人，因此，他对于评估过程中发现的问题有切身体会。

当然，自我评估也存在一些局限。首先，由于评估者是实施机构的内部成员，因此，评估结果往往缺乏客观公正性；其次，社会公众不容易相信评估结果——即使自我评估本身是客观的；另外，由于自我评估者的日常工作较多，难以集中精力进行评估，因此自我评估往往比较粗略。

(2)外部专家评估。外部专家评估指项目、计划或政策的实施机构，聘请科研单位或专门评估机构的外部专家进行的评估。其优点表现为以下几方面：第一，专家评估往往较为客观公正，评估结果易于为公众所接受；第二，专家的专业评估知识可以增进评估的科学性与规范性；第三，专家评估往往是集中一段时间进行评估，效率较高。

但是，专家评估也存在一些缺陷。首先，专家评估的成本较高，因而不可能在项目、计划或政策执行的每一阶段进行，更不可能对每一个项目都进行专家评估；其次，外部专家对实施的整个过程、运行机制和当地社会经济文化背景并不清楚，而专家往往又需要在较短的时间内完成评估工作，因此有时也被戏称为“旅游式评估”；再次，专家评估的结果或建议并不容易在项目、计划或政策的执行过程中得以真正落实。

综上可见，自我评估和专家评估各有优点，亦各有缺点，自我评估的长处正是专家评估的短处，而专家评估的长处又恰恰是自我评估的短处。在实际工作中，非营利机构选择何种评估类型，将取决于评估的目的和具体的情况。有时，在条件允许的情况下，将两种评估方式结合起来，评估的效果可能会更理想一些。

三、非营利组织评估的重要性

1978 年以后，中国相继进行了经济体制改革和政治体制改革。在此过程中，“小政府、大社会”目标模式的确立、社会主义市场经济体制的建立、政府职能的转变，使得国家与市场、国家与社会的关系面临重大的变化和调整，各类社会组织的功能面临新的分化和合理定位。这种新的形势也赋予了非营利组织以前所未有的发展机遇。一方面，经济体制改革之后，中国的农村和城市先后产生了大量游离于传统单位组织体系之外的多元利益主体，这些多元利益主体掌握了自由流动的资源和自由活动的空间，同时，在政府与这些多元利益主体之间形成了权力真空和信息屏蔽。因此，政府需要有中介性的非营利组织起到信息沟通的桥梁作用，并帮助政府维护市场与社会秩序，从而减少政府的社会管理成本，提高政府的工作效率。而这些分散的利益主体也需要通过非营利组织来形成组织化的利益，从而达到维护自身利益的目的。尤其是加入世界贸易组织之后，中国独立、分散的企业也需要通过行业协会等非营利组织来维护本国企业在国际市场竞争中的整体利益。另一方面，中国正在进行的政治体制改革和政府职能的转变，也需要非营利组织能够承接以往由政府包揽的部分职责，以便提供更多的公共服务。

在这种需求下，中国的非营利组织取得了空前的发展。社会团体的数量由1978年前的6 000多个猛增到1998年底的16.5万个，民办非企业单位的数目则从零发展到70万个，尤其值得注意的是，近年来，中国特有的事业单位也正在分化为营利或非营利组织，例如，中国正在进行的卫生体制改革的目标之一就是将医疗机构划分为营利性医疗机构和非营利性医疗机构，进行分类管理。因此可以说，非营利组织正日益成为中国社会生活中不可或缺的组织创新，发挥着政府、市场不可替代的作用。

然而，由于中国非营利组织的发展才刚刚起步，再加上非营利组织本身所具有的一些特殊性，中国非营利组织的发展还面临许多困境，具体表现在以下几方面：

第一，非营利组织的财产属于抽象的公众所有，而不归某个具体的个人私有，因此，其责任机制先天不足。

第二，一些规定在客观上导致了非营利组织在某些区域内处于垄断地位，限制了非营利组织的竞争，其结果是造成一些非营利组织的效率低下。例如，中国的《社会团体登记管理条例》规定，在同一行政区域内已有业务范围相同或者相似的社会团体，没有必要成立的，登记管理机关不予批准筹备；《民办非企业单位登记管理暂行条例》也规定，在同一行政区域内已有业务范围相同或者相似的民办非企业单位，没有必要成立的，登记管理机关不予登记。

第三，由于改革开放以后中国非营利组织的数量增加过快，难免鱼龙混杂。少数非营利组织违背非营利的准则，成为某些个人牟取私利的机构，组织内部财务混乱，贪污腐败现象也时有发生，从而影响了整个非营利部门的社会公信度，其结果是中国非营利组织的社会捐赠不足，志愿者的参与极为有限。

可见，这些问题的存在已严重制约了中国非营利组织的健康发展，同时也影响到了中国政治、经济体制改革的进程。而要解决这些问题，一个关键性的要素就是建立中国非营利组织的评估机制，通过制度化的评估促进中国非营利组织责任、效率与社会公信度的提高。

四、非营利组织评估的必要性

尽管非营利组织的发展取得了巨大的成就，然而，非营利组织评估的实践与研究在我国还处于起步阶段。概括起来，主要包括三方面：

首先是对国外非营利组织评估研究某些方面的介绍。例如，杨团等人对美国慈善机构行为准则的介绍和对美国非营利部门认证、监测有关条例与标准的资料翻译等。

其次是对中国非营利组织评估理论的初步探讨。例如，周志忍等人对第三部门自律与他律问题的研究，杨团等人对中国非营利机构评价准则等问题的探讨。

最后是一些科研部门、大专院校对非营利机构的个案评估。例如，中国科技促进发展研究中心对希望工程效益的评估，清华大学非营利组织研究所对幸福工程的评估，中国社会科学院社会学所对上海罗山会馆的评估，等等。

另外，中国少数基金会组织也对所开展的项目进行了评估，但大多没有明确、系统的评估标准。

由上可见，国内学者在非营利组织评估方面进行了有意义的探索，并初步取得了一些成绩。然而，由于我国开展非营利组织评估研究时间较短，因此，还有许多问题有待于进一步探讨，具体来说包括以下几方面：

第一，以往国内侧重对国外非营利组织行为准则的介绍，但对这些评估标准背后的理念缺乏深入的探讨,因此,在提出中国非营利组织行为准则方面缺乏必要的理论依据。

第二,国内对非营利组织的非营利性评估大多还停留在评估标准的建立上,而较少对非营利性评估制度的建立、评估权威的形成等深层次问题的探讨。

第三,通过调查发现,一些非营利组织只注重项目的评估,而忽视了组织能力的建设,其结果是一些非营利组织,尤其是一些自下而上的非营利组织在项目结束之后,组织便逐渐萎缩,甚至消失。其原因与中国缺乏系统、完整的评估体系不无关系。一些非营利组织的管理人员反映除项目评估以外,他们并不了解非营利组织还应进行哪些方面的评估,更不了解应该采用什么样的指标进行评估。

实际上,无论国内还是国外,以往对非营利组织的评估研究都是分项进行的,而没有从一个整体的角度进行系统的研究。这种做法的局限在于,首先,非营利性评估只能促进非营利组织的责任感增强,而不能有效促进非营利组织的效率提高;其次,使命与战略评估虽然可以明确组织的发展方向,但并不能促进组织的绩效;再次,项目评估虽然可以促进非营利组织效率的提高,但不能保证组织的发展方向,也无法提高组织完成使命的能力;最后,组织能力评估虽然可以提高组织达成使命的能力,但并不能保证组织正确的发展方向。因此,需要提出一个系统、完善的非营利组织评估体系,以促进中国非营利组织的全面发展。

第四,中国有自己的国情,中国的非营利组织与国外的非营利组织差别较大,因此不能完全照搬国外非营利组织的评估理论与方法,而需要结合中国非营利组织的特色。国内现有的研究侧重于介绍和直接引用国外的评估指标,而缺乏对这些指标适用性的研究,所以,有必要通过实证性研究,建立适合中国非营利组织特色的评估理论与评估指标体系。

第五,近年来,国外在非营利组织评估理论与评估方法方面又有了一些新的进展,有必要对这些理论与方法在中国的适用性进行验证。而国内对此课题的研究还非常有限。

综上所述,对非营利组织的研究正日益显示出它的必要性,并且只有当人们意识到它在现实生活中所发挥的重要作用时,它才能更好地为人们服务,从而真正成为联结政府与人民之间信息沟通的桥梁与纽带。因此,建立一套适合中国国情的非营利组织评估的框架体系,就成为理论界的当务之急。

第二节 非营利组织的评估框架

当前,在中国非营利组织的发展过程中,一个较为普遍的问题是许多公众对非营利组织的非营利性表示怀疑。少数人甚至认为中国的非营利组织只是一种表象,其实质都是以营利为目的的。

造成这种现象的原因,一方面是因为中国缺乏对非营利组织的非营利性进行评估的制度,由于自律、互律与他律机制的不足,以至于很多非营利组织缺乏责任心与诚信;另一方面,我国缺乏一套适合自身国情的、系统的对非营利组织进行评估的理论框架和评估指标,从而使得非营利组织的评估无法科学、合理地进行。由于非营利性评估是整个评估框架的基础,也是目前中国非营利组织发展过程中最亟待解决的难题,因此本节将从介绍非营利性评估入手,探讨相关问题,并建立评估框架和评估指标。

一、国外的非营利性评估机制与标准

各国为确保本国非营利组织能够遵守非营利准则，一般都有相应的监督、评估机制和适合本国国情的评估标准。这里以美国和英国为例，介绍两国不同模式的非营利性评估制度与评估标准，以期为建立有中国特色的评估制度与评估标准提供参考。

1.美国的非营利性评估机制与评估标准

美国是世界上非营利组织最发达的国家。根据美国“独立部门”的统计，1998年，美国共有120万属于501(C)(3)(501(C)(3)是指分配给免税组织的国内税收代码中的具体部分。这个组织是非营利性的，必须将其税收重新投资于该组织。在很大程度上，它们也是社会团体，受到(美国国税局)的监督，以确保其遵守严格的规章制度)。条款项下的慈善组织和501(3)(4)条款项下的社会福利团体和宗教组织，其年度收入总额为6 214亿美元，支出总额为5 261亿美元。1998年，美国非营利部门创造了国家收入的4.6%，如果加上志愿工作时间，这一比例将上升到6.7%。1998年，美国人口的1/14，即1 090万人为非营利机构工作，加上全职的志愿者，这一数字将上升为美国人口的1/10，即1 660万人。从这些数据可以看出，美国的非营利组织数量庞大，并对美国的经济和社会发展起到了举足轻重的作用。

美国对非营利组织的监督与评估制度反映了美国的特色，同时，它也是美国多元主义体制的一种折射。研究表明，美国是通过政府的监督、独立的第三方评估、同行的互律、媒体与公众的监督和非营利组织的自律这五道防线共同确保非营利组织的非营利性。下面就简要介绍一下这五道防线的内容。

(1)政府的监督。政府是唯一具有法律权威对非营利组织进行监督、管理的部门。美国联邦或中央政府对非营利组织的建立、职能和解散起着重要作用，行政、立法、司法部门各司其职，对非营利组织的生存影响巨大，具体表现为立法部门即国会负责有关非营利组织法律的起草工作；司法部门主要对各种法律上的争议以及对指控违法行为进行裁定；而行政部门则对非营利组织的登记和减免税待遇，特别是对非营利组织的管理与监督起最为主要的作用。

美国非营利组织的注册登记实行的是核准制，即凡是符合美国税法501(C)(3)规定的条件的组织①，一般都有资格申请减免税待遇，在国家税务局取得免税资格以后，非营利组织必须遵守政府的有关法规，否则将受到罚款的处罚。国家税务局每年会抽查或对一些重点免税机构进行审计，对严重违反规定的免税机构，国家税务局将取消他们的免税资格。

总的来说，政府独特的法律权威构成了对非营利性监督的不可替代的第一道防线，但是，仅有政府的监督是远远不够的，因为国家税务局的工作人员毕竟有限，不可能对每一个免税组织进行全面的审计。以1993年为例，该年，国家税务局只审计了不到4 500个非营利组织，不到总数的千分之五。再加上一旦政府管制力度过大，就很容易限制遵纪守法的非营利组织的发展，因此，对非营利组织的监督与评估就必须有来自社会力量的支持。

(2)独立的第三方评估。独立的第三方评估制度是为了弥补政府监督机制的不足，而作为一种替代形式出现的。

---

① 免税组织必须符合的条件：①该机构的运作目标完全是为了从事慈善性、教育性、宗教性和科学性的事业，或者是为达到该税法明文规定的其他目的；②该机构的净收入不能用于使私人受惠；③该机构所从事的主要活动不是为了影响立法，也不干预公开选举。

在美国，较有影响的独立民间评估机构有成立于1918年的“全国慈善信息局”(National Charities Information Bureau，NCIB)，成立于1912年的“更好事务局委员会”(Council of Better Business Bureaus，CBBB)所属的公益咨询服务部(Philanthropic Advisory Service，PAS)和成立于1979年的“福音教会财务责任委员会”(Evangelical Council for Financial Accountability，ECFA)。目前，“全国慈善信息局”和“更好事务局委员会”已经合并，新合并的评估机构名为“BBB明智的捐赠联盟”(BBB wise giving alliance)。

这些独立的民间评估机构的成立宗旨在于促进捐赠信息的提供，其目的是为了督促那些寻求资助的非营利组织遵循其行为规范与道德标准。而它们最主要的工作就是对慈善组织的非营利性进行评估。此外，这些评估机构都制定有相应的组织行为标准，用以规范慈善组织的行为。独立的第三方评估弥补了政府监督的不足，甚至被认为比政府系统的监督更为有效。

(3)非营利组织的同行互律。除政府的他律和第三方评估机构的他律以外，美国确保非营利组织遵循行业内行为规范与准则的另外一种办法就是非营利组织的互律，包括联合会的互律、全国性协会的互律和行业性社团的互律等。同行互律的方式主要有两种，一是制定行业标准，例如，美国基金会理事会(Foundation Council of America)是基金会的联合组织，其理事会由各大基金会的主要负责人组成，他们负责制定本行业的互律条款，每个会员组织则必须遵守这些规范，否则将受到联合组织的制裁，甚至开除其会员资格；二是推行认证制度，例如美国医学协会(American Medical Association)推行的医生资格认证制度、家庭和儿童服务认证委员会(Council on Accreditation of Services for Families and Children)推行的家庭和儿童服务机构的认证制度、美国博物馆协会(American Association of Museums)推行的博物馆资格认证制度等。

同行互律的优势是依靠非营利组织自身的力量对组织行为进行相互监督，从而节约了监督成本，弥补了政府与第三方评估的不足。其缺点在于并非所有的联合会、全国性协会和行业性社团都制定有行为规范与标准，而且，有时互律的效果不太明显，甚至形同虚设。

(4)媒体与公众的监督与评估。媒体与公众的监督与评估是规范非营利组织行为非常关键的一道防线。在美国，媒体的一个主要取向是揭露政府、非营利组织和企业的违规现象，特别是公共部门的失范行为。例如，媒体对原联合之路负责人阿尔莫尼私占募款的揭露，不仅导致阿尔莫尼最终被绳之以法，而且使公众对联合之路的信任也大打折扣，捐款更是一落千丈。

同样，在美国，公众对非营利组织也能起到一定的监督作用。这是因为，第一，美国公众对非营利组织的监督与评估有制度化的渠道。一些政府部门、评估机构和非营利组织自身都设有投诉热线，甚至有专人负责投诉问题；第二，美国的一些网站，特别是评估机构的网站一般都有专门的投诉栏目，专供公众投诉之用。因此，近年来，公众通过互联网对非营利组织的监督作用越来越大。

(5)非营利组织的自律。自律是指通过内部力量对行为主体的监督和约束。它是确保非营利组织非营利性的基础，也是确保非营利性的最后一道防线。自律有多种形式，一种是通过组织内部的治理结构，如设立监事会和专职的监督员，对董事、执行人员的行为进行监督；一种是通过制定各种规章制度，如筹款管理制度、办事程序等预防违规行为；另外就是通过组织的信念、使命促进成员的自律。

自律并不总会起作用，特别是当外部监督缺失时，完全依靠非营利组织的自律是不现实的，甚至没有他律就可能没有自律。因此，往往需要通过他律来制约非营利组织的行为，并通过他律逐步培养非营利组织的自律。当他律的规范成为非营利组织的惯性行为时，他律也可能会转化为自律。

2. 英国的非营利性评估机制与评估标准

英国是欧洲非营利组织最为发达的国家，其对非营利组织的监督与评估属于"行政监督模式"(周志忍、陈庆云，1999)。早在16世纪英国就建立了大法官制，通过大法官监控慈善组织的违规和欺诈行为。17世纪初，英国在大法官制的基础上引入了监督专员制度，强化了对慈善组织的政府规制。17世纪后期和18世纪前期，英国又建立了司法监督制度以取代监督专员制度。然而，由于法律诉讼的成本高、时间长，实际上对慈善组织违反非营利组织道德规范的行为比比皆是。在这种背景下，1860年，英国政府专门成立了"慈善委员会"(The Charity Commission)以监督管理和规范慈善组织的行为，这一制度一直延续至今。

英国慈善委员会的目的是树立公众对慈善活动完美形象的信心。它的主要使命是为英国慈善行为提供最好的规则，包括①有效地满足受益人的需求；②通过委员会的服务为慈善组织提供法律、财会和治理结构的框架；③通过委员会的行为和影响使慈善组织的活动能够随着社会、经济和利益需求的变化而紧跟时代的步伐；④通过咨询、支持和有效、透明的监督为所有慈善组织服务；⑤鼓励或在必要时加强遵从核心规则的要求；⑥预防混乱的管理和可能的滥用行为，并当出现这种情况时迅速而有效地给予纠正。

英国慈善委员会对非营利组织内部的治理结构、投资行为、财务管理和审计制度等提出了许多具体的要求和标准。例如，要求慈善组织说明报告的财政年度、主要活动和成绩、目的、政策、组织结构、组织资产等方面的情况。为确保慈善组织遵守这些规则，英国政府制定了一系列监督和评估制度。如果慈善委员会认为某慈善组织的资产处于危险中，或者存在滥用资金和诈骗的可能，可以立刻采取行动对这样的组织采取相应的处罚措施。

二、中国非营利性评估的制度建设与标准

1. 中国非营利性评估制度的建设

(1)中国非营利性评估制度的现状。严格来说，中国还没有建立对非营利组织非营利性评估的制度。现行的做法主要是通过民政部门和业务主管部门对社会团体和民办非企业单位进行监督管理。而那些在工商部门登记注册和大量没有登记注册的非营利组织(如以公会或专业委员会的名义挂靠在一级社团下)则被排除在现有的监督管理体系之外。

1998年，国务院颁布制定了《社会团体登记管理条例》，对登记管理机关履行的监督管理职责进行了一系列规定，其中真正与国外非营利性评估制度有些类似的是中国的社团年检制度，主要包括社团年检的内容、阶段和程序几个方面。

1)社团年检的内容。社团年检的主要内容如下：

第一，执行法律、法规情况；

第二，开展业务活动情况；

第三，开展经营活动情况；

第四，财务管理和经费收支情况；

第五，机构设置情况；

第六，负责人及工作人员情况能否满足社团运作及发展的需要；

第七，办公场所情况，等等。

2)社团年检的三个阶段。

第一阶段:自我检查阶段,时间为每年3月31日之前。

第二阶段:初审阶段,时间为3月31日至5月31日间。社团的业务主管单位进行认真的调查核实,对社团的工作报告进行审查,提出同意该社团可以继续开展活动,或应给予何种处罚的意见,并签发相应的文件,会同工作报告一起,于5月31日之前报登记管理机关。

第三阶段:正式审查阶段,时间为5月31日至6月30日间。登记管理机关根据社团提交的工作报告和业务主管部门的意见以及所掌握的社团第一手活动材料,依法作出公正和合理的结论,即"合格"或"不合格"的结论。经审查合格的社团可以继续开展活动,而对不合格的社团则要提出相应的处罚意见。

3)社团年检的程序。

第一,由登记管理机关发出有关年检的公告或通知;

第二,社团在规定的时间里领取年检报告书;

第三,社团按规定准备材料,并经业务主管部门审查后,报到登记管理机关;

第四,登记管理机关按规定的年检内容进行检查并审核有关材料;

第五,登记管理机关作出年度检查结论并签署在年检报告书和社团法人登记证书副本上,并加盖年检印鉴。

至于民办非企业单位的监督管理制度,则与社会团体的监督管理制度相类似,主要也是依赖登记管理部门和业务主管部门对其进行年度检查。

(2)中国非营利性评估制度存在的问题。表面看来,中国对社团和民办非企业单位的监督管理制度已经相当完善,不仅包括自我审查、业务主管部门的初审,还包括登记主管部门的正式审查,而且,年检的内容也面面俱到。然而,从这一制度的实际效果以及实践调查来看,却暴露出许多问题,以至于中央不得不三令五申要求加强对民间组织的监督管理。

第一是民政部门的问题。中国很多地方的民政系统没有专门的民间组织管理部门,而且,根据条例规定,民政部门需要对所有民间组织的年检报告进行正式审查,然而实际上民政部门根本不可能对每一个民间组织的年检报告进行认真、细致的审查,而只能是例行公事,走一个过场。因此,登记主管部门很难对非营利组织的非营利性进行准确评估。

第二是双重管理体制存在缺陷。这种管理体制本来是为了弥补登记主管部门监督与评估的不足而实行的。然而,一方面业务主管部门没有精力或不愿意对挂靠的民间组织进行监督与管理;另一方面,很多社团和民办非企业单位与业务主管部门的关系过于密切,例如:有的民间组织的负责人是业务主管部门退休的老领导;有的民间组织的负责人则是由业务主管部门任命,其结果往往导致业务主管部门对民间组织的年检不严格,甚至形同虚设。

第三,媒体对非营利组织非营利性的监督作用非常有限。中国的媒体和舆论监督在很大程度上是作为行政职能的延伸而出现的。虽然媒体对民间组织发挥了一定的监督职能,但"报喜不报忧""多正面宣传、少批评性报道"的现象是普遍存在的。

第四,中国还有一大批根本就没有登记注册的非营利组织。它们不仅没有接受民政部门的监督管理,也没有业务主管部门对其进行监督管理,更没有其他部门对它们进行非营利性评估,从而导致了监督与评估的缺位。

总的来说,中国的非营利性评估制度存在较大局限。这些问题的存在已直接影响到中国非营利组织的社会公信度和资金的筹集,最终将会影响非营利组织的健康发展和政府职能的顺利转变。因此,完善中国的非营利性评估制度已成为当务之急。

(3)关于建立中国非营利评估制度的建议。

第一,从国外的经验看,政府对非营利组织非营利性的评估负有重大责任。例如,美国是通过强势部门国家税务局对非营利组织进行监督与评估的,而英国则是通过权力很大的专门机构"英国慈善委员会"对非营利组织进行监督与评估。这说明,即使在市场经济条件下,政府职能发生了很大转变,但政府对非营利组织监督与评估的职责不仅不能削弱,反而应该加强。

第二,为弥补当前非营利组织的双重管理体制存在的缺陷,对非营利组织进行随机抽查并对重点的非营利组织(如一些有违规前科的非营利组织、规模较大的非营利组织、特别是一些大的基金会,或有经营活动的非营利组织)进行重点审查是十分必要的。一旦发现违规行为,经劝告不改者必须进行严厉处罚。

第三,建立非营利组织的信息公开与透明制度,借助公众的力量对非营利组织进行有效的监督与评估。政府部门应尽快以法律或条例的形式强制要求非营利组织公开有关的信息,对于那些拒绝向公众提供相关信息的非营利组织,将给予必要的惩处。与此同时,也可以通过互联网或电话、邮件的形式建立公众的投诉渠道,从而逐渐形成制度化的、可操作的评估制度。

第四,充分发挥媒体的监督作用,增强非营利组织的监督防线,确保非营利组织的非营利性。

第五,尽快建立对非营利组织进行评估的民间评估机制。当前,可以在加强政府监督与评估职能的基础上进行试点,从而逐步强化民间评估机构的作用。当民间评估机构对非营利组织进行评估时,其评估经费的来源也不宜主要依靠被评估机构提供,而应当从公众、基金会、企业,甚至政府部门筹集。

第六,尽快将那些在工商部门登记注册或未登记注册,实际上却以民间组织名义开展活动的组织纳入非营利性监督与评估的框架之内。当前,中国特有的现象是,一方面,根据社团登记管理条例规定,对于那些未经登记却擅自以社会团体名义进行活动的,由登记管理机关予以取缔,没收非法财产;另一方面,一些组织在工商部门登记注册或没有在任何政府部门登记注册,实际上开展的却是类似于社团的活动。这类组织的资金主要来源于海外的资助或国内企业、基金会的资助[①],而且一般能够"享受"非营利组织的待遇,不纳税或少纳税。然而,这部分组织的非营利性评估却处于缺位状态,因此,政府有关部门应尽快对此问题加以研究,并制定出切实可行的办法。

总之,根据中国的具体国情,目前必须也只有强化政府的监督与评估职能,通过政府的强制力才可能推广对非营利组织的非营利性评估,确保非营利组织的非营利性。与此同时,还必须以媒体和公众的监督与评估为辅,弥补政府监督与评估的不足,将来条件成熟时,还可以逐步完善独立的第三方评估机制,从而构建具有中国特色的非营利性评估制度。

2.中国非营利性评估的标准

(1)中国非营利性评估标准的现状。由于中国还没有严格意义上的非营利性评估制度,因此也没有严格意义上的评估标准,有的只是对社团和民办非企业单位的年检标准。

1)社团的年检标准。

第一,遵守法律、法规和有关政策的规定;

① 根据中国的《公益事业捐赠法》,受赠主体只能是公益性社会团体和公益性非营利的事业单位。

第二，依照章程规定的宗旨和业务范围开展活动，无违法乱纪行为；

第三，财务制度健全，收入和支出符合国家有关规定；

第四，及时办理有关变更登记及机构设置的备案手续；

第五，认真按民主程序办事；

第六，在规定的期限内接受年度检查。

2)民办非企业单位的年检标准。

第一，遵守法律、法规和有关政策规定；

第二，依照章程开展活动；

第三，及时办理有关变更登记或其他手续；

第四，遵守国家规定的财务管理制度；

第五，没有从事营利性等经营活动；

第六，在规定的时间内接受年度检查。

(2)中国非营利组织评估标准所存在的问题。

第一，中国现有的评估标准既不利于帮助捐赠者识别那些有责任的非营利组织，也不利于帮助非营利组织获得公众的信任与捐赠。因为非营利性的评估标准必须有利于引导公众的捐赠行为，真正培育和发展非营利组织。而从中国的年检内容和标准看，其主要目的还在于通过年检对非营利组织进行管制，而不是以引导公众的捐赠为目的，也不是以确保非营利组织的非营利性为目的。

第二，中国民间组织的年检虽然范围广、内容多，但过于抽象笼统，不易于被人接受与理解，缺乏可操作性。以美国 NCIB 为例，它的标准之一是非营利组织只能有一个受薪的董事，且不能担任主席和财务主管。这条标准就非常具体明确。而中国年检中的“是否有违法乱纪行为”的标准就显得过于笼统，难以操作。

(3)建立中国非营利性评估标准的若干建议。

第一，治理结构。为确保非营利组织的工作人员不侵害公众的利益，非营利组织应当将治理层(决策层)和管理层(执行层)分开。非营利组织必须建立董事会(或理事会)，董事必须由独立的志愿人员组成，有投票权的董事的数量应在 5 人以上；直接或间接受薪的董事一般不得超过有投票权的董事的五分之一；受薪的董事一般不能担任主席和财务主管；董事会每年至少必须召开两次以上的会议，参加会议的董事人数必须超过一半以上。

第二，资金的使用与运作。非营利组织每年用于行政的开支和募集资金的成本总和最多不超过每年总支出的 50%，而用于项目或活动的经费至少占每年总支出的 50%以上。

第三，经营收入的比例。非营利组织经营收入占总收入的比例最多不得超过 50%。另外，经营性收入的用途必须向社会公开。

第四，财务与信息的披露。非营利组织必须接受主管部门和业务主管部门的年检，其内容必须包括财务的审计。同时，非营利组织有义务向社会公布年度报告，包括披露组织的财务信息。

第五，劝募的信息。如果非营利组织需要向社会募集资金，那么劝募的信息必须使捐赠者掌握足够的，至少能够用来进行抉择的准确、真实和没有故意误导的信息。

第六，筹资行为。非营利组织的筹款必须遵循自愿的原则，同时尊重捐赠者的保密要求。

第七，非营利组织开展的活动必须与组织的宗旨与使命相一致，即非营利组织是为了实现组织的宗旨与使命而开展项目活动的。

第八，全国性的非营利组织必须提交一份包括总部、分支机构和附属机构(包括下属的经营性企业)财务内容在内的综合财务报告。

第九，非营利组织的所得，成员不得分红。为确保非营利组织的资产不被转为个人资产，非营利组织的受薪董事、秘书长、高级管理人员的年薪应予以公布；普通员工的平均收入水平和志愿者(包括不受薪的董事)的平均补贴或补偿水平也应向社会公布。

三、非营利组织的评估框架

中国非营利组织存在的主要问题是缺乏资金、缺乏人才、能力不足、效率低下和服务质量不高、缺乏变革的动力与活力，违背非营利准则等。而导致这些问题的原因在于中国非营利组织缺乏社会公信度、没有明确的宗旨与使命、缺乏社会力量的监督和行政干扰太大等。因此，评估框架的建立既要解决问题，还要从源头抓起，既治标也治本。所构建的非营利组织评估框架如图 8-1 所示。

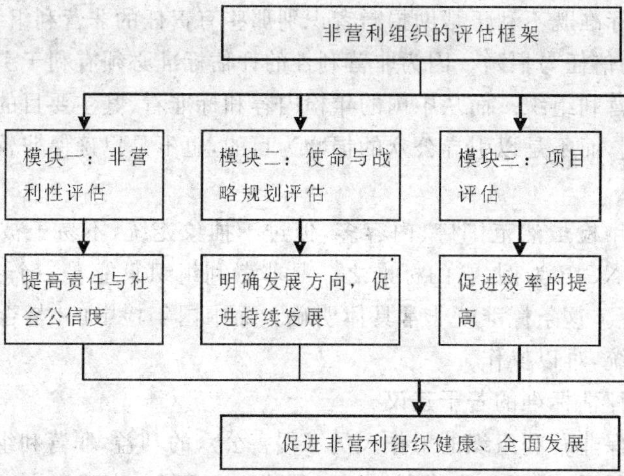

图 8-1　中国非营利组织的评估框架

如图 8-1 所示：整个评估框架由四个子模块组成。

第一个子模块是组织的非营利性评估，即评估非营利组织是否违背了非营利准则。该模块的目的在于通过评估促进非营利组织的责任与社会公信度的提高，解决的主要问题一是非营利组织的筹款难题，二是在于弥补政府监督的不足。前者主要是针对公众信任缺乏，不愿捐款的问题，这种评估不仅可以为捐赠者提供捐款信息、指南，而且也可以为非营利组织的发展提供导向；后者的功能体现在当政府职能转变与非营利组织自治性增强时，可以促进组织的责任。通常情况下，对非营利组织的非营利性评估属于外部专家评估，一般由独立的第三方进行，以保证评估的客观性、公正性和科学性。

第二个子模块是非营利组织使命与战略规划的评估。该模块的目的在于通过评估明确组织的发展方向和发展战略，解决的主要问题是非营利组织如何发展规划、增强组织凝聚力、吸引人才等问题。例如，当前中国许多非营利组织都抱怨难以留住或吸引人才，这与大多数组织不是靠使命与愿景增强组织的凝聚力、吸引人才，而是一味靠工资收入、福利待遇吸引人才有关。因此，通过使命与战略规划评估可以帮助非营利组织明确发展的方向，吸引人才。通常，使命与战略规划评估属于组织的自我评估，由组织内部员工实施，当然，有时也可以请外部专家参与。

第三个子模块是非营利组织项目评估，该模块的目的在于通过评估促进非营利组织的效率与服务质量。近年来，中国非营利组织开展的项目越来越多，例如“希望工程”“幸福工程”“春蕾计划”等，但是由于缺乏现代项目管理的方法、技能，项目实施的效果并不理想，有的甚至效率低下，其中一个主要原因就是由于缺乏项目评估。通常，项目评估属于外部专家评估，尤其是一些大的捐赠者会组织专家对项目进行评估。

第四个子模块是组织能力评估。该模块的目的在于通过组织能力评估促进非营利组织达成使命的能力增强。它试图解决的是长期以来中国非营利组织能力欠发达的问题。从实际调查中可以发现，一些运作型的非营利组织往往缺乏持续发展的能力，在项目结束后，组织也随之衰弱，以致消亡。其原因与资助机构只注重资助项目、只关注项目质量而忽略非营利组织自身能力建设有关。通常，组织的能力评估属于自我评估，由组织内部人员完成。

总起来说，每个子评估模块都试图解决某一个问题，各个子评估模块既相互独立，又构成一个相对有机的整体。需要说明的是，以上四个子模块解决的并非同一层面的问题。有的重在治本，有的重在治标。评估毕竟只是解决问题的一种手段，并不能解决所有的问题。因此，当构建评估框架时，首先考虑的是通过某个子评估模块解决原因层面的问题，当评估无法解决原因层面的问题时，再考虑通过其他的子评估模块解决原因层面的问题。

四、非营利组织评估的指标体系

评估的指标体系是评估系统的重要组成部分。由于评估任务的完成最终体现为评估指标的测度值，因此，筛选评估指标和构建评估指标体系在整个评估系统中占据了举足轻重的地位。

1. 指标的概念

较早提出“指标”这一概念的雷蒙·鲍尔在《指标》一书中认为：“指标是一种量的数据，它是一套统计数据系统，用它来描述社会状况的指数，制定社会规划和进行社会分析，对现状和未来做出估价。”联合国 1979 年编制的《发展中国家社会统计的改进》一书中认为，指标是：“反映社会制度重大方面的状况的时间数列的统计”；联合国教科文组织认为，指标是“通过定量分析评价社会经济生活状况的变化”。1982 年，英国迈尔斯博士在《用于度量人类发展水平的指标》一书中认为：“社会统计（狭义理解）研究的是人们的生活条件，它包括政治、思想和法制方面及居民生活水平特点的指标。”其他国家也都是以围绕社会发展和社会生活这一主题来设计指标的。

概括而言，指标就是反映总体现象的特定概念和具体数值。它是衡量和监测社会发展、评估社会进步和揭示社会问题的重要量化手段。

2. 指标体系的定义与功能

指标不是一个个孤立存在的，它总是作为一个体系建立起来并发挥作用的。所谓指标体系，指的是根据研究的目的和需要，将有内在联系的、有代表性的重要指标科学地、有机地组合成指标群。

指标体系的功能大致可概括为以下几方面：

第一，评价经济和社会是否协调发展，研究社会结构、人口素质、经济效益、生活质量、社会秩序等方面的相互关系和发展变化情况，并对其社会效益和社会影响进行综合评价。

第二，监测和揭示社会发展过程中的社会矛盾、社会问题、各阶层利益分配等问题，并分析产生矛盾和问题的原因，及时提供给政府有关决策部门，以便采取对策。

第三，进行国际间、地区间、部门间社会发展水平的评价和比较，从比较中找出差距和薄弱环节，并分析落后的原因。

第四，进行社会发展趋势的分析，制定社会政策；利用预测手段制定社会发展战略和规划，对社会进行有效的宏观管理。

第五，评估性指标体系还具有导向作用和激励功能。所谓导向作用是指评估指标体系的设立和使用，会引导评估客体的有关人员重视所评估的内容，并朝评估标准的方向发展；所谓激励作用是指评估的结果会对评估客体产生巨大的影响，对评估客体的组织或个人产生激励作用，从而使事物朝预期的目标发展。

3. 建立评估指标体系的原则

评估指标体系是根据所提出的目的、任务和对信息资料的实际需要，在对所研究的对象进行初步理论分析的基础上建立起来的，从而确定需要进行评估研究的各种现象及其总体的内容、本质、属性和特征。然后，根据评估研究的目的、任务和所要反映的现象的总体属性特征，有选择地规定一系列标志，作为反映这些属性特征的工具，并据以形成各种指标和指标体系。

构建评估指标体系必须遵循以下几条基本原则：

第一，目的性原则。任何指标体系的设计，都是为了一定目的、一定需要服务的。因此，当确定每一个单项指标时，都应考虑此项指标在整个指标体系中的地位和作用，依据它所反映的某一个特定研究对象的性质和特征，确定该指标的名称、含义和口径范围。

第二，科学性原则。指标体系总体结构设计是否合理，直接关系到评估的质量。因此，当设计指标体系时，应尽可能在理论上有科学根据，在实践上切实可行。这样，评估指标体系才能正确揭示事物现象的本质，从而为社会政策和社会管理服务。

第三，可比性原则。评估的目的之一就是通过比较判别优劣。因此，在构建评估指标体系时应尽量注意可比性问题。可比性包括两个方面：一是横向可比性，一是纵向可比性，因此，应尽量选择含义明确、口径一致的评估指标。

第四，系统性原则。系统性指的是指标体系内部指标之间具有一定的逻辑关系，而不是杂乱无章的罗列，即设计指标体系时，应尽量考虑研究对象各方面的有机联系，这样才能综合而全面地认识社会现象之间的数量关系和内在规律。

第五，既全面又精简的原则。所谓全面性是指指标的设计应尽可能从不同的侧面反映事物的全貌；精简性是指尽可能删除相互重复的指标，并用尽可能少或数据收集成本低的指标反映尽可能多的信息量。具体来说，就是根据经验或数学方法（如系统聚类分析方法）等，尽可能删除不必要的指标。举例来说，对于在意义上相似的指标，应只选择一个主要指标作为类指标来反映所评估的内容；对于性质虽然存在差异，但却存在高度相关关系的指标也应根据具体情况加以筛选。

第三节　非营利组织评估的方法

从目前国际和国内流行的评估方法来看，评估中常用的方法主要有逻辑框架法、对比法、快速农村评估法、参与式评估方法和综合评估法等。下面对这几种评估方法分别作一介绍。

一、逻辑框架法

逻辑框架法（Logical Framework Approach，LFA）是评估中最常用的方法之一，一些国际组织和金融机构在援助项目中要求必须采用这种方法进行评估。

1.逻辑框架法的概念

逻辑框架法就是根据事物的因果逻辑关系，用一张简单的框图（4×4 矩阵）来清晰地分析一个复杂项目的内涵和关系（见表 8－1）。逻辑框架法的作用在于使一个复杂的问题变得简单化、合理化。

表 8－1　逻辑框架法的模式

项目结构	指　标	检验方法	假　设
宏观目标	目标指标	统计调查	实现目标的条件
微观目的	目的指标	统计调查	实现目的的条件
产出	产出物指标	监测报表、调查	实现产出的条件
投入	投入物指标	监测报表、调查	落实投入的条件

2.逻辑框架法的层次和逻辑关系

如表 8－1 所示，逻辑框架法把目标和因果关系划分为四个层次，四个层次之间又形成了自下而上的垂直逻辑关系和各层次内部的水平逻辑关系。

（1）四个层次。

1）投入（Input）是指项目实施过程中所投入的人力、经费、设备和时间等资源。例如：一个培训项目的投入可以是 3 名教师、5 名工作人员、3 万元资金、10 台电脑和 2 个月时间等。

2）产出（Output）指的是项目投入的直接产物。例如：一个培训项目的产出可以是培训了多少人数，一个宣传项目的产出可以是制作了多少广播节目、宣传画等。

3）目的（Purposes）是指“为什么”要实施这个项目，即项目的直接效果。例如：通过培训使目标群体掌握某种知识，通过宣传使公众受到某些方面的教育等。

4）目标（Goal）是指项目实施后在最高层次的结果。宏观目标一般超越了项目的范畴，是指国家、地区、部门的整体性目标。例如，促进社会经济的可持续发展。

（2）垂直逻辑关系。逻辑框架法的四个层次之间形成了一种自下而上的逻辑关系，即一个项目的人力、物力、资金等资源投入在什么条件下将有怎样的产出；有了这一产出，在什么条件下可以达到项目的微观目的；达到项目的微观目的后，在什么条件下可以达到宏观目标，如图 8－2 所示。

（3）水平逻辑关系。垂直逻辑关系表明的是各层次之间的关系，而水平逻辑关系显示的则是每个层次目标水平方向的构成关系，由验证指标、验证方法和重要的假定条件等几方面组成。

1)验证指标。验证指标应尽可能是客观的、可度量的,包括数量与质量指标。通常在事后评估时应具有三个数据,即原来的预测值、实际完成值、预测与实际的差距值。

2)验证方法。验证方法主要指数据的来源,数据来源既可以是监测数据,也可以是调查数据。另外,验证方法还包括检验的方法。

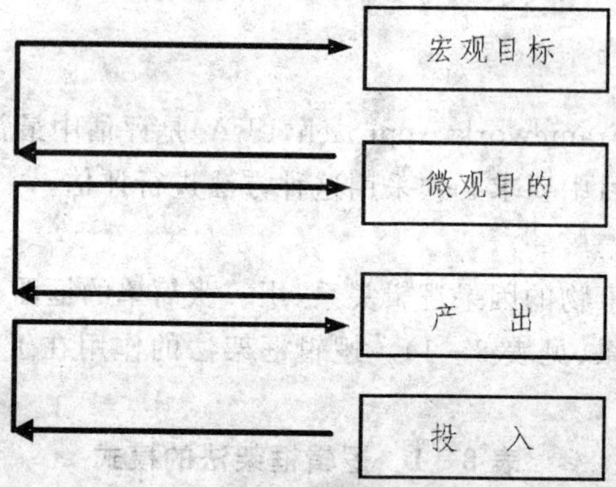

图 8-2　垂直逻辑中的因果关系图

3)重要的假定条件。假定条件主要指可能对项目的进展或成果产生影响,而项目管理者又无法控制的外部条件,也就是风险。即假设解决了所需的外部条件或控制了什么风险,可达到什么样的结果。一般的,失控的发生有多方面原因,首先是项目所在地的特定自然环境及其发生的变化,例如扶贫项目中常遇到的水灾、旱灾等;其次是政府在政策、计划、发展战略等方面的变化或失误给项目带来的严重影响;此外,由于管理部门体制所造成的问题,使项目投入产出与其目的、目标相分离也是一个不确定因素。需要注意的是,项目的假定条件很多,一般应选定其中几个最主要的因素为假定的前提条件。通常,项目的原始背景和投入产出层次的假定条件较少,而产出与目的层次的不确定因素较多,对目的和目标层次的影响较大。

在建立了逻辑框架之后,就可以较为清楚地进行评估工作。例如,当评估项目效果时,可以根据逻辑框架建立的检验方法和目的指标,计算项目实施后的目的指标值,并与预期的指标值比较,如果预期指标值基本达到或超越,则可以评价项目的效果较好或很好,否则就评价项目的效果较差或很差。与此同时,还可以通过逻辑框架建立的假设条件分析项目效果好坏的原因。

3. 逻辑框架法的运用

逻辑框架法可以运用于非营利组织几乎所有的项目评估中。这里以中国计划生育协会(简称"计生办"下同)实施的"为城市青年提供紧急避孕宣传"项目为例进行分析。

1997 年,中国计生协在国际计生联的资助下,在北京市开展了"为城市青年提供紧急避孕宣传"项目。假设现在需要对该项目进行评估,那么此时就可以进行逻辑框架分析。

首先,画出一张 4×4 的矩阵(参见表 8-1)。然后开始填充其中的内容。第一步分析第一个层次,即项目投入。该项目的投入包括资金、设备、时间、开展宣传与培训活动等方面;它的测度指标是国际计生联提供的资金额、计生协提供的资金额、项目期限、宣传与培训次数;获得这些指标数据的途径是日常的监测数据、财务报表和中期检查数据;而实现投入的前提条件是项目申请被批准，有资金计划并得到批准，有宣传、咨询和培训计划并得到批准。

第二步分析项目的第二个层次，即项目产出。该项目的产出包括制作的宣传品、培训人数、宣传与咨询人次等；衡量产出的指标包括电视与广播宣传节目数量、报刊杂志宣传数量、紧急避孕宣传资料份数、紧急避孕方法手册份数、紧急避孕人人须知份数、接受咨询的人次、接受为期 2 天的关于紧急避孕和项目管理基础知识培训的区级协会项目管理人员数，以及宣传与咨询技巧方面培训的人数等；这些指标数据的来源为监测报告、宣传咨询与培训计划；而实现产出的条件为资金及时到位、有专人负责项目、职员与志愿者积极参与、有必要的师资和教材、相关部门的配合。

第三步分析项目的第三个层次，即项目微观目的。项目的微观目的是为了提高目标群体紧急避孕的知识及使用；实现微观目的的指标包括目标群体紧急避孕的知情率、所获知识的正确率以及紧急避孕的使用率；指标数据的来源为问卷调查、中期考核报告；实现微观目的的条件为按计划举办培训班、开展宣传活动、提供咨询服务、宣传形式恰当、内容正确、服务态度好、技巧高。

第四步分析项目的第四个层次，即项目的宏观目标。此项目的宏观目标是避免非意愿妊娠的发生，减少、降低人工流产率，达到保护女性生殖健康的目的；实现宏观目标的测度指标是非意愿妊娠发生率、人工流产率、妇女病发生率；指标数据的来源为卫生部门、计生部门和统计部门的统计资料、调查资料等；实现宏观目标的条件是项目按计划实施并完成、项目评估结果及时反馈，从而完善后续项目、项目经验和创新模式，使之在较大范围得到推广。

在四个步骤完成后，便可以完成逻辑框架分析图（见表 8－2）。此时，对于评估者来说，不仅有了投入、产出、目的、目标评估的指标，也有了分析项目成功与失败的因果关系，从而便于找出原因，得出结论。

表 8－2　“为城市青年提供紧急避孕宣传”项目逻辑框架法分析图

项目结构	指标	检验方法	假设条件
宏观目标 1. 避免非意愿妊娠的发生。 2. 减少、降低人工流产率。 3. 达到全面提高女性生殖健康的目的	1. 非意愿妊娠发生率。 2. 人工流产率。 3. 妇科病发生率。	1. 卫生部门、计生部门和统计部门的资料。 2. 调查资料	1. 项目按计划实施并完成。 2. 项目评估结果及时反馈，从而完善后续项目。 3. 项目经验和创新模式在圈套范围得到推广
微观目的 1. 提高目标群体紧急避孕的知识。 2. 提高目标群体紧急避孕的使用	1. 目标群体紧急避孕的知情率。 2. 目标群体所获知识正确率。 3. 目标群体紧急避孕使用率	1. 问卷调查。 2. 中期考核	1. 按计划举办培训班、开展宣传活动、提供咨询服务。 2. 宣传形式恰当、内容正确。 3. 服务态度好、技巧高

续表

项目结构	指标	检验方法	假设条件
产出 1.宣传品。 2.培训工作人员。 3.提供咨询服务	1.电视与广播宣传节目数量(3份)。 2.报刊宣传数量(3份)。 3.紧急避孕宣传资料(3 000份)。 4.紧急避孕方法手册(2 000份)。 5.紧急避孕人人须知(4 000张)。 6.接受为期2天的关于紧急避孕和项目管理基础知识培训的区级协会项目管理人数(8名)。 7.接受为期2天的紧急避孕基础知识、宣传与咨询技巧方面培训的人数(24名宣传人员、24名技术服务人员)。 8.接受咨询的人次	1.监测报表。 2.宣传、咨询与培训计划	1.资金及时到位。 2.有专人负责项目。 3.职员与志愿者积极参与。 4.有必要的师资、教材。 5.相关部门的配合
投入 1.资金。 2.设备。 3.时间。 4.宣传、咨询与培训	1.国际计生联投入81 000元。 2.中国计生协投入19 000元。 3.为期半年。 4.开展各类宣传、咨询活动次数。 5.举办各类培训班次数。	1.项目监测报告。 2.项目财务报告。 3.中期检查报告	1.申请项目被批准。 2.有资金计划并得到批准。 3.有宣传、咨询计划并得到批准。 4.有培训计划并得到批准

注:资料来源:邓国胜,著.非营利组织评估.北京:社会科学文献出版社,2001年版.

二、对比法

对比法是评估活动中经常采用的方法。如果说逻辑框架法是评估中定性分析的方法,那么对比法则是评估中定量分析的方法。一般情况下,在通过监测报告、问卷调查等方式得到了投入、产出、目的、目标指标的数据后,往往还不能判断这一指标值的高低、好坏,还需要有一个参照对象,通过比较各类数值才能做出判断,得出评估结论。对比法就是通过比较发现差异与成效的方法。

对比法有很多类型,其中主要有前后对比法、有无对比法和综合对比法等。

1.前后对比法

前后对比法就是将项目实施前的情况与项目完成后的情况进行对比,以评估项目效果的方法。前后对比法的公式为

$$P=I2-I1$$

其中,P代表项目效果;$I2$代表项目完成后的情况(即项目组后测值);$I1$代表项目实施前的情况。

例如，A 地性传播疾病发生率较高，于是当地计生协会开展了一个培训项目，以增进目标群体预防性传播疾病的知识。对该培训项目的评估，就可以采用前后对比法。首先，需要在实施培训项目前，对培训对象的预防性传播疾病知识进行测验，了解他们对有关知识的知晓率，如"相互借用毛巾可以传播性病"的知晓率。然后，在培训结束后，再对他们预防性传播疾病知识进行测验，通过项目实施前与实施后知晓率的变化评估项目的效果。

这种评估方法看起来简单易行，但实际操作时，还需要注意以下问题。

首先，评估中缺乏前测值。非营利机构由于缺乏资金，在项目实施前往往不进行前测，而在项目完成后，为了评估项目的效果才进行后测。此时由于缺乏对比的基线，无法进行判断，从而为评估工作带来困难和麻烦。因此，非营利组织在一些重要的大型项目中，必须注重前测或基线调查工作。

其次，前后对比法本身存在局限。由于影响项目结果的因素往往较为复杂，除项目实施本身会影响结果外，还有许多项目以外的因素也经常会影响到项目完成的结果。也就是说后测与前测值之差可能并不完全代表项目实施的结果。例如，B 地 1996 年开始实施"幸福工程"，在工程实施之前贫困率为 50%（前测值），实施"幸福工程"2 年后，1998 年贫困率降为 30%（后测值），因此，根据前后对比法，可以得出评估结论："幸福工程"的实施使得 B 地 2 年间贫困率减少了 20%（后测值减去前测值）。然而，该地贫困率下降可能还与当地外出打工人口增加、交通设施改善等因素有关，因此，从 1996 年到 1998 年 B 地贫困率下降 20%并不一定完全是"幸福工程"的结果。要解决这一问题，可以采用有无对比法。

2. 有无对比法

有无对比法是选定一个与项目组近似的但未实施项目的对照组（即控制组），通过项目组实施项目的结果与没有实施项目的对照组结果进行对比，从而评估项目效果的方法。有无对比法的公式为

$$P = I2 - C2$$

其中，P 代表项目效果；$I2$ 代表项目完成后的情况（项目组后测值）；$C2$ 代表对照组同期的情况（对照组后测值）。

仍以 B 地"幸福工程"为例。如果 B 地项目外的影响因素较多，为防止采用前后对比法可能产生的较大误差，要评估 B 地"幸福工程"的实际效果，需要进行有无对比。首先选择一个对照组，其他条件与 B 地相近，但没有实施"幸福工程"的 C 地。假定 B 地在项目实施后，1998 年贫困率为 30%，而对照组虽未实施"幸福工程"，但由于整个国家社会经济的发展，1998 年的贫困率为 45%，因此，可以认为，B 地实施"幸福工程"的实际效果是使贫困率减少了 15%。

可见，采用前后对比法和有无对比法进行评估，结果有时相差很大，甚至可能会得出相反的结论。因此评估时，要特别慎重选择评估的方法。在项目的结果一般只受项目因素影响，而很少受到其他非项目的外部因素影响的情况下，可以选择前后对比法；当项目结果除受项目因素影响外，还受许多非项目的外部因素影响的情况下，适宜于采用有无对比法。

由于有无对比法需要同时对项目组和对照组进行测度，往往会增加评估的费用和时间，特别是当对照组与项目组距离较远时。因此，当评估经费有限，预算的评估时间较短时，适宜于采用前后对比法。另外，由于有无对比法不需要前测值（前提条件是假定项目组和对照组的基线值相同），因此，在缺乏前测值的情况下，可以采用有无对比法。

然而，有无对比法也有一个较大的局限，即它假定项目组和对照组的基线值相同，而在实

际生活中，这一假定条件往往并不存在，尤其是当项目组和对照组基线值相差较大时，采用有无对比方法有较大误差。这时，则可以采用另一种对比法，即综合对比法。

3. 综合对比法

综合对比法是通过比较项目组前后测之差与对照组前后测之差以评估项目效果的方法。有无对比法的公式为

$$P=(I2-I1)-(C2-C1)$$

其中，P 代表项目效果；$I2$ 代表项目组后测值；$I1$ 代表项目组前测值；$C2$ 代表控制组后测值；$C1$ 代表控制组前测值。

仍以"幸福工程"为例。如果试验组 B 地和没有实施"幸福工程"的控制组 C 地起始条件并不相同，B 地 1996 年的贫困率为 50%，而 C 地 1996 年的贫困率为 55%，因此，根据综合对比法的计算，有

$$P=(I2-I1)-(C2-C1)=(30\%-50\%)-(45\%-55\%)=-10\%$$

即 B 地实施"幸福工程"的真正效果是 2 年来使 B 地贫困率下降了 10%。

需要注意的是，虽然综合对比法相对准确，但由于这种方法既需要项目实施组与对照组的前测值，也需要后测值，对评估经费与评估时间的要求更高，这对于非营利组织来说负担较大。因此，在非营利组织的实际评估过程中，综合对比方法并不经常使用。

三、快速农村评估法

从 20 世纪 70 年代末期开始，一种新型的评估方式逐渐替代了部分正规的社会调查评估方式。这就是快速农村评估(Rapid Rural Appraisal，RRA)。这是一种建立在人类学、社会学非量化资料的技术基础之上的方法，可以说是一种快速而不断学习的评估方法。由于传统评估方法对数据质量要求较高，通常需要进行严格的抽样调查，因此，评估成本较高，特别是评估时采用综合对比法收集数据时更是如此。有人认为，这种问卷调查的评估方式对非营利机构是一个沉重的负担，于是，快速农村评估法便应运而生了。这种方法的实施步骤如下：

首先，采用多学科小组，包括评估学、社会学、经济学、人类学或其他相关专业的人员，小组成员一般包括捐赠者代表、非营利组织的代表、评估专家，有时还可以请政府代表参与进来。

其次，收集三角信息。利用正式的、非正式的、不同专业的方法收集同一种信息，例如采取观察、直接参与、小组访谈等不同形式讨论同一主题，而不是通过正规的问卷调查或访谈调查等单一方式收集信息进行评估。收集三角信息的优势在于可以较好地确保信息的真实性。

再次，评估中避免主观偏见。快速农村评估法通过在调查中仔细倾听、深入调查，力争用认真、慎重的态度纠正主观偏见，从而获得真正反映实际状况的信息，并通过调查不断学习。

另外，调查直接面向受益群体。评估者通过直接观察、小组访谈等一系列方法，直接与受益群体接触、获取信息，了解目标群体的看法，并通过与受益群体的直接接触不断学习。

快速农村评估法与正规评估调查相比，具有见效快、费用低、提供的资料丰富等优势。它特别适用于评估时间紧迫、预算的评估费用较少的情况。因此，一些规模较小的非营利组织更适合采用这种方法进行评估。

四、参与式评估法

参与式评估法(Participatory Rural Appraisal，PRA)是当前国际上最为流行的评估方法

之一，是以快速农村评估法为基础产生的一个重要分支。这种方法的评估调查更多依靠受益者自身，依靠他们对项目反映的信息和评估。评估者可以通过这一方法很好了解受益者的需求，受益者优先考虑的问题等。

参与式评估是指项目管理人员和受益者共同组成评估小组，通过对项目管理的系统评估，调整、重新制定项目的目标或方案，重新进行组织机构安排或调配资源的一种方式。这种评估方法要求受益者参与评估全过程，包括评估指标的选择、设计数据收集系统、收集和整理数据、分析结果、将评估信息用于目标实现等步骤，而不是传统的由专家或项目管理人员得出评估结论。参与式评估的最大特色是打破了传统的思想认识和评估方式，不是“自下而上”的一味迷信上级和专家权威的评估，而是鼓励受益者对评估过程、管理过程进行参与，充分调动受益者的积极性。

采用参与式评估法需要遵循的原则：

第一，参与式评估寻求多样化、尊重差异。参与式评估着重寻求的是不同人的经验，而不是寻求一大群人的一般性经验。因此，参与式评估有义务考虑少数人、特别是弱势群体的知识、经验和观点。

第二，参与式评估是一个分享的过程。参与式评估法认为，信息不仅从当地人流向外来评估者，而且也是一个从外来者流向当地人的双向过程，所以要特别注重外来评估者和当地人之间信息的交流与分享。

第三，参与式评估重视协助。参与式评估不仅寻求多种观点，而且应协助、鼓励受益者表达他们自己的真实情况，而不应被外来评估者的观点所左右。

第四，参与式评估是一个灵活的学习过程。参与式评估应被看作是学习的过程，而不仅仅是考核、监督的过程。要通过参与式评估不断总结经验教训，探索提高组织能力与项目绩效的方法。

第五，参与式评估具有很强的实用性。参与式评估没有必要了解某人的生活细节，而只需了解与行动相关的信息，它通过讨论自身能催化受益者采取行动来改善他们自己的生活。

参与式评估通常在项目早期，即项目鉴别阶段就开始应用。这样做可以使受益者在参与的情况下，真正按照自己的需求、本地的资源条件、受益者可接受的或本地行之有效的服务技术与服务方式，研究选择项目。在项目监测与评估阶段，参与式评估也有助于真正揭示项目实施的变化、找出原因，采取措施，为项目的持续实施提供必要的反馈信息，并为后续项目提供经验。

五、综合评估法

综合评估法是根据评估各项指标的评价结果对计划、项目或政策做出最终评价结论的方法，也就是通常所说的综合打分法。综合评估法的类型很多，这里仅以“成功度评估方法”为例作一介绍。

成功度评估是用逻辑框架分析的目标实现程度为基础所进行的全面系统的评价。一般可以根据指标值的大小将成功度分为五个等级。

第一级是完全成功的，它指各项目标都已全面实现或超过预期值，可以打 5 分。

第二级是成功的，它指大部分目标已经实现，可以打 4 分。

第三级是部分成功的，它指实现了原定的部分目标，可以打 3 分。

第四级是不成功的，它指实现的目标非常有限，可以打2分。

第五级是失败的，它指目标是不现实的，或无法实现的，可以打1分或根据具体情况打0分。

评估者可以首先在评估的指标栏内列出所有的评估指标；其次对指标的重要程度进行分析，确定哪些指标需要保留、哪些指标可以删除。在保留的指标中，如有必要还可以根据指标重要程度的大小确定各指标的权数值；然后根据各指标的成功度打分；最后根据各指标的权数值和成功度分数加权，得出总成功度的分数。

本章小结

20世纪80年代以来，非营利组织在全球范围内迅速兴起，"小政府、大社会"目标模式的确立和社会主义市场经济体制的建立，为中国的非营利组织带来了巨大的生存与发展空间。然而，在中国非营利组织面临前所未有的机遇的同时，也面临许多问题与挑战。例如，非营利组织缺乏责任机制和社会公信度，缺乏竞争机制和效率，缺乏组织能力和持续性等。这些问题的存在已成为中国非营利组织发展的瓶颈，它不仅关系到事业单位的顺利改革、政府采购社会服务的推行，也关系到改革开放的成败。而要突破这一瓶颈，一个重要而有效的手段就是建立非营利组织的评估制度，以评估促进发展。

本章正是在这一认识的基础上，对中国非营利组织的评估框架、评估标准和评估方法进行了阐述，提出了相应的政策建议。首先，阐释了评估的概念、类型以及非营利组织评估的重要性和必要性；其次，对非营利组织评估框架和评估的指标体系进行了构建；接着，又列举了非营利组织评估的几种主要方法，包括逻辑框架法、对比法、快速农村评估法、参与式评估法、综合评估法。当然，本章所阐述的非营利组织项目评估框架和评估指标体系大量参考了建设项目评估的成熟理论与方法，而建设项目与公益项目毕竟是有很大差别的，二者在评估框架和评估的指标体系方面是否差异很大或差异很小，还是今后研究工作中需要深入探讨的问题。

专业名词中英文对照

逻辑框架法	Logical Framework Approach, LFA
快速农村评估法	Rapid Rural Appraisal, RRA
参与式评估法	Participatory Rural Appraisal, PRA
综合评估法	Integrated evaluation method
对比法	Correlation method

思 考 题

1. 评估的概念是什么？有哪些主要类型？
2. 非营利组织评估的重要性和必要性分别体现在哪些方面？
3. 阐释中国非营利组织评估框架的建立。
4. 指标的概念是什么？指标体系指什么，有哪些功能？建立指标体系需要遵循哪些原则？

5. 非营利组织评估的方法有哪些？

案例：巴里敦社区资源中心的评估之路

巴里敦社区资源中心位于都柏林市北部郊区的巴里敦地区，该社区与都柏林市周边的其他社区极为相似，已拥有25年的历史，有大约2.2万人，其中绝大部分都在由当地政府兴建的房屋内居住。他们当中的许多人都是从市区迁移到该地的。直到最近，巴里敦才形成一个明显的社区认同。失业率出人意料的高，相当于全国平均水平的3倍(40%～50%)。该社区存在着所有与高失业率有关的社会问题：吸毒、酗酒、破坏公共财产、飙车、贫穷和较少的教育机会。

巴里敦社区资源中心是1985年由当地卫生管理组织创立的，位于一座巨大的18世纪房屋中，该房屋曾经被用作儿童收养院。巴里敦社区资源中心当时所宣称的首要任务是"为生活在巴里敦地区的家庭提供前沿的、以社区为基础的预防性服务"，他们相信"那里确实存在着要为濒临危机边缘的家庭提供服务的需求"。

该组织拥有当地卫生管理组织提供的21.9万英镑预算经费。它还利用其他渠道筹集了一些资金，用以聘用额外的员工和举办活动。最近，它受益于一个政府社区就业计划，为该组织提供了20个兼职工作岗位。在该组织中有许多从事兼职工作的大学指导教师：总体来说，该中心共有大约100名领薪工作人员。其每年的预算经费约为32万英镑。

然而，巴里敦社区资源中心的结构不太容易被外人所理解。管理委员会的不同成员只了解该组织的不同部分，似乎没有谁了解整个组织的情况。导致这种混乱局面的主要原因是该组织在近年来发展迅速，发现新的需求后就成立新的小组去满足它。这种混乱和条理不清也是导致组织寻求咨询的原因之一。

该委员会还想正式担当涉及当地卫生主管组织的管理角色，为了实现这一目的，它想对其正在管理的这个组织有一个清晰完整的认识。因此，管理委员会决定聘请一名专家来帮助它们对中心开展的所有活动做一个自我评估。

管理委员会进行自我评估目的有三个方面：

(1)对中心开展的所有活动以及它们在顾客/组织心目中的效果有一个清楚的认识；

(2)根据评估结果为巴里敦社区资源中心指出一个明确的发展方向；

(3)在评估过程中，了解自己作为一个管理团队的个性特点。

指导组由专家、项目领导人、一位专职工作人员和一位志愿者组成。它与管理委员会达成一致，同意该自我评估工作将对14个小组进行数据采集。他们将对整个小组进行为期半天的访谈，小组可以采用不同的方式来表述自己。在有些访谈中，小组的全体成员、用户和组织者都出席了会议。在其他访谈中，只有组织者参加了会晤。指导组内的三位内部成员轮流陪同专家一起访谈。数据采集的时间为五个月。

指导组召开了四次会议，以分析从访谈中所取得的数据。他们在这个过程中总结出以下几个要点：

(1)每个小组在不同程度上都形成了自己的内部管理结构；

(2)许多人隶属于几个不同的小组；

(3)在结构方面，除了项目领导人外，大多数小组成员都不清楚管理委员会的角色；

(4)项目领导人享有实际的领导权；

(5)也许，其中最有意义的一点是，人们感到该中心“已经饱和得快要爆炸了”。

(6)该中心还没有建立与其他近期刚发展的机构之间的明显的联系；

(7)该中心为在巴里敦地区的工作实行了一种社区发展方法，但是就整体来说，它只是很低程度地参与了社区的发展。

当说到有关巴里敦社区资源中心的这一切时，评估小组指出，提出咨询服务的请求，目的是为了帮助该组织形成一幅有关其现状的清晰图像，并为其未来的发展指明一个方向，这一点很重要。管理委员会在指导组的协助下，能够分析和开始思考开发一种外向型的真正的授权文化，同样重要的是，开始对自己进行重组，使其成为一个开放系统。管理委员会发现与工作假设打交道并不是特别困难的。这也许是因为它详细解释了该委员会已经隐约感受到的一个问题，即它不能再用以前的方式来满足当前受益者日益增长的需求了。

指导组为自己制定了一套分析程序，从最初阶段整理大量来自访谈的原始资料开始，经过分析逐渐提炼出中心要点，再到最终清楚地阐明工作假设。指导组决定采用一套相似的程序为管理委员会提供信息反馈，这将有助于管理委员会从中获得一些有关这项分析任务的体验。指导组通过邀请管理委员会按照他们在分析过程中所采取的相同方式，逐步对数据进行处理，慢慢理清思绪，最终为自己提炼出主要问题。

他们通过自我评估确定了四个主要问题：

(1)该组织需要澄清其与社区发展有关的首要任务。这一点必须与当地卫生主管当局协商确定。在这一过程结束后，它将发现其首要任务并非与社会变革直接相关，而是关于个人和群体的发展。如果它以那些所有受益于这一过程的人为服务对象，则它仍然有必要使自己发展成为一个开放的系统。

(2)与此相关的是，该中心被明确地确认为一个处于初级阶段的中心，所做的就是帮助当地的受益者迈出走出孤立、获得自信的第一步，该中心可以开发和把一些资源分配给第二阶段，但是它只能为第一阶段的参与者提供食物配给。通过促进人员流动，该中心可以继续向社区里那些还未迈出第一步的人推销自己。

因此，它需要建立一种超越中心范围的文化或发展观念。它要努力与当地的其他资源中心建立联系，让人们能够选择继续发展或者参与社区事务。后一种可能性更多地涉及社区发展的社会变革事务。

(3)很显然，缺乏完善的管理结构是造成对首要任务理解模糊、系统封闭和职权不清的因素之一。

(4)项目领导人的角色将受到任何可能出现的变化的严重影响，而这需要通过一种综合的方式才能实现。

资料来源：[美]罗伯特·T.安伦比威斯基.非营利组织管理安全与应用以共行政与公共管理经典译丛·安全系列.中国人民大学出版社，2004年9月.

第九章　非营利组织的战略管理

教学内容：

(1)战略管理的概念。

(2)非营利组织战略管理的特点和意义。

(3)非营利组织战略管理的程序和内容等。

教学要求：

(1)理解战略与战略管理的基本概念。

(2)掌握非营利组织战略管理的概念、特点和意义。

(3)识别非营利组织战略管理的程序和内容。

21世纪，随着经济的全球化，非营利组织所面临的环境越来越具有复杂性、动荡性和多元性特征。非营利组织的管理绝不仅仅是组织的内部管理问题，更是与外界环境的互动问题。因此，战略管理日益受到非营利组织的关注和重视，已经成为非营利组织管理的重要内容之一。非营利组织管理要围绕组织宗旨，引入战略管理的思维方法，最大限度地调度组织资源，以保证组织目标能够始终如一地得到实现。

第一节　非营利组织战略管理概述

一、战略与战略管理的概念

1.战略的含义

战略可以理解为是组织总体目标和保证组织总体目标得以实现的一系列方针、政策、活动的集合体；是组织运用它所拥有的技术和资源，在最有利的情况下达成基本目标的科学和艺术。从本质上讲，战略是一种管理的思维过程。战略思维通过组织所处的外界环境对组织加以考察，旨在描述清晰的目标和目的；试图摆脱常规的管理任务，而以系统的方法审视组织变化前景的长期情况。战略为组织的各种计划提供了框架，影响着管理工作的各个方面，影响着组织的运行。

2.战略管理的概念

战略存在于组织内外部环境之中，而战略管理则将计划和意图与内外部环境状况的评估联为一体，为组织提供方向，从而降低其所面临的不确定性，并将组织各方的努力统一起来，以满足人们对秩序和可预见性的需要。安德鲁(Andrews,1980)指出，组织的如下决策定义了组织的战略管理：确定或反映组织目标、意图等的决策；规定组织从事的业务或服务范围的决策；确定组织将要或想要成为何种经济组织的决策；关于组织将要为其股东或雇员、顾客和社会所做的经济或非经济贡献的决策等。总之，战略管理，就是对组织的活动和发展实行的总体性管理，是组织制定和实施战略的一系列管理决策与行动；是围绕着战略分析、选择、实施和评估而采取的一系列手段与措施的全过程，对于组织的发展方向有着长远的、全局性的影响。

3. 战略管理的任务

战略管理之所以引起当今富有远见的管理者们的注意，是因为它探讨了这样一个重要的问题：组织如何定位以面对越来越不确定的未来？为了给组织定位，管理者努力预测那些可以预见的事件并为此制订计划、评估方向、调整组织行动以使它与希望的理想取得一致。战略管理为组织提供了一条途径，遵循这一途径，组织不但可以辨明最终目的所须实行的变革，还可以将这些变革付诸实践。按照这种理解，战略管理过程的任务可以概括为以下几方面：

(1)提出组织的战略展望和业务使命。为组织指明一个长期发展方向，清晰描绘组织将竭尽全力投入的事业，使整个组织对一切行动都有一种目标感。

(2)设置目标体系。将组织的战略展望转换成为组织要达到的具体业绩目标。

(3)制定战略，以完成目标，达到预期的效果。

(4)执行和实施制定的战略。

(5)评价组织经营业绩，监测发展态势，采取调整性措施。

4. 战略管理的基本特征

与其他管理思想或方法相比，战略管理的特征表现在以下几个方面：

(1)整体性。作为一种覆盖整个组织的管理行为，战略管理需要组织全方位的协同平衡，以实现组织目标与组织内的等级制的整合，着重于总体的谋略。

(2)多元性。战略管理是一个组织寻求成长和发展机会以及识别威胁的过程。战略管理需要从组织内外多个角度进行问题分析和思考，具有多元性特征。

(3)共识性。战略管理需求的组织成员有共同的理解、清晰明确的发展方向，有利于组织上下达成共识。

(4)前瞻性。战略管理是未来导向的，战略管理关注长远，为组织在今后较长时间内的发展规划了蓝图，对组织有超前指导作用。战略管理是前瞻性思考和由外而内的管理哲学。

(5)特异性。战略管理能体现组织的经营特色，反映组织独有的宗旨和区别于他人的发展目标，战略管理是直觉和理性分析的结合。

(6)使用性。战略管理具有可具体落实性，组织中的不同管理层级都能够根据组织战略发展的总体目标设定具体的工作任务。

(7)动态性。组织战略管理会随时间的发展和组织内外环境的改变而改变，组织战略管理者应保持战略管理的灵活性，不断修正和更新组织战略，以适应环境变化的要求。因此，战略管理是一个持续性与循环性的过程。

二、战略管理的演进历程

1. 战略规划阶段

20 世纪 60 年代，战略的概念被成功地应用于企业管理，并逐步形成了战略计划或战略规划的概念，并衍生出一系列相关的命题，例如综合管理计划、整体综合计划、正式规划、企业规划等。战略规划的实质是对未来潜在的机会和威胁进行系统的辨析，结合其他相关的信息为公司更好地制定当前的决策奠定基础，从而能在将来抓住时机、避开风险。

亨利·明茨伯格在其著作《战略规划的衰落与兴起》中指出："战略规划并不等于战略思

想。实际上，战略规划经常会破坏战略思想，导致管理者将真正的战略眼光与数字操作混淆。因为最成功的战略是洞察力而不是计划。在公司了解到战略规划与战略思想的区别后，他们可以反思战略制定过程应是什么样的；收集经理们从各方面了解到的信息，然后将其融入企业应追求方向的远景展望之中。”

2. 战略管理阶段

安索夫于1972年在《战略管理思想》一文中，正式提出了“战略管理”的概念。20世纪80年代后，战略规划的概念逐渐被战略管理所取代。究其根本原因，就在于战略规划缺乏对未来的洞察力而使组织难以适应日益变化的环境。

战略管理的演进过程可参见表9－1。

表9－1　战略管理的演进过程

时期	20世纪50年代	20世纪60年代	20世纪70年代	20世纪70年代后期到90年代	20世纪80年代后期到90年代	20世纪90年代中后期
主题	财务预算计划和控制	公司计划	公司战略	行业竞争分析	追求竞争优势	战略创新
内容	通过对预算的操纵来进行财务控制	增长计划	组合计划	行业、市场和细分市场定位选择	公司内部竞争优势源泉	战略优势及组织优势和技术
主要概念和技术	财务预算、投资计划、项目评估	预测投资计划模型	协同力、组合规划矩阵、经验曲线、市场份额回报	产业结构分析、竞争对手分析、PIMS分析	资源分析、核心竞争力分析	竞争优势动力源泉、标准控制、知识和学习上的应用
组织机构上的应用	以财务管理部门为关键	公司计划部门和五年正式计划的兴起	多元化、多部门结构、追求全球市场份额	更大的行业和市场可选度、行业重构及资产管理	公司重组和业务流动重组、重点调整和外部资源	虚拟组织、公司内部结盟和网络化、追求大批量

资料来源：[美]罗伯特·格兰特. 公司战略管理：中文版. 第19页. 北京：光明日报出版社，2001年.

在战略管理的演进过程中可以看出，战略管理比战略规划更加综合、完备。战略管理不仅仅制订出了计划，而且使计划与组织的所有部门结合起来；战略管理更加关注组织文化和个人思维与集体意识对战略事实结果的影响与重要性。由于不同学者们对战略管理的认识不同，以及对影响战略管理因素的解释不同，形成了众多的战略管理学派，例如，设计战略、计划战略、定位战略、创业战略、认知战略、学习战略、权力战略、文化战略、环境战略、结构战略等“十大战略管理流派”；从过程、产业、资源、能力、博弈、分享、环境保护、生态等多个角度考察战略管理的“战略八论”。

三、非营利组织战略管理的概念

非营利组织的存在是为了满足某种社会需求，而这些组织自身也需要从外部获得资金和其他方面的支持。非营利组织的活动虽然不承担创造利润的任务，但也必须不断提高其工作效率；或者在保证一定规模和质量服务的前提下减少投入；或者在投入不变的前提下提高服务的质量或规模。由于缺乏战略指导，传统的非营利组织管理往往因其缺乏对环境的应变能力和对组织目标长远、一致的考虑而陷入低效运行的困境，从而使组织的活动受到质疑。

1. 非营利组织实施战略管理的必要性

对任何组织而言，没有战略就等于没有了方向。从这个意义上讲，战略管理的概念与思维被引入到非营利组织是必然的过程。欧文·E. 休斯认为，在传统的公共行政模式中，各种战略都能被看成是“政治性的”，而公务员是“行政性的”，只不过是执行那些独立制定战略并对其负责、提供战略洞察力的政治官员的命令。因而，“行政没有战略的意义，没有优化资源去达到目标的概念，丧失了对外界热点的关注而盲目地执行命令。传统模式丧失了长期观点，只关注具体的过程，常常忘记了对于公共组织来说还有更大的目标和整体目标”。而战略管理概念在公共部门里的运用，正是克服这些缺点的一种有效方法，因为战略管理程序的关键就是确定组织总体战略并设定目标。

具体来讲，非营利组织之所以将战略管理作为一种重要的管理工具，主要有以下几方面的原因：

(1)更加复杂和不确定的环境。随着非营利组织内外环境的变化，许多公共和第三部门组织都认识到了改变旧的工作方式和传统运作方法的必要性。他们面临着许多复杂而难以理清的困境，感受到了必须果断采取行动的巨大压力，要求组织管理变革的呼声越来越强烈。而要改变非营利组织管理的困境，就有必要引入战略管理的思维方法。

非营利组织所面临的环境种类如图 9-1 所示。

环境类型

采取行动的压力		低(逃避)	高(协作)
	高	骚动的	动荡的
	低	平静的	局部平静的

图 9-1　公共组织所面临的环境

(2)非营利组织角色的变化。随着政府(特别是中央政府)角色发生的变化，即政府要成为掌舵者而非划桨者。非营利组织在许多方面开始代替了原先由政府所起的作用。因此，非营利组织的经营在某种程度上来说必须考虑到外部环境因素以及自身的长期规划，这些都要借助于战略管理。

(3)公共利益的挑战。面对国际化和不断增长的国际竞争压力，非营利组织必须从更宏观的视野、更长远的观点制定各种发展战略；而公共利益则要求经营管理者要兼顾整体利益与局部利益，兼顾长期利益与眼前利益。这就是说，非营利组织管理者必须要有系统观念、长期观念和整体观念。非营利组织管理必须构建组织的长期发展战略，以维持组织可持续的发展与繁荣。

2. 非营利组织战略管理的概念

非营利组织的战略管理，是指通过有效组合组织内部资源，在变化的环境中确定组织的发展方向和经营范围，从而获得竞争优势，以满足社会的需求和利益关联者的需要。

战略管理思想和方法的导入，有助于非营利组织将管理的计划功能与整体的管理功能整合在一起，最大限度地动员组织资源，以保证组织的宗旨、目标能够始终如一地得以实现；有利于非营利组织克服传统公共行政的局限性，系统考虑组织的未来远景、长期目标和近期目标，将关注的焦点从内部转向外部，从注重日常管理转向组织的未来发展管理；有利于保持非营利组织目标的简单、一致和长期性。使得组织的使命、宗旨与目标得以更好地体现和实现；有利于非营利组织客观评价各种资源，深刻理解竞争环境。对组织内外部环境资源与制约因素的客观而充分评价，最大限度地利用内外部力量，避免缺陷，是组织选择正确发展模式，实现可持续发展的坚实基础；有利于非营利组织提高整合资源的能力，保证决策的有效性，提升组织对竞争环境的应变能力和形成贯彻战略规划所必要的组织文化与团队精神。

四、非营利组织战略管理的重要意义

1. 有助于非营利组织明确战略性发展方向

战略管理对组织未来发展的远景提供了战略性和前瞻性的思考，为组织的发展提供了战略方向。战略管理能够识别非营利组织的发展机会和机构业务的重点，确定如何利用机会，克服机构内部存在的不足而形成发展的合力。战略管理的过程为非营利组织提供了一个管理问题的目标观点，进一步扩大了非营利组织领导人的视野。战略管理方法为非营利组织勾画出一个合作框架，改善了每项活动的协调和控制能力，明确了组织的宗旨，使所有成员都能深刻理解并达成共识，使之成为组织行动的纲领。战略管理为组织在今后较长时间内的发展规划了蓝图，这使得组织在其成长过程中有了导航器，并对组织的今后行为进行了严格的约束和规范。战略管理集中于组织本身的能力与外部环境，对于组织未来发展的远景提供了战略性、前瞻性的思考，为组织发展提供了战略方向。

2. 有助于非营利组织界定组织任务

战略管理为非营利组织创造了一个在人与人之间协调和交流的框架，有助于机构的每位成员为组织的宗旨和长期目标而努力奋斗。战略管理为每位成员设计出了明确的责、权、利，适当鼓励更多的职员超前思考，为机构的未来发展出谋献策。通过战略管理，界定组织的任务，使所有成员明确要干什么和为什么人服务，使整个组织找到落实其宗旨的任务定位。清晰明确的任务定位有利于组织上下协调一致，彼此支持。

3. 有助于非营利组织树立组织愿景

战略管理为非营利组织设计了一套未来发展的远景，为组织的运作设计了追求卓越的标准，为组织全体成员提供了相互合作的机会，并以热情的方式去应对非营利组织在发展中的每一个难题，鼓励每位成员面对变化的环境采取积极的姿态。战略管理树立了组织愿景，使所有成员共同拥有并分享之，唤起成员的奉献精神，并充分调动其参与活动的积极性和创造力，使整个组织充满活力。战略管理有利于组织成员增强战略意识，增强自由竞争、自主经营、自我发展、自我约束的现代市场经济意识，尤其使管理者具备了敏锐的战略眼光与意识。

4. 有助于非营利组织合理配置资源

战略管理能够使非营利组织的不利条件和变化所产生的影响达到最小；战略管理像一面镜子，不断推动组织决策者更好地支持和实现已建立的战略目标；使组织的机会选择与所投入的时间和资源安排相匹配；在战略实施阶段使用较少的资源和很少的时间做出正确的行动计划，以实现组织的战略目标。通过战略管理，明确组织发展的优先目标，分清轻重缓急，舍弃那些无效或无关紧要的工作，将有限的资源用于组织发展最紧迫的事情上。战略管理有利于组织资源的合理配置、有的放矢，大大减少了由于资源盲目投入而给组织带来的不必要损失，从而使组织的资源实现了最优化利用。

5.有助于非营利组织推动制度创新

战略管理提出了非营利组织的管理规范和程序，有助于非营利组织分析和诊断组织发展中存在的问题，有序地推动制度创新。组织若想在市场中长期生存与发展，就必须趋利避害、不断创新。战略管理有利于对组织系统的剖析，扬长避短，取得组织管理优势。

6.有助于非营利组织增强对环境的适应能力

战略管理十分重视对环境的感知、分析与判断，十分重视对外部环境变迁的管理。这种特性有助于组织在动荡、多元、复杂环境下的运作和管理，有助于强化组织的适应能力。

五、非营利组织战略管理的特点

非营利组织战略管理与企业、政府机构的战略管理既有相似之处，也有独特的地方。相似之处在于，三者的战略规划都是根据组织的环境来决定所要完成的目标，明确发展的方向，以及面临多边的环境如何达到目标；相异之处在于三者的核心使命不同，带来的内外驱动力也不同。这使得一些适用于私人部门的战略管理方法不能照搬到具有公共背景的组织中去。非营利组织战略管理必须在掌握自身独特的内外环境基础上，提出战略管理的特殊需要。

1.特殊的环境市场

影响非营利组织的环境因素一般包括市场制约及政治影响。营利组织主要根据市场的反应来调节自身的策略，而许多非营利部门都缺少这种纯粹意义上的市场，他们往往依靠上层监督机构提供各种资源，或依靠对自己所提供的服务的补偿。在一般情况下，非营利组织所获得的资源与市场机制是分离的，非营利组织在进行管理时面对的制约更多。非营利组织所面临的重要环境是政治环境。非营利组织制定战略和指导战略实施时，必须认清权威网络成员的信仰和要求，以适应其由权威网络决定的市场；寻找合适的合作与协作方式以替代竞争机制；作为维持资金来源渠道的合理安排；以克服因收费方式的限制而带来的财政危机；在适当的历史背景中透彻理解授权和义务，以消除因授权和义务产生的经常限制，增强自主权灵活性；当做出重要决定时，应该采用讨价还价和谈判技巧，通过权威网络成员来平衡签约方和使用者，以阻击签约方和权威网络对组织战略的政治影响和其他企图。

2.特殊的交易强制力

非营利组织往往具有公共性的特征。这使非营利组织的影响范围要比营利组织大。非营利组织需要接受公众监督，并且，它接受公众监督的程度与其公共性成正比。针对强制力、影响范围、公众审查、所有权等交易因素的不同，非营利组织在制定战略和指导战略实施时，必须考虑如何将强制机会当成制定和实施战略变革的一部分，以争取消费服务和付款的机会；必须寻找到有助于发现那些能够指导战略制定的外部因素的途径，以避免因对角色过窄的认识可能导致错过行动机会；必须寻找到可以让外界参与战略制定程序和检查的途径，以满足公众对组织计划制订的检查或参与；必须充分了解公众对服务的要求和期望，高效和有效地判别利益相关者的观点，以使每个人都是利益相关者或可能像利益相关者一样行动。

3.特殊的运作方式

非营利组织与营利组织的运作方式也有很大的不同。首先，非营利组织的目标往往模糊不清；其次，非营利组织的绩效期望也不如营利组织那样明确；最后，非营利组织有时使用激励手段并不能取得营利组织那样的效果。针对目标、权力限制，绩效期望和激励等内部组织程序因素的不同，非营利组织制定战略和指导战略实施时，必须克服组织目标界定与排列的困难，充分意识到公平与效率的目标对组织的同等重要性，从而找出目标的替代物，以克服目标的不明确及其潜在的冲突；必须提供可以辨明和管理必不可少的资源的方法，以克服行为需要的资源不在战略管理者控制之下的局限性；必须学会如何应付有限的行动空间，找出可以代表不感兴趣的监督机构的方法，将其纳入商议时的权力结构，以限制政府行为；必须创造出紧迫感和采取行动的需要，以克服政治结构或同行评估中所固有的无所事事与惰性；必须创造和设计科学合理的激励机制，增强通过参与战略行动而得到兴奋感，以克服基于个人成就的激励机制在公共和第三部门难以实施的局限性。

总之，来自于私营部门的战略规划或战略管理的概念和方法，往往假定要有明确的目标、利润或经济企图，不受限制的行动权限、有限的行动责任、密切关注反映财务结果的市场机制，因而不能简单地引入到公共和第三部门，非营利组织必须考虑到自身的特殊性，提出自己的战略需求，才能使战略管理获得有效性。

第二节　非营利组织战略管理的任务和过程

一、非营利组织战略管理的层次和任务

现代社会组织，无论是公司、政府还是非营利组织，其组织均呈现金字塔层次结构，这种组织结构的特点使得组织各个层次的决策职能各不相同，在战略管理中的地位也不同，因而，组织的战略管理体系就具有一定的层次性。

企业战略管理一般分为三个层次：公司层级战略、事业层级战略和运营层级战略。企业战略管理的任务就是组织在实施战略管理过程时所要达到的目的和行动步骤。明确组织或各层次的战略管理任务，有助于战略的制定者和实施者清楚自己在其中的地位和所要做的工作与责任。组织战略管理的一般任务主要有以下几方面：提出组织战略展望、建立目标体系、制定战略、实施和执行战略、评价组织业绩、并进一步调整组织战略等。

与企业战略管理层次相仿，非营利组织的战略管理层次也可以分为三个层次：组织战略（Organization strategy）、项目战略（Programmatic strategy）和职能战略（Function strategy）。其中，组织战略是最高层级的战略，项目战略是中间层级的战略，职能战略是最基层级的战略。非营利组织战略管理的三个层级所要完成的任务重点有所不同，又彼此相互联系，构成了实现组织整体战略的完整框架。

1. 组织战略层级及其管理任务

非营利组织的组织战略层级主要解决组织的长期发展方向问题，是组织具体发展战略的总纲和指引。组织战略必须研究和明确描述组织目标、使命和发展方向，指出实现目标的具体途径，清晰定义和规定各职能部门的职能战略原则，确定最能体现组织宗旨的业务组合与竞争力，整合组织内外部资源，并保证财务预算的平衡。因此，非营利组织的组织层级战略决策者的重要任务就是为组织确定在环境约束条件下的发展途径、资源配置机制和激励机制，确定可行的业务组合与组织结构，协调组织的短期目标、中期目标和长期目标。

2.项目战略层级及其管理任务

非营利组织的各个事业部门在组织战略的指导下,经营管理某一事业项目单位的战略计划,所研究和重点考虑的问题是在具体项目上进行有效率的资源配置,最大限度地进行社会动员并建立组织形象的竞争优势。项目战略的主要内容是根据市场状况和自身的产品或服务特点制定具体的实施战略,包括明确市场定位,提出产品战略、推广战略、渠道战略、集资战略和服务战略等。因此,非营利组织的项目战略决策者的主要任务是要为具体项目确定资源动员机制,保持项目目标和组织目标的一致性,并为项目目标的实现建立可行的、满意的实施途径。

3.职能战略层级及其管理任务

非营利组织的各职能部门主要考虑如何有效组合组织内部资源来执行组织战略和项目战略,制订各职能部门的短期战略计划,通过工作效率、服务质量、创新和顾客满意等方面能力的提高,以保证组织目标的一致性和组织战略实施的效率性。职能战略是为组织战略和项目战略服务的具体战略措施,如人力资源发展战略、市场营销战略、产品开发战略等。因此,非营利组织的项目战略管理的主要任务就是分解组织的目标,明确各自的职能在组织目标实现中的地位和责任,并以有效率的工作和创新来配合项目的实施。

二、非营利组织战略管理的过程和内容

战略管理的一般过程涉及战略分析(Strategic analysis)、战略选择(Strategic choice)、战略实施(Strategic implementation)和战略评估(Strategic assessment)的全过程。非营利组织与企业的目标、使命不同,面临的环境约束条件具有结构性的差异,组织特征也很明显。因此,非营利组织的战略管理过程有其特殊的规定性。

1.纳特和巴可夫的非营利组织战略管理过程的经典模型

纳特和巴可夫将非营利组织的战略管理过程设计为"历史背景""形势评估""问题议程""备选战略""可行性评估"和"实施"六个阶段。

(1)历史背景阶段。非营利组织战略管理在第一阶段的任务是要充分了解组织的历史,通过对趋势和重大事件的分析来明确组织未来发展的宗旨和目标。

(2)形势评估阶段。在这一阶段,非营利组织战略管理的重点是进行SWOT分析,通过对组织的优势、弱点、机会和威胁的深入分析,建立问题议程,以确定组织的业务发展方向和可进入的服务市场及其细分。

(3)问题议程阶段。在这一阶段,非营利组织战略管理的重点是要找出当前管理中最优先要考虑的几个议题,从而创建一个问题议程。议题是指一种困难,它对组织的运作方式或组织达到其向往目标的能力有重大影响,而且人们对这种困难没有一致的看法。

(4)备选战略阶段。非营利组织战略管理在这一阶段的重点在于进行战略选择,确定可行的战略行动,以处理议程中的每个议题张力,并从最重要的议题张力开始。

(5)可行性评估阶段。在这一阶段,非营利组织战略管理的重点是通过内外部利益相关者分析和组织资源的分析,确定战略的资源约束和执行战略的资源需要。

(6)实施阶段。在这一阶段,非营利组织战略管理的重点在于对组织的资源和利益相关者进行管理,制定针对不同类型利益相关者的策略,评价组织资源的数量和结构,以确保战略目标的实施效果。

2.我国非营利组织战略管理的程序和内容

我国非营利组织发展尚不成熟,但这并不妨碍我国学者对战略管理过程的研究。借鉴企业战略管理过程和国内外非营利组织战略管理的成功经验,以王名教授为代表的非营利组织研究者将非营利组织的战略管理过程划分为由“准备、分析、规划、实施、监督和评估”五个阶段构成的一个战略管理系统。

(1)战略准备阶段。战略准备阶段是战略管理的开始。这一阶段,非营利组织的主要任务是决定是否要进行战略规划。在确定的组织宗旨和目标基础上,如果决定要对组织实施战略管理的话,就应成立战略管理委员会,并确定大致的规划程序与进度安排,最后进行战略规划动员。

(2)战略分析阶段。战略分析阶段的任务是分析组织的内外部环境,以作为规划阶段的基础。因此,这一阶段非营利组织要进行资料的收集、整理与分析,包括组织诊断和环境分析两部分。组织诊断是对组织整体及其各组成部分的目标、功能等进行的系统分析。组织诊断包括组织资源评价、组织结构分析、组织管理能力分析等;环境分析是对组织所处的外部环境所作的动态分析,意在把握各种主要外部因素的变化趋势,识别组织的优势和劣势,使组织能够顺应环境变化,并处于有利地位以实现组织目标。环境分析包括宏观环境分析、竞争环境分析、利益相关者分析等。

(3)战略规划阶段。战略规划阶段是战略管理的核心。非营利组织在这一阶段的中心任务是通过召开战略管理委员会的一系列战略规划会议,讨论和制定组织未来3～5年的战略规划。战略规划会议内容包括讨论组织的宗旨、使命与愿景,讨论组织发展的中期目标,讨论组织策略与行动方案,分析环境的变化,分析方案的可行性和资源配套,完成战略规划书等。

(4)战略实施阶段。战略实施阶段是非营利组织战略管理的关键阶段。因为任何规划都需要通过实施转变为实际的行动和成果,而战略实施就是战略思想转化为组织行动的动态过程。因此,战略规划必须切实可行,使每一个阶段的任务都要尽可能落实;而战略实施则要求将战略设计目标进行阶段性的实施和执行,重点强调行动的操作性、可行性和技巧性。组织各功能部门主管和分部主管在战略实施过程中要创造一个较为宽松的工作环境;同时还应依据战略规划制订下一年度的工作计划和预算。

(5)战略监督和评估阶段。一旦战略规划得以实施,非营利组织就必须定期监督和评估战略实施的效果及进度,及时有效地采取纠正措施,以确保战略管理的顺利实施。战略评估的内容包括对组织内外环境的评估、组织绩效的度量、战略管理流程的评估、是否需要采取纠正措施或进行战略变革等。非营利组织战略管理是一个动态的过程,在本轮战略管理实施的最后阶段,即要开始下一轮的战略规划。通过一次又一次的战略规划的制定和实施,形成战略管理的整体。

3.非营利组织战略管理过程的有效实施

为确保非营利组织战略管理过程和内容的有效实施,非营利组织领导者必须从以下几方面着手做好各项工作。

(1)将组织战略传达给组织中所有从事决策工作的主管人员;

(2)拟定战略规划工作的前提条件并传达给下属;

(3)确保战略行动反映重大目标和战略并对其做出贡献;

(4)定期检查组织战略的实施过程;

(5)考虑拟订应变性战略和计划；

(6)使组织结构符合战略工作的要求；

(7)不断指导战略规划和战略的实施；

(8)创造能有效推动战略计划工作实施的组织气氛。

第三节　非营利组织战略管理的方法

非营利组织战略管理根据其焦点和主要活动内容的不同，可以有多种制定战略的方法，如分析性方法、以参与者为焦点的概念性方法、以机构为焦点的概念性方法、综合方法和 SWOT 分析方法等。

一、非营利组织战略管理的分析性方法

注重分析的方法以问题为焦点，这种方法通过对主要活动，如对产品和服务进行分类来评估以此确定哪些活动要取消，哪些活动要改变。因此，这一方法的关键在于找出有待矫正的问题。分析方法是一种典型的要求进行类似于产品组合分析的方法。产品组合法的思想应用于非营利组织时，利益相关者的相对支持率和可控性分别代替了市场份额和行业成长性，对议题的分析代替了对产品和服务的分析，可控性和利益支持的不同组合产生了四种类型（见图 9－2）。非营利组织可以利用这些类型划分组织所面临的议题，并得到处理这些议题的建议。

		公众支持度	
		高	低
可控性	高	坐鸭	黑马
	低	怒虎	睡狗

图 9－2　公共部门的产品组合

(1)怒虎类(Angry tigers)。这类议题具有低可控性和较高程度的公众支持，它们往往要求立即采取行动，但实际上暂时又是不可能的。最好的办法是处理其他方格中的议题以回避对这类议题的关注。如对长期事业人员的关注、少数民族儿童的教育以及经济滞胀等都属于怒虎类议题。

(2)坐鸭类(Sitting ducks)。这类议题具有高可控性和高度的公众支持，因而处理起来比较容易。对那些容易处理的重要议题采取行动可以为组织带来信誉，并能为处理怒虎类议题赢得时间。例如，道路安全计划会给公共卫生服务组织带来新的活力。

(3)黑马类(Dark horses)。这类议题可以解决，但行动本身却不一定会得到公众支持。组织应该处理这类议题，并且公布因此而获得的成就。例如，为那些有严重智障的人士提供生活自立技能就是一个例子。

(4)睡狗类(Sleeping dogs)。这类议题既不具有可控性，也不在公众的议程上。除非这类问题能够被归为更易管理的问题一类，否则，组织不应将其纳入问题议程。艾滋病治疗就是这样的一个例子。

二、非营利组织战略管理的概念性方法

1. *以参与者为焦点的概念性方法*

以参与者为焦点的方法强调要理解组织所承受的压力，这些压力源于利益相关者和竞争者。以参与者为基础的战略管理倾向于强调其中的某一方。

(1)行业分析法(Industry Analytic Approach)。波特等人确定了六种主要的行业决定力量，战略的成功受到顾客和供应商的力量对比、竞争者和新人者的威胁、市场主要参与者的竞争力和竞争状况，以及组织离开市场的退出门槛等因素的影响。

(2)利益相关者方法(Stakeholder Approach)。利益相关者是指处于一定位置、对组织施加影响或向组织提出要求的个体。通常包括委托人或服务使用者、专职人员、监督机构、立法机关、政治任命者、费用报销机构以及签约方等。利益相关者方法试图通盘考虑社会、政治和经济因素。采用这种方法的战略管理者要确定与每个利益相关者相关的目标，并据此做出不同的回应以满足他们的需要。

(3)解释性方法(Interpretative Approach)。解释性方法试图将文化和象征性符号管理列入考虑范围，因而，它更加强调执行。解释性方法关注的焦点是建立良好的关系，如提升共识，将顾客看成有价值的信息提供者，而不是麻烦制造者。它通过象征性的法案和沟通来与外界打交道。

2. *以机构为焦点的概念性方法*

如果组织的能力和它在环境中的地位成为重要的考虑事项，那么，组织就是以机构作为它关注的焦点。以机构为焦点的战略管理方法评估组织的独特能力，并找出能够应用这些能力的途径。

(1)政策模型法(Policy Model Approach)。这种方法强调找出适合环境的行动。组织的战略取决于对组织内部优势和弱点、外部威胁和机会的分析。即组织管理者努力找出能反映组织所处形势 SWOT，并做出适当的回应。

(2)议题管理法(Issue Management Approach)。议题管理法以议题作为分析焦点，议题被当成突然出现的、可能影响组织实现目标能力的新情况。议题被用以弥补 SWOT 分析与战略变革间的差距。以议题为分析的焦点使管理者可以更灵活、更敏捷地对新情况做出回应。

(3)适应法(Adaptive Approach)。适应法试图找出组织与环境中的机会相匹配的能力，以达到充分利用这些机会的目的。环境始终是它关注的焦点，这一方法要求组织随着环境的改变而改变，但它却可能无法处理所有认知到的趋势和重大事件。

(4)计划系统法(Planning Systems Approach)。这一观念中最重要的一点是将使命、战略、资源与方向关联起来，以便确定和正确处理他们之间的内在联系。计划系统法通常根据多种规则建构和指导行动，指定战略的目的是为了预测环境的变化和重大事件的发生，因而，它不太重视紧急情况下的战略。

三、非营利组织战略管理的 SWOT 分析方法

SWOT 分析法是目前战略管理与规划领域广泛使用的分析工具。在非营利组织战略管理中，也得到广泛的运用。从某种程度上来看，战略乃是将组织内部的资源因素与外部因素造成的机会与风险进行合理、有效的匹配。SWOT 分析乃是通过了解自己组织的优势

(Strength)与弱势(Weakness),掌握外部机会(Opportunity),规避威胁(Threads),从而制定良好战略的方法。SWOT分析的主旨在于给出一个有关组织内外环境、问题,并激励组织调动其优势,以便最大限度利用机会,规避风险矩阵。建造SWOT分析矩阵的过程有八个步骤:

(1)列出组织的关键外部机会;

(2)列出组织的关键外部威胁;

(3)列出组织的关键内部优势;

(4)列出组织的关键内部弱点;

(5)将内部优势与外部机会相匹配,形成SO战略;

(6)将内部弱点与外部机会相匹配,形成WO战略;

(7)将内部优势与外部威胁相匹配,形成ST战略;

(8)将内部弱点与外部威胁相匹配,形成WT战略。

考察关键的内部因素和外部因素是进行SWOT分析最困难的部分,它要求有良好的判断力。另外,SWOT分析的关键在于进行优势与劣势,以及机会与威胁分析,并在此基础上形成行动的战略。经过SWOT分析,组织可以做出不同的战略匹配和选择。

(1)优势-机会(SO)战略。SO战略是一种发挥组织内部的优势而利用外部机会的战略。所有的组织及管理者都期望可以利用自己的优势,并抓住外部环境所提供的机会,组织往往通过采用WO,ST或WT战略而达到能够采用SO战略的状况。

(2)弱点-机会(WO)战略。WO战略的目标是利用外部机会来弥补内部的弱点。运用于这一战略的情况是组织存在着外部机会,但内部存在着弱点,妨碍着外部机会的实现。

(3)优势-威胁(ST)战略。ST战略是利用优势回避或减轻外部威胁的影响。

(4)弱点-威胁(WT)战略。WT战略是一种旨在减少内部弱点的同时规避外部环境威胁的防御性战略,一个面对大量外部威胁和具有许多内部弱点的组织的确处于不安全或不确定的境地。

四、非营利组织战略管理的问题与改进

1.非营利组织战略管理中存在的问题

战略管理作为一种管理工具,受到许多非营利组织的重视,并得到广泛应用。从实务方面来看,战略管理在非营利组织的应用的确产生许多正面的效益,同时也有一些负面的缺点。非营利组织运用战略管理有许多限制,主要包括以下几方面:

(1)领导任期的短期性和行动取向。非营利组织中领导往往是有任期的,在2～4年的任期之内很难发展长期战略。

(2)公共管理战略的许多方面都是立法者所确立的。也就是说,法律确定了很多非营利部门在什么时候、什么地点将如何做。战略管理的途径除了仔细研究执行的战略外,的确该阐明立法意图。

(3)公共规则大部分是在组织内部进行的,而选民、媒介等要求参与,参与过程虽可以改进普遍接受的程度,但冲淡了战略的焦点议题。

(4)可靠性分析通常是费力又费钱的。更重要的是,定量分析方法如成本-效益方法也不能抓住那些无形的东西。

(5)非营利机构对问题解决的非正式群体过程不太熟悉,创造性、非正式性、弹性在非营利

部门组织文化中还不成熟。

(6)由于预算约束和短期观念，非营利部门战略规划者的工作通常很难证明是合理的。

(7)与私人部门相比，非营利部门战略通常是通过组织设计、预算和财务控制、人事制度和政策来实现的。

2. 非营利组织战略管理的改进

对于非营利组织来说，从以下几个方面进行改进，对于成功实施战略管理是十分重要的：

(1)非营利部门管理者必须树立长期的观念打破短期主义的思考，发展前瞻性思考。

(2)非营利部门必须打破职责的限制，克服“功能性短视”，打破部门主义的限制，发展一种全局观，强调整合的管理途径。

(3)在重大问题的战略决策和规划过程中提供参与的权利与机会，这不仅有利于获取广泛的信息，也有利于克服实施战略管理的障碍。

(4)重视更高层次的问题。将问题放在更高层次上去看，就会发现很多短期利益可以让位于长远利益。

(5)追求满意。在战略管理中，满意比最佳更为重要。用可以接受的战略实现满意结果，这比用不受欢迎的战略而没有实现最佳结果要好得多。

(6)殊途同归。通过不同的方法或途径达到类似的结果是可能的。得到成功的结果远比规定得到这一结果的方法更为重要。

综上所述，非营利组织的生存与发展会受到外部环境变化的极大影响，这种影响有时甚至是支配性的。这就要求非营利组织必须不断改变自己的活动方式，改进服务的内容和质量。在过去的十几年里，我国的许多非营利组织都发生了深刻的变化：譬如在教育领域，为了满足我国经济建设对各种人才的需要，高等院校对课程体系和教学内容进行了大幅度调整，教学手段日益现代化；在医疗卫生领域，生命科学和医疗技术的迅速发展正在改变着医院的服务质量；随着社会主义市场经济体制的确立和消费者自我保护意识的提高，工商管理和技术监督部门打击假冒伪劣产品的力度也不断加强。这些变化都说明，非营利组织同样遵循适应环境的生存法则。

本章小结

战略管理是对组织的活动和发展实行的总体性管理，是组织制定和实施战略的一系列管理决策与行动，是围绕着战略分析、选择、实施和评估而采取的一系列手段与措施的全过程，对于组织的发展方向有着长远的、全局性的影响。

非营利组织战略管理概念的导入有助于将组织管理的计划功能与整体的管理功能整合在一起，最大限度地动员组织资源以保证组织的宗旨、目标能够始终如一地得以实现；有利于使非营利组织克服传统公共行政的局限性，系统考虑组织的未来远景、长期目标和近期目标，将关注的焦点从内部转向外部，从注重日常管理转向组织的未来发展管理。

非营利组织战略管理，是通过有效地组合组织内部资源，以在变化的环境中确定组织的发展方向和经营范围，从而获得竞争优势，以满足社会的需求和利益关联者的需要。非营利组织的战略管理有其特殊的环境市场、交易强制力和组织程序。非营利组织的战略管理划分为组织战略、项目战略和职能战略三个层次，并且各战略管理层级具有不同的战略管理任务。

非营利组织战略管理涉及战略分析、战略选择、战略实施和战略评估的全过程，非营利组织战略管理根据其焦点和主要活动内容的不同，有很多制定战略的方法，如分析性方法、概念性方法、综合方法和 SWOT 分析方法等。

专业名词中英文对照

战略	Strategies
战略管理	Strategic management
非营利组织战略管理	Not-for-profit organization strategic management
政策	Policy
环境分析	Environmental analysis
战略规划	Strategic plan
战略实施	Strategic implementation
战略评估	Strategic assessment
SWOT 分析	SWOT analysis

思　考　题

1. 什么是战略？什么是战略管理？
2. 试述非营利组织引入战略管理的必要性和非营利组织战略管理的重要作用。
3. 非营利组织的战略管理有何特点？
4. 非营利组织战略管理的主要层次和任务是什么？
5. 试述非营利组织战略管理的过程和内容。
6. 非营利组织战略管理的方法有哪些？

案例：美国地球物理学联合会的发展规划

美国地球物理学联合会（AGU）是美国科学研究委员会于 1919 年创办的一个非营利性学术组织，如今它已经发展成为拥有来自 100 多个国家的 3 万多名会员的国际性学术组织，会员中既有科学家，也有企业界人士和政府官员。该联合会的方针：①促进对地球及其所在空间环境的科学研究，并将研究结果公布于众；②促进以发展地球物理学及其有关学科为目的的各科学机构间的合作；③发起并参加地球物理学研究项目，包括国际合作项目；④通过各种渠道，包括科学讨论、出版和传播信息、组织科学技术专题讨论会、报告会等发展地球物理学的各分支学科。

在国际学术交流对科学研究的促进作用日趋明显，交叉性学科的地位日益突出和联合会规模不断扩大的情况下，为了更清楚地指导以后的工作，该联合会的管理机构——AGU 委员会——在 1989 年制定了一项长期发展规划。这项规划的一个突出特点，是采用了战略决策中常用的 SWOT 分析。下面是 SWOT 分析的主要结论。

1. 实力

(1)该联合会作为组织者和出版者，其质量上乘、价格合理的出版物和高水平的学术会议以及其他服务在国际上享有盛名。

(2)联合会有2万多会员，其中许多人活跃在地球物理学基础研究的前沿。

(3)热情的志愿者通过高质量服务和研究项目去发展地球物理学，他们以无私的精神从事着研究工作。

(4)具有多学科结构，而且联合会领导层和各分支部门对进行学科间共同研究、发展地球和空间科学的价值有着一致的认识。

(5)总部工作人员富有经验，具有组织出版、会议和其他服务所必备的熟练技能。

(6)联合会良好的财政状况及其与赞助者之间的密切关系允许联合会在不增加很多预算的情况下发展已存在的活动项目，同时开发一些新的服务项目。

2. 弱点

(1)成员们对联合会的政策和实践普遍缺乏认识和理解，因而对价格、出版方法、篇幅、质量标准及它们之间的相互关系等问题均存在着分歧意见。

(2)联合会收入的15%来源于自由捐助的出版费。随着一些机构科研经费的减少，能承担荣誉性版面出版费的人数也将减少。

(3)除美国和加拿大外，其他地区的科学家参加联合会活动的次数很少。相应地，联合会的执委会和管理机构中都缺乏国际性。

(4)不少成员对发展教育性、普及性活动缺乏兴趣，而这些活动对于创造一种有益于发展地球物理学，并让地球物理学知识对公众和决策者有用的环境是非常重要的。

(5)联合会内部各学科间的合作尚不默契，部分原因是传统的学科界限、各机构对有限研究经费的竞争以及联合会组织结构方面的问题。

(6)总部内部控制的信息体系不能满足人们对联合会成果和服务的高水平需求。

(7)总部的各层次人员均缺乏应有的理论深度，管理技术上的弱点也使危机加剧。当联合会迅速转入新的活动时，就会感到负担过重，没有适当的计划和足够的应变能力去开展新活动。

3. 机遇性因素

(1)人类生活与地球科学之间的关系及交叉学科研究的重要性日益引人注目，为发展地球物理学、大量增加联合会成员及其他活动提供了各种选择机会。

(2)地球物理学知识本身是有活力的，其理论与应用的需求潜力正在爆炸性增长。

(3)信息处理、传播和各种新技术为提高出版和召集会议的效率及联络更多的潜在成员提供了良机。

(4)在北美以外，地球物理学研究工作不断增加，扩大了国际合作，并创造了发展联合会成员的机会。

(5)许多官方和非官方组织机构的地球物理学活动之间的结合较薄弱，为联合会提供了负责计划和协调美国地球物理学活动的机会。

(6)越来越多的公众了解到，地球物理学研究成果能为解决人类生存的问题做出贡献，这就提供了说服立法者并影响国家立法过程的机会。

(7)人们日益注意到数学和科学教育中的不足使得美国正在许多领域内失去其技术领先

地位，这会导致大众对科学和科学家的支持。

4.威胁因素

(1)政府对基础科学的支持减少将导致地球物理学的发展速度放慢，并可能使公众对地球物理学研究成果的兴趣减弱，阻碍新学者进入这一领域。

(2)由于许多机构分配科研经费是基于其他标准，而不是基于科学价值大小，故可能导致美国科学的退化。

(3)国家、地区以及学科内均存在着本位主义，这会降低工作效率，增加重复性工作，甚至导致合作破裂。

(4)美国政府政策的变化，特别是在出版权和出版费政策、非营利性组织的收入和资产的税收等方面政策的变化，限制了联合会为其成员服务的能力。

(5)地球物理学刊物猛增。

(6)出色的理科大学生和地球物理学研究生正在减少。

(7)在地球物理学研究中应用高技术尚缺乏投资。

(8)公众在科学，尤其是在地球和行星科学方面所受的教育不足。

5.基于这些认识，AGU 委员会制定了一系列对策

(1)确保联合会的每一出版物、每次会议、每项服务，及它与会员相互作用等所有方面都要优于竞争对手或其他开展类似工作的组织。

(2)增加联合会所有成员对联合会的政策和行动的了解，以及对每个会员如何参与联合会各项活动的了解。

(3)在各种层次上增加国际性活动。特别是在下列领域扩大联合会活动：地球和行星科学、生命科学以及所涉及的应用科学。

(4)联合会总部设施的质量和规模将有所扩大，包括建筑和办公设备以及工作人员。联合会的管理也必须加强，这样才能有效地支持以后的活动。

(5)联合会将把及时地传播与公共政策问题有关的地球物理学信息作为近期目标，促进决策者、舆论界及公众对地球物理学信息的了解，从而发展影响公众政策和社会决策的能力。

(6)联合会要更多地介入改善科学教育的项目，特别是发展那些旨在改善公共和私立学校的科学教育质量以及宣传媒介对公众进行教育的效果的项目。

20 世纪至 90 年代，美国地球物理学联合会的影响力得到了进一步提高，它每年召集近万次地区性、全国性和国际性的学术活动，出版 10 多部专业著作，一份周刊和 10 余份专业期刊，其中《地球物理研究》杂志已成为深受欢迎的科学杂志之一，它的会员数量也有了大幅度增长。所有这些成果，无疑为这项发展规划的实际结果提供了一个生动的写照。

资料来源：智库文档，http://doc.mbalic.com/view/40be 905917e74bf22ff0027 ad-fc51978b.html

第三篇　实践探索篇

第十章　我国非营利组织发展的历史与现状

教学内容：

(1)我国非营利组织发展的历史。

(2)我国非营利组织的分类。

(3)我国非营利组织的活动领域。

(4)我国非营利组织发展与我国事业单位改革的关系。

教学要求：

(1)了解我国非营利组织发展的历史。

(2)理解我国非营利组织的分类。

(3)了解我国非营利组织的活动领域。

(4)了解我国非营利组织发展与我国事业单位改革的关系。

20世纪70年代以来，全球性的社团革命的发生，给非营利组织提供了良好的发展空间。从欧美发达国家到亚洲、非洲和拉美的发展中国家，各种非营利组织纷纷创立，以追求此前国家和市场的力量未曾涉及的领域。伴随着全球化的浪潮，我国非营利组织也开始迅速成长，除了以往的社会团体、民办非营利组织以外，大量的事业单位正在演化为非营利组织。整体来看，与国外非营利组织相比较，我国非营利组织尚处于发展初期，从发展的外部环境到自身的规模能力都存在着诸多问题，加之由于我国特殊的政治、经济与社会环境，我国非营利组织与事业单位的关系较为特殊，值得关注和探究。

第一节　我国非营利组织发展的历史

近年来，有组织的志愿活动急剧增加，公益性组织的宣传在不同的媒体上不断出现，使得大多数的人都认为非营利组织在世界大部分范围内是一种新型组织。然而，事实上非营利组织的活动在许多国家都有着较为久远的历史，在我国也是如此。本节分为四个阶段讲述非营利组织在我国的发展。

一、我国非营利组织的起步阶段

我国自古以来就有民间结社和民间公益活动的历史传统。据史书记载，早在先秦时代，我国就有了“会党”“社会”之说，突破血缘、家庭或氏族的结社活动在春秋战国时期颇为盛行。后汉出现政治结社——朋党，以及著名的黄巾(会党)起义，宋代出现了“合会”“义仓”“义社”“善会”等的各类组织，这些结社活动都在特定的社会背景下以其特有的方式影响着中国历史的进程。从这个意义上看，它们可以看作是中国社会非营利组织的起源。

这一阶段主要指清代以前。这一时期的非营利组织主要以以下三类形式存在：

1. 文化学术性组织

文化学术性组织是中国传统结社中较为发达的一种。早在春秋战国时期，学术繁荣、百家争鸣，就有各种学术集团应运而生，严格意义上的学术社团则兴起于魏晋之后的各种形式的文人结社，《魏氏春秋》中记载的“竹林七贤”，常被看作最早的文人社团。文化学术性社团有多种表现形式，包括“诗社”“文会”，以讲学会为主的学术社团以及各种文艺社团。诗社是文人雅士间崇尚风雅、以诗会友的文学团体；文会主要是宋代科举制度盛行以后，士子共同研习经典、会客会文的集团；以讲学会为主的各种学术社团除了以书院的形式出现外，明代还演变出“读书社”“明经会”“读史社”“文艺会”“博雅会”等各种形式；宋元时期各种戏剧、曲艺人员结成的同业“书会”及各种“茶社”“酒社”等是极具代表性的文艺社团。

2. 经济互助性组织

最初的旧式经济合作制度就是“合会”，俗称“蟠桃”，是会员间相互救济金融的组织。合会出现于隋代，在唐宋时期得到全面发展，并发展出多样形态，如自愿结合耕作的锄社、金融互助的钱会、共同集资应酬婚丧嫁娶诸事的摇会、集资救济的义赊会等。所谓“合”，就是集众人之资办事的意思，涉及的内容包括劳作互助、金融互助、共同负担地方公共事务等，具有勤俭储蓄、相互保险、扶危济贫等多方面功能，是民间自行组织起来应对无法独自承担的事务的方法。经济互助性组织中另一种重要形式是行业性结社，主要包括同行工商业者集中经营的市“肆”模式，以及后来发展起来的商业行业的会馆、行会、商会等。从 6 世纪末叶起，隋、唐、宋朝的市肆中已经有了“行”，行业组织为首者有“行头”“行首”“行老”之称。元、明时期已经流传“一百二十行”“三百六十行”的熟语，到清代，已出现许多手工业行会组织。

3. 慈善团体

我国古代社会规模最大的慈善救济事业是国家救济的“荒政”制度，以及依靠家庭和宗族的力量实施的救济。佛教传入之后，在“行善”的理念下推动了宗教慈善事业发展，如福田院、安济坊等慈善机构大量设立。16 世纪以后的明代，同善会作为一种新型善会兴起，其主要任务是济贫，但与以前的救济组织有所不同，它的救济对象不拘泥于家族或者特定身份成员，面向世俗问题而不以宗教传教为目的。清代的善会更加多样化，并开始建立更具有固定性的善堂，所行善举领域广泛，常常诸善并举。

二、我国非营利组织的发展阶段

这一阶段是指从 20 世纪初至 1949 年新中国成立止。该阶段的中国处在各种势力相互争夺的半殖民地半封建社会的特殊历史时期，出现了大量的非营利组织。它们既是民间传统的延承，又受到西方理念和慈善模式的影响。据现有资料，可以将这一阶段的非营利组织做以下分类：

1. 行业协会

行业协会包括各种会馆、行会等，他们是由传统的手工业者、早期工商业者等组成的维护群众利益和行业秩序的民间非营利组织，其中一部分是从传统商会、行会延续而来，另一部分是伴随民族工商业的兴起而发展起来的新型行业组织。如1918年，北京农商部公布《工商同业公会规则》，将同业性组织定名为“工商同业公会”。

2. 政治性社团

政治性社团包括各种学联、工会、妇联、青年团等革命性社团，以及相反的如“三青团”“干社”等反革命社团，还有在抗战期间兴起的各种战地服务组织、救国会等，这类组织带有强烈的政治色彩。

3. 各种文化学术性组织

各种文化学术性组织包括各种“学会”“研究会”“学社”“协会”等新式学术文化社团，它们一部分是清末洋务运动时期思想启蒙和西学东渐的产物，另一部分是20世纪20年代五四运动和新文化运动的产物。

4. 在动荡时局下活跃的帮会和秘密组织等

这些帮会和秘密组织包括哥老会、洪帮、青帮等，这类组织往往带有反政府倾向，其中一部分为革命党人所利用。

5. 互助与慈善组织

外国传教士兴建的传承基督教义的各种慈善机构，它们也带动了传统互助组织和慈善组织的演化，形成新式慈善公益模式。这一阶段民间慈善团体的出现，极大地促进了我国慈善事业的发展。这些独立的民间慈善团体，无论数量或慈善资源以及社会影响都大大超过官办慈善机构，成为近代中国慈善事业的主力。例如1920年北方五省大旱，京舞农民救济会、北京民生协济会、华北救灾协会、北方工赈协会、中华慈善团、国际统一救灾总会、中国济生会等数十个民间慈善团体积极参与此次灾荒赈济。

在这一时期，为了规范民间组织的管理，国民党政府曾于1932年10月颁布过《修正民众团体组织方案》的法规。据学者考证，这应该是中国历史上第一步关于非营利组织的专门法规。此后，中国共产党领导的边区政府曾于1942年颁布了《陕甘宁边区民众团体组织纲要》以及《陕甘宁边区民众团体登记办法》。

三、我国非营利组织发展的停滞阶段

新中国成立后，我国长期实行高度集中的计划经济体制。这种高度集中的体制在新中国成立初期确实具有强大的生命力，它使国家获得了对社会资源的全面控制，从而顺利完成了对旧中国的改造。但与此同时，国家对社会的控制也造成了社会自主性的缺失，社会力量被纳入到国家统治之中。针对新中国成立初期的那些非营利组织，政府根据社会主义原则对其进行了彻底的清理和整顿，一部分民间组织被政治化，即一些政治倾向明显的团体被定义为“民主党派”，转化为政党组织，如中国民主同盟、九三学社等；另一部分民间组织，包括会党和反动政治团体、带有浓厚封建色彩的互助与慈善组织和宗教性组织被取消。1950年9月我国制定并颁布了《社会团体登记暂行办法》，主要采取类举法对社会团体进行了定义，规定了社会团体的登记办法以及相应的一些原则。从20世纪50年代一直到改革开放前的20世纪70年代，各种社会团体的数量非常小，20 世纪 50 年代全国性的社团只有 44 个，60 年代也不到 100 个，地方性社会团体大约有 6 000 个。但由于存在着党政不分、政企不分等现象，这一时期一些名义上的社会团体如工会、青年团和妇联等基本上仍是各级政府的附属物，实行单一而纯粹的政府性社会团体模式，由政府和政党直接组织建立，直接拨款，直接管理，缺乏独立性，属于国家政治结构的一部分。这一时期没有也不允许有可能“与政府唱对台戏”或不依赖政府拨款的自由群众组织或民间团体存在。

从 1966 年文化大革命开始，国家与社会之间形成了高度合一的关系状态，政治、经济、意识形态三个中心高度重叠。在这种国家与社会关系形态下，社会成员与资源从整体上被以单位或准单位的形式组织起来，与单位分布在社会生活的不同领域与层次，但都具有特定的行政隶属关系和行政级别，服从于国家对其发出的行政指令并借此获取资源。而对于社会个体成员来说，则又分别属于不同的单位，从单位得到生活资源与福利并通过单位有限地向上表达利益。由此可见，改革开放前社会成员利益实现完全依赖于单位，不存在任何社会自主管理的空间，这就决定了非营利组织在改革前的中国根本缺乏赖以生长的制度基础和利益动因。因此，可以说，这一阶段真正意义上的非营利组织在我国是不存在的。

四、我国非营利组织快速发展时期

改革开放以后，我国经济社会发生了很大的变化，传统计划体制的弊端逐步显现出来，国家权利的过度控制使社会缺乏活力和创造力，在这种背景下，我国的社会领域出现了“政企分开”“剥离企业办社会”“政社分开及非营利组织改革”和“社会事业单位改革”等重大政治经济社会变革的主题，至今“社会事业单位改革”正在进行中。在这一进程中，经济体制改革与政府职能转变为非营利组织的发展提供了较为宽阔的空间，使得我国非营利组织得到长足发展，在社会生活中发挥了重要的作用。

20 世纪 80 年代是我国非营利组织蓬勃兴起的时代。有学者曾对浙江省萧山市社会团体在 80 年代的发展作过统计，在从 1978—1990 年的 12 年间，该市的社会团体数量增长了近 24 倍，这个个案数据是整个中国 20 世纪 80 年代社会团体发展的一个局部反映。至 1989 年，全国性社团增加到 1 600 多个，是 1978 年的 16 倍；地方性社团则增加到 20 万个，是 1978 年的 33 倍。至 1998 年底，全国性社团达 1 800 多个，地方性社团达 16.56 万个。

随着市场经济的迅猛发展，公民个人及其他社会力量投资兴办学校、医疗机构、社会福利机构、研究机构等非营利社会服务组织积极性高涨。1998 年，国务院发布《民办非企业单位登记管理暂行条例》，开始将民办非营利的实体性机构纳入民间组织的统一登记范围。到 2001 年底，全国各级民政部门已经在全国范围内对各种类型的民办非企业单位进行了统一的登记确认。根据民政部提供的资料，此次确认的县级以上的民办非企业单位共有近 10 万家。1998 年同时修订了《社会团体登记管理条例》，此后至今的数年间，关于民间组织的一系列法律法规《民办非企业单位登记管理暂行条例》《公益事业捐赠法》等法规和条例的发布和执行，使得我国非营利组织的管理逐步走上法制化的轨道。尤其近年来，各方面对民间组织的立法工作都大力加强了，具有代表性的成就是 2004 年颁布的《基金会管理条例》。这一阶段的非营利组织发展也呈现出多样化，社会团体的数量继续增加；民办非营利的实体性机构获得法律地位上的认可；各种草根民间组织迅速生长；社区自治组织发展壮大；事业单位改革以非营利组织为重要演进方向之一；各种新型的社会组织不断呈现，它们的活跃体现了中国社会自主性的增长。

始于1978年的经济体制改革释放了蕴含在中国社会各个层面的巨大能量和多元化的需求，原有的政治化、行政化、一体化走向了开放化、市场化和多元化。随着公民社会的逐步形成和发展，社会自我管理、自我服务的多元治理模式成为目标模式，非营利组织进入迅速发展时期。

第二节　我国非营利组织的分类

关于非营利组织的分类，是一项比较含糊且难以统一的问题。约翰-霍普金斯大学教授萨拉蒙主持开展的非营利组织国际比较研究项目中，42个国家的非营利组织的活动领域被划分为12个大类和26个小类。“这些组织相互之间的差别好比蚂蚁和大象的差别，或者寄居蟹和鲸鱼之间的差别”，研究者普遍认为非营利组织之间的差别比政府和私营经济内部的差别要大得多。因此，对于非营利组织的分类并不是一件容易的事情。选择不同的分类基准，有不同的分类：如以规模来分类，可以分为大、中、小三类组织；以活动领域来分类可以分为政治型、经济型和社会工作型；以活动范围来分类，可以分为草根性、地方性、全国性和世界性等；以活动组织者的性质分类，可以分为志愿者为主型和专业人士为主型。这几种分类方法较为简单，不能够满足对非营利组织管理的研究。下面介绍几种分类方法。

一、非营利组织国际分类体系

非营利组织国际分类体系（the International Classification of Nonprofit Organization，ICNPO）是由霍普金斯大学非营利组织比较研究中心协调13个国家的专家学者合作设计出来的。在设计过程中，ICNPO体系由于一直致力于把握现实世界，使分类与各国非营利组织的实际情况相符合而较有借鉴意义。ICNPO体系的分类基准是经济活动的领域，它将非营利组织划入12大类，24小类。各小类再被分为近150小项。下面列举的是各大类和小类：

文化与休闲：文化与艺术，休闲，服务型俱乐部，NGO发展交流网。

教育与研究：中小学教育，高等教育，其他教育，研究。

卫生：医院与康复，诊所，精神卫生与危机防范，其他保健服务。

社会服务：社会服务，紧急情况救助，社会救济。

环境：环境保护，动物保护。

发展与住房：经济、社会、社区发展，住房，就业与职业培训。

法律、推促与政治：民权与推促组织，治安与法律服务，政治组织。

慈善中介与志愿行为鼓动。

国际性活动。

宗教活动和组织。

商会、专业协会、工会。

二、从民政部门管理角度划分

我国官方将非营利组织称为民间组织。从民政部门管理角度来看，我国民间组织分为两类：“社会团体”和“民办非企业单位”。社会团体是由公民自愿组成的，为实现会员共同意愿，按照其章程开展活动的非营利组织。从功能上看，中国的社会团体主要有学术性社团、行业性社团、专业性社团和联合性社团。学术性社团是主要从事某种专门学科的学术研究、交流的团体；行业性社团是由同一行业的企事业单位、团体和人员组成的经济性团体；专业性社团主要由相关的专业人员或以专业技术、专门资金为从事某项事业而成立的团体，具有非经济性特征，包括专业人员社团和专项事业社团；联合性社团主要是人群的联合体和学术性、行业性专业性社团的联合体。这种分类对于完善税收与管理体系不利。

民办非企业单位是指企业事业单位、社会团体和其他社会力量以及公民个人利用非国有资产举办的，从事非营利性社会服务活动的社会组织。民办非企业单位的宗旨是向社会提供公益服务，通过自身的服务活动，促进社会的进步与发展，其目的不是为了营利。这主要体现在其财务管理和财产分配体制上。企业的盈利可以在成员中分红，清算后的财产可以在成员中分配，而民办非企业单位的盈余和清算后的剩余财产则不能用于社会公益事业，不得在成员中分配。

民办非企业单位与社会团体的主要区别有以下几点：社会团体可以举办民办非企业单位，而民办非企业单位不能举办社会团体；社会团体可以设立分支机构，而民办非企业单位则不得设立分支机构；社会团体是由公民自愿组成的会员制组织，而民办非企业单位是企业事业单位、社会团体和其他社会力量以及公民个人利用非国有资产举办的，从事非营利性社会服务活动的社会组织。

三、清华大学王名的分类

美国的非营利组织可以分为两大类：公益性组织和会员性组织。会员性组织可享受免税待遇，但接受捐赠时要计算所得税；公益型组织不仅享受免税待遇，且其接受捐赠时会得到优惠的扣税待遇。参照这一思路，清华大学王名教授认为，可将中国现阶段的非营利组织大体上分为会员制互益型组织、会员制公益型组织、运作型组织和实体型社会服务机构等，其中各种类型下还可以再作细分。另外，人民团体、未登记或转登记团体（如在工商部门登记的非营利性团体），都可依照其组成分别划入这些组织形式中。具体分类如图 10－1 所示。

非营利组织
- 人民团体
- 转型中的事业单位
- 会员制互益型组织
  - 经济性团体（行业协会、商会、职业团体、工会等）
  - 社会性团体（学会、同学会、联谊会、兴趣团体等）
  - 其他
- 公益型组织
  - 会员制公益型组织
  - 运作型组织（基金会）
    - 运作型基金会
    - 资助型基金会
  - 实体型社会服务机构（现行法规体系中称“民办非企业单位”）
    - 非营利学校
    - 非营利医院
    - 其他社会服务和福利机构
    - 文化场所、研究机构、福利机构等）
    - 宗教类组织
  - 其他
- 未登记或转登记团体

（会员制互益型组织至运作型组织：现行法规体系中统称为“社团”）

图 10－1　非营利组织的分类

与现有法规框架下的分类标准相比，上述分类体系突出了以下几个特点：

第一，以公益性和互益性作为基本区分标准。“公益”是指社会上不特定多数人的利益（或社会全体的利益）；“互益”是指某一特定群体内的互助性利益。将单纯互助性的社团与公益性社团区别开来有利于税收政策的制定。互益型组织主要存在于经济领域和社会领域。存在于经济领域里的互益型组织，包括通常所说的行业协会、商会、职业团体、工会等，其共有的一个重要特点是它们的活动和企业等营利组织密切联系在一起，是市场经济存在和发展不可缺少的组成部分。在美国、日本等发达国家，这类组织通常被称之为“经济团体”“产业团体”“劳工组织”等，而区别于通常所说的社团。称之为经济性团体，是由于其与市场经济结合最紧密，在运作机制、管理方法上都有别于其他类型的团体。互益型组织的另一类是社会性团体，如各种学会、同学会、联谊会、兴趣团体等，较为集中地体现了非营利组织的基本属性。

第二，将基金会单独列出。目前，我国的法规体系中将基金会同其他会员制社团统一归为社会团体，而实际上基金会与会员制社会团体的组织性质与运作模式均有很大不同，将会员制组织与运作型基金会区分是当今世界常见的做法，如我国台湾地区分别用公益社团法人和公益财团法人来规范社会团体和基金会。基金会又按照资金运营方式分为自行运营资金的“运作型基金会（Operating foundation）”和专门用于资助的“资助型基金会（Grant-making foundation）”。

第三，将实体型社会服务机构进一步细分。由于学校和医院在满足公益需求中的特殊性和专业属性，一般均被单独列出，并通过特别立法加以规范，如日本的“特殊法人”（学校法人和医疗法人）等。这类组织因其实体性和服务性的特点，通常不列入所谓狭义非营利组织的范畴。在我国，现行法规中只有 1998 年公布的《民办非企业单位登记管理暂行条例》能够对这类组织加以规范，但即使按照上述条例等级确认以后，也因没有明确的法人地位而在税收上难以定性。因此，应将非营利医院和非营利学校单独列出实行特殊政策。

第四，给各种非营利组织以更大的法律生存空间。如“未登记或转登记团体”，其中大量的是因找不到业务主管单位，无法去民政部注册登记，它们采取多种变通的方式以便生存和活动，包括注册为工商企业等。对于这类组织，不应一概视为“非法”而加以取缔，应依照法律允许它们生存和开展必要的活动。

四、根据其产生的方式划分

1. 官办非营利组织

在改革开放以后发展起来的中国非营利组织中，有两种来源不同的类型，一种是被称为自上而下的非营利组织，它们与政府改革相关联，在相当程度上是政府改革和政府职能社会化的产物。因此，它们的主要的社会资源包括人、财、物、信息、管理和相应的组织资源等，主要来自党和政府的相关机构等受权力控制的垄断领域。

随着政府改革的不断深入，一部分政府职能的社会化已成必然，于是在政府周延出现一大批不以党政面目出现的机构，它们通常登记为独立的法人，往往行使着原由党政机构承担的职能。这些机构通常表现为三种形式：一是补充形式，即在外交、农业、环保等一些政策领域，主要作为相关公共政策的补充形式发挥作用；二是协调形式，即在如冶金、纺织等一些行业管理领域，主要作为政府对相关行业进行管理的协调形式发挥作用；三是执行形式，即在如妇女、劳工、残疾人等一些社会政策和福利领域，主要作为政府特定方针和政策的执行形式发挥作用。

这些组织具有转型时期典型的双重属性:一方面具有模拟政府的行政性或自上而下的官僚性;另一方面又具有逐步增强的自治性,以及基于不同利益形成的面向市场和社会的不断增长的自我意识、自我利益维护、自我主张、自主决策的冲动。这样双重属性形成两种相互对立的力量:回归政府的行政化倾向和走向民间的自治化倾向。前者表现为这类组织对于自上而下的各种资源,包括编制、预算、职能、地位等,有着依然强烈的执念,会在各种适当的场合努力靠近党政机关,并积极谋求来自上面的庇护和特权;后者则表现为随着这类组织的成长,他们越来越感受到来自政府的干预过多极其严重的束缚,会积极谋求在资源配置上的自主权,并努力争取来自政府之外的各种有利的资源。目前,较具代表性的有中华慈善总会、中国青少年基金会、中国扶贫基金会、中国社会工作协会等。

2.草根组织

这类组织被称为自下而上的非营利组织,他们与市场经济的发展,以及与之相关联的经济、社会民主化进程有关,是公民有组织地参与经济过程、社会过程乃至政治过程的产物,所以它们主要的社会资源包括人、财、物、信息、管理和相应的组织资源等,主要来自市场、社会、海外等开放的竞争世界。

随着我国经济改革的不断深入,对外开放所带来的民主化不断增强,在党政权力不及、政策失灵或者默许的边缘地带,出现了一批依靠精英人物发起成立的组织(正式的或非正式的),他们动员媒体和各种社会力量,利用来自民间的各种资源,瞄准一定的社会问题开展积极的活动,如地球村、自然之友、天则经济研究所、北京星星雨教育中心、服务民工和打工者的协作者文化传播中心、红枫妇女热线、自发性行业组织以及深入农村基层的民众组织等。“自然之友”作为中国资深环保 NGO,在 2005 年度频频动作,因为它的积极推动,圆明园防渗工程听证会如期举行,这是《中华人民共和国环境影响评价法》实施以来首次真正意义上的公众听证,也是中国环保领域规模最大、程序最正式的一次听证,标志着公众参与环境影响评价、公众参与环境重大决策的起步。整体来看,草根组织具有转型时期典型的多样性、自发性和随意性,具体表现为活动领域及方式的多样性,组织管理及运作的自发性,制度设计及约束的随意性。这些特征制约着这类组织的发展,使其在组织的规模、绩效、影响、社会公信度等许多方面受到限制。

第三节　我国非营利组织的活动领域

尽管非营利组织的发展起步较晚,但它们在环境保护、扶贫开发、社会服务等诸多领域,已经积极介入并在其中发挥有效的作用。

一、环境保护

自然环境是人类生存和发展的必备前提和条件。伴随着人类文明的不断进步产生的一系列环境问题,使人类不得不开始思考和关注与自己的生存息息相关的自然环境。在发展过程中,许多国家包括中国,都面临着这样一个问题:经济的增长以资源的大量过度消耗为代价,在追求国内生产总值和保护环境之间,往往偏向于选择前者。在世界银行 2001 年发展报告中列举的世界 20 个污染最严重的城市中,中国占 16 个。2005 年 1 月,瑞士达沃斯正式对外发布评估世界各国(地区)环境质量的“环境可持续指数”(ESI),在全球 144 个国家和地区中,芬兰位居第一，中国位于伊朗之后名列第133位。环境污染、水土流失、土地沙化、草原退化、生物多样性消失等生态恶化的现实已经摆在世人的面前，中华民族赖以生存的物质基础正渐趋削弱。发达国家在工业化中后期出现的污染公害已在我国普遍出现，我国的环境容量已经很难继续支撑以资源过度消耗为基础的经济增长方式。环境保护领域的非营利组织，致力于环境保护，推动人与自然和谐发展。自20世纪90年代以来，自然之友、北京地球村、中华环保基金会、中国野生动物保护协会等一批环保非政府组织成立，现已经发展成为我国非政府组织中最活跃、影响最大和特征最为鲜明的一个群体。这些环保非政府组织先后发起了保护藏羚羊行动、保护“母亲河”行动、怒江水电开发中的生态保护、圆明园防渗工程环评等保护环境行动，在社会上产生了积极的环境效应。在宣传环境保护、提高公民的环保意识、维护公众的环境权益、参与政府公共决策、保护濒危动物和发展绿色经济等方面，发挥着积极的作用。

二、扶贫开发

目前，在我国活跃着一批以扶贫开发为目的和宗旨的非营利组织，如中国扶贫基金会、中国国际民间组织合作促进会、中国人口福利基金会、中国计划生育协会、中国青少年发展基金会、转化慈善总会、世界宣明会、香港乐施会、救助儿童会、四川农村发展组织等。这些非营利组织的主要活动，归纳起来包括如下几个方面：生存扶贫活动、技术扶贫活动；教育扶贫活动；救助贫困母亲活动、合作扶贫活动等。例如，中国人口福利基金会和中国计划生育协会共同实施的“幸福工程”，是一项综合性的大型扶贫活动。该项目主要以贫困地区计划生育家庭的贫困母亲为救助对象，围绕“治穷、治愚、治病”，采取“小额资助、直接到人、滚动运作、劳动脱贫”的救助模式，帮助她们发展家庭经济，脱贫致富。通过向海内外募集资金，建立幸福工程专项基金；通过卓有成效的救助行动，唤起社会各界对贫困母亲的关注和支持。该项目实施十多年来，以扶贫济困、回报母爱的深刻情感内涵和具有鲜明特色的救助模式，引起了社会各界的广泛关注和参与。截至2008年10月31日，幸福工程已在全国29个省、市、自治区设立了417个项目点，累计投入资金58 291.743万元，救助贫困母亲及家庭207 083人(户)，惠及人口951 863人。“幸福工程——救助贫困母亲行动”独特的扶贫对象和低成本、高效率的扶贫模式，在扶贫和开发的实践中取得了有益的成绩。

三、社区服务

社区服务日益成为非营利组织关注的重要领域。随着我国经济体制改革的推进和政府机构改革的深入，政府职能逐步转变，中国的社会结构也发生着急剧转变。计划体制下居民活动的主要载体——企业和单位——逐渐淡出历史舞台，取而代之的是社区。非营利组织在社区建设中承担了从政府中剥离出来的公共服务职能、社会福利职能以及从企事业单位中剥离出来的对单位职工的福利职能，参与社区治理，避免了政府承担公共服务职能时缺乏回应性、不计成本、低效率和缺乏人性的弊端，服务质量更优，服务对象更具针对性，服务内容更具多样性。另外，非营利组织通过各种慈善性、公益性的募款活动等筹集的善款和吸纳的各种社会捐赠及其自身的经营收入，对弥补社区建设中的资金空缺，加速社区发展，打破以往过多依赖政府资助的局面。大连市政府颁发文件，在全市推广的“社区公共服务社”是这方面的典范。针对社区中下岗失业人员分散、虽然有一定的劳动能力却因缺乏组织而无处发挥的状况，社区公共服务社居民委员会(简称居委会)在通过入户调查、摸清辖区内所有下岗失业者个人和家庭情况的基础上，编制有劳动能力的下岗失业人员登记表；在街道和居委会建立社区公共服务社和社区公共服务站，组织有劳动能力的下岗失业人员进行社区公益劳动、公共服务和集体活动；社区公共服务社为社员提供技能培训、信息交流和互助合作的机会，帮助社员转变择业就业观念和联系再就业岗位；培养社员的社区责任心和认同感；通过公共服务社的带动作用，调整和改善社区内的人际关系，促进家庭、邻里和睦与社会稳定。社区公共服务社最直接的效果就是促进了下岗失业人员的再就业，同时也满足了下岗失业人员的精神需求，促进了社区成员之间的互助。因此，采取各种方式筹集资金，开发社区内的人才资源，开展多样化的服务项目，使得非营利组织成为转型时期我国社区建设和发展的重要力量。

四、文化教育

文化艺术、教育是非营利组织涉足的主要领域。清华大学 NGO 研究所 2000 年开展的问卷调研结果显示，文化艺术类非营利组织占非营利组织的 34.62%，体育、健身、娱乐占 18.17%，民办中小学占 1.99%，民办大学占 1.13%，加起来占到所调研的非营利组织数量的一半以上。根据丁元竹等对 81 个非营利组织的调研，有 24 家组织在其服务领域中选择了“文化活动”，其中的 10 家将其列在最重要的位置上。随着我国经济政治体制改革的深化，社会也在不断地转变，社会结构的分化不断加深，很多人游离于“组织”之外，缺乏归属感。在这种情况下，各种非营利组织的活动有利于社会的再次整合。一些非营利组织积极推动学术交流，促进知识的创造与传播；一些非营利组织，特别是立足于社区的非营利组织，如戏剧社、秧歌队、书画协会等，促进了人与人之间的交流；还有一些非营利组织致力于发展教育事业，尤其是针对弱势群体的教育工作，如农民工子女的教育。这些非营利组织，按照人们不同的兴趣、爱好、特点，或者不同的社区、阶层而构建起来，他们将思想观念、理想信仰、社会风尚、行为规范、制度体制的树立或建立融于一体，建设以和谐为思想内核和价值取向的文化，促进了整个社会的文化和谐。英国和日本的非营利组织主要以教育服务为主。经过比较研究发现，英国和日本的教育在非营利组织支出中占主要份额，分别为 42% 和 40%。在英国，非营利组织既涉及中小学教育，也涉及高等教育。在英国，居第二位的非营利组织是文化娱乐机构，包括社团俱乐部、体育俱乐部、博物馆和剧院等。

五、经济中介

非营利组织并不是经济组织，但是在市场经济体制中，它却是市场经济不可分割的一部分。培育非营利组织，不仅是塑造市场经济的良好基础结构，而且也是构筑国内外竞争的有效手段和必经途径。非营利组织可以监督市场主体的经济行为：在市场经济运行的过程中，不可避免地会出现一些弊病，如不正当竞争、缺乏诚信等问题，这些行为扰乱了经济秩序，同时也对消费者的权益造成了侵害。中国消费者协会就是其中一个成功的例子，这个协会自建立以来，推动了《中华人民共和国消费者权益保护法》的颁布，并为消费者提供各种消费知识，维护消费者的权益；20 世纪 90 年代以来，行业协会、商会等行业组织取得了迅速的发展。行业组织一方面在权利维护、技术培训、举办展销会、获取信息等方面为成员提供服务；另一方面，行业组织还通过制定本行业的标准并监督执行，加强行业内的自律机制，为经济发展创造了良好的环境。行业组织在避免同行内部恶性竞争，维护本行业在国际竞争中的优势地位等方面也发挥了积极作用。行业组织在工人权益的维护方面也起到监督执行作用。在经济发达的浙江省，近些年劳动争议案件以每年30%的速度上升。工人，尤其是农民工，在市场上处于劣势地位，缺乏保护自己合法权益的手段和组织，这就为非营利组织功能的发挥提供了空间，促生了一批致力于维护农民工权益、监督企业行为的非营利组织，包括学术机构的专家维权组织、民间草根性的维权组织。

第四节 我国非营利组织发展与事业单位改革

非营利组织作为一种特定的社会组织形态，在欧美等西方国家已有几百年的历史。它本来是为克服市场失灵和弥补自由竞争机制缺陷而产生的，但在现代社会中，却以克服政府失灵和修补国家的社会服务职能为契机而获得了巨大发展。可以说，政府部门、市场部门和非营利部门作为三个基本的构成部分，共同形成现代社会的三大体系。由于国外的非营利机构大多是一些科研教育、医疗、卫生、文化娱乐、慈善救助等方面的社会组织，其功能与我们的事业单位在外延上具有一定的重合性。因此，自20世纪90年代中期，随着社会主义市场经济体制的逐步建立，事业单位改革表现出明显的滞后性和复杂性，并陷入困境，国外非营利组织的管理理论和实践进入我国事业单位改革视野，并被部分学者及实际工作者所倡导，试图将其作为我国事业单位改革的主导模式。这种观点提出不久受到了政府决策部门的重视，非营利机构或非营利性机构作为一个固定用语已在科技、卫生等领域的改革性文件中频繁出现。而现实中事业单位向非营利组织转化符合社会转型与公共事业发展趋势，是我国公共事业改革与发展的重要方向之一。

一、事业单位的含义及分类

事业单位被认为是一类颇具中国特色的社会组织，这类社会组织以其所拥有的雄厚资源及强大的公共服务能力在中国内地的经济、社会及政治领域发挥着举足轻重的作用。作为一种社会组织，事业单位概念产生于新中国建立之初，我国《宪法》《民法通则》都明确将其划归为社会组织。1963年，国家编制委员会代国务院草拟的《关于编制管理的暂行办法》(草案)，将事业单位界定为“为国家创造和改善生产条件，促进社会福利，满足人民文化、教育、卫生等需要，其经费由国家事业费开支的单位”。1965年，国家编制委员会制定的《关于划分国家机关、事业、企业编制界限的意见》(草案)则规定，“凡是直接从事为工农业生产和人民文化生活等服务活动，产生的价值不能用货币表现，属于全民所有制的单位，列为国家事业单位编制”。1984年全国编制工作会议印发的《关于国务院直属事业单位编制管理的实行办法》(讨论稿)规定，“凡是为国家制造或者改善生产条件，从事为国民经济、人民文化生活、增进社会福利等服务活动，不是以为国家积累资金为直接目的的单位，可定为事业单位，使用事业编制”。上述文件都只是草案和讨论稿，最后没有正式颁发，而且，前后定义并不一致。因此，虽然几次拟定了“事业单位”的定义，但是都没有能以法律的形式确定下来。国务院1998年颁布的《事业单位登记管理暂行条例》明确规定：事业单位是指为了社会公益事业，由国家机关或者其他组织利用国有资产举办的，从事教育、科技、文化、卫生等活动的社会服务组织。据相关资料统计，目前，我国有130多万个事业单位，包括各种国有的医院、学校、剧团、养老院、研究所、中心图书馆、美术馆等。其中纳入政府事业单位编制的人员近3 000万，国有资产近3 000亿元，中国70%以上的科研人员、95%以上的教师和医生都集中在由政府出资举办的各类事业单位中，各项事业经费占国家财政支出的30%以上。传统的计划经济体制下形成的事业单位管理体制在巩固国家政权，发展国民经济，繁荣社会主义文化，满足人民群众基本生活需求等方面曾发挥过很大的作用，然而也存在诸多弊端，如事业单位地位和功能的政治化、机构和管理的行政化和经费的财政供给化等。改革开放以来，伴随社会转型与公共事业体制改革的不断深入，社会自组织能力与资源动员能力不断增强，社会力量举办的事业组织发展迅速，国家先后通过《民办教育促进法》《公益基金管理条例》和《民办非企业单位管理条例》等法律法规条例，在法律层面予以承认。党的十六大提出了"按照政事分开的原则，改革事业单位体制"。经过前几轮改革，取得了一定成效，但仍未从根本上解决问题。可以说，我国现行的社会事业体制，其主要特点是政事不分，政府职责范围缺乏明确的界限，包办了所有社会事业，而不论其是否具有公益性，从而使得事业单位同时承担了市场经济体制下本应由多种组织形式承担的社会事业职能。这既表现在宏观层次上，整个事业单位部门同时承担了多种社会事业职能，也表现在微观层次，大多数事业单位内部也同时承担多种职能。这种职能上的多元化是导致事业单位许多弊端的深层次根源。经历了近20年的改革，事业单位的这一基本特征仍然没有发生根本变化，构成了当前事业单位改革的焦点和难点。要进行彻底改革，必须建立在对事业单位进行合理分类的基础上，根据不同的情况有针对性地进行改革。不同类型的社会事业单位承担不同性质的任务，实行不同的机构编制管理办法，实施不同的改革思路，并建立符合各类社会事业单位的经费供给渠道、财务管理规则、领导干部管理办法、人事制度和社会保障制度。

我国事业单位情况非常复杂，两极分化非常明显。其中，既有行使行政职权、与行政机关没有实质差别的事业单位，也有与国有企业一样追逐利润的事业单位；既有由国家全额拨款的事业单位，也有完全靠创收维持运转的事业单位；既有经费充裕、财大气粗的事业单位，也有经费短缺、四处化缘的事业单位；既有完全受制于政府机关、缺乏自主权的事业单位，也有主管机关形同虚设、基本实行自治管理的事业单位。如何对事业单位进行分类却存在分歧。具有代表性的是朱光明依据事业单位承担的社会功能的不同，将我国现行的事业单位大致划分为行政执行类、社会公益类和生产经营类三种类型。一是行政类事业单位，机关法人，即直接承担政府行政职能、为政府提供服务的事业单位，主要从事监管、资质认证、质检、签证及机关后勤服务等方面的事务，其基本功能是通过承担政府委托的政策执行、执法监督、社会管理和公共政策研究等事务，维护国家经济和社会秩序的稳定，保证党和国家大政方针的实施；二是公益类事业单位，社会团体法人，即承担公共事业发展职能、为社会提供服务的事业单位，是我国公共事业组织的主体，也是事业单位体制改革的重点，主要包括科技、教育、文化、卫生等领域的公共服务机构，这是真正具有非政府、非企业和非营利性质的事业单位，因此，事业单位改革的结果，将是通过转制、改制和回归等途径，使事业单位真正成为非政府、非企业和非营利的公共服务机构；三是生产经营类事业单位，事业单位法人，即从事非商事业，具有固定社员或独立财产的组织，承担中介沟通职能，为市场和企业服务的事业单位，主要从事科、教、文、卫等社会事业和公共基础设施建设、公用事业服务相关的事务，如公立医院、大学科研机构、博物馆、职业培训机构等。一些面向特定社会群体的专业性服务组织，针对市场需求，提供有偿服务，一般都拥有比较稳定的财源，通常具备自主经营、自主管理和自我发展的能力，可以作为经济主体参与市场竞争，实行企业化管理。

二、事业单位改革的路径

关于事业单位改革方向达成的基本共识是，事业单位改革必须遵循“分类改革、分类管理”的思路进行，在分类的基础上对不同类型的事业单位分别确定不同的改革目标，适用不同的改革方案，然后按照政事分开、事企分开的原则，使行政职能尽量收归行政机关，市场业务则交由企业。改革的目标选择是，建立一个能够与社会主义市场经济体制相适应的、精简高效、结构合理的现代事业组织体系，改革后的事业单位目标模式为非营利组织。我国有关非营利组织的理论基本上来自于西方，美国霍普金斯大学非营利组织比较研究中心对于非营利组织特征的描述，即组织性、民间性、非营利性、自治性、志愿性、非政治性、非宗教性，几乎成了国内专家学者在确定非营利组织的界定标准时的灵感之源。特别是组织性、民间性、非营利性、自治性、志愿性这五个特征，成了非营利组织研究领域众人皆知的“五特征说”。

改革的方向是事业单位的去行政化和去企业化。作为事业单位改革的两项基本原则——政事分开和事企分开，清楚地表明在去行政化和去企业化的改革方向上所形成的基本共识。

改革的具体路径：

(1)由政府部门或仍由政府直接举办。一部分事业单位可能要维持现有的这样一种身份或性质，仍然以国有资产为基础，因为仍有一部分社会服务需要由国家提供。在日本、挪威、英国等许多国家都有这样一类社会组织，有的称为“特殊法人”或“公法人”，这些组织百分之百的资源来源于政府财政，按照政府的旨意、遵循相关法规，为社会提供具有很强公共性和垄断性的公共服务。

(2)事业单位改革成为非营利组织。事业单位提供的社会服务的性质，决定了它的宗旨是公益性的。随着事业单位改革的推进，有些在逐步脱离政府。但是，并不是所有的事业单位在改革中都可以转变为非营利组织，只有那些从事公益性活动，并且能够获得公益性社会资源的事业单位才能够转变为非营利组织。各国的非营利社会组织的资金收入的绝大部分是来自政府和公共部门，政府对非营利社会组织的财力支持非常重要。任何一个国家，在社会服务的各个领域，政府都是非营利社会组织的主要资金来源。非营利社会组织不能替代政府，却有力推动了政府资助下的社会事业的发展。

(3)改制为企业。还有相当一部分事业单位，从数量上讲，占比例很大的一部分事业单位可以按照市场化的改革方向，采取企业的运作模式。这类事业单位所提供的社会服务实际上可以市场化，通过市场机制动员资源、提供服务。这类事业单位没有必要转变成非营利组织。但去行政化和去企业化只是事业单位改革的一个大方向，如何转化为具有可操作性的改革目标是关键。

应清醒地认识到，事业单位管理体制和机构改革，不是简单地通过减少财政支出或重新进行分类就能达到目标的。此项改革后的事业单位管理体制，应当更有利于各项事业的发展和单位自身的发展，更有利于改善和提高公共服务的质量、推动经济发展和社会进步、尽可能满足社会各方面的需求。从国外的经验来看，非营利组织是一种区别于政府和企业的社会组织形式。它一方面在运作和管理上不同于政府；另一方面和营利性的企业也有严格的区别。在我国，现在事业单位的财务管理制度基本上是按照国有资产进行设定的。这在计划经济条件下无可非议。但是随着事业单位改革的逐步推进，国有资产的比例逐渐减少，特别是我们提出事业单位改革的非营利目标，继续沿用基于国有资产的运作和管理制度就有很大的问题。因为国有资产管理和公益资产管理在本质上是不同的，国有资产主要通过税收形成，管理是一种自上而下的体制；而作为非营利组织的财务管理制度应该建立在志愿性的公益产权基础上，最重要的原则是公开性和透明度。非营利性的事业单位运作的财产来源于社会，他们基于志愿性的公益财产，并承诺要为社会提供公共服务，社会大众有权利要求非营利组织向社会公开和透明其财务过程，有权利向非营利组织问责，因此，要建立有效的非营利事业单位的运作和管理制度。正是基于事业单位改革的种种问题，国内学者做了大量的研究和探索，大都认为事业单位改革在对中国内地的公共服务格局产生深刻影响的同时，也会对中国内地非营利组织的发展产生持久的影响。

本章小结

我国非营利组织的发展分为四个阶段：清代以前为起步阶段；20世纪初至1949年新中国成立为发展阶段；新中国成立后至改革开放以前是停滞阶段；改革开放以后，随着公民社会的逐步形成和发展，社会自我管理、自我服务的多元治理模式的形成，非营利组织进入快速发展时期。萨拉蒙将非营利组织的活动领域划分为12个大类，24小类。我国民政部门将其分为两类：社会团体和民办非企业单位；学界将现阶段的非营利组织分为会员制互益型组织、会员制公益型组织、运作型组织和实体型社会服务机构等。根据其产生的方式可以分为官办非营利组织和草根组织。我国非营利组织的活动领域包括环境保护、扶贫开发、社区服务、文化教育、医疗卫生、经济中介等。事业单位改革必须遵循“分类改革、分类管理”的思路进行，改革的方向是去行政化和去企业化。事业单位这一我国独有的概念最终将为非营利组织所取代。

专业名词中英文对照

行业协会	Industry association
事业单位	Public institution
中国扶贫基金会	China Foundation for Poverty Alleviation (CFPA)
中国青少年发展基金会	China Youth Development Foundation(CYDF)

思考题

1. 我国非营利组织的发展可以分为哪几个阶段？
2. 我国非营利组织主要集中在哪些活动领域？
3. 当前我国事业单位改革的目标是什么？
4. 谈谈你对事业单位改革与培育非营利组织之间的关系的看法。

案例：民间组织参与灾后重建调查报告发布

2008年5月12日14时28分，四川省发生里氏8.0级强烈地震，全国大半地区有明显震感，震中位于阿坝州汶川县，地震造成了严重的生命和财产损失。中央政治局常委、国家总理温家宝同志在灾情发生后第一时间奔赴现场，组织抢险救灾工作，亲自走到废墟中，参与搜救工作。这一场突如其来的地震震惊了亿万人民的心，也将政府的应急救援能力和媒体对突发事件报道宣传能力和社会动员的能力置于全国乃至全世界人民的关注的焦点上。

为系统了解公众对民间组织参与抗震救援工作的评价，反映对民间组织工作的认知、效果的评价，清华大学媒介调查实验室 6 月 5 日开展了“NGO 组织参与 5·12 地震灾后重建形式与传播效果调查”，通过 NetTouch、NetCATI 网络调查及电话调查系统对民间在抗震救援工作及未来灾后重建等相关工作中的专项问题进行综合调查，累计回收有效问卷 5 790 份，其中电话回收 3 568 份，网络回收 2 222 份。

调查研究结果显示，在政府主导下的灾后重建工作中，民间组织参与灾后重建工作的空间较大，主要集中在教育、心理救助、孤儿抚养、社会福利机构的组织管理等方面。民间组织参与灾后重建工作的监督及民意搜集工作，也可以成为民间组织的重要工作。另外，民间组织可从自身专业性建设出发，实地开展考察，灾后重建工作进行智力支持。

民众认为民间组织在此次灾后重建过程中的作用非常重要，并认为民间组织在未来应对重大突发公共事件中的作用会更加重要。民间组织在政府及民众普遍关心的灾后重建工作重点中，应自主积极寻找可参与合作的切入点，完整展示民间组织作为社会重要组成部分的力量。

民间组织参与灾后重建的领域如下：

1. 规划建设类方面

监督类：92.4%的民众认为，民间组织可为提高拨款、捐款使用透明度做相应工作；91.7%的民众认为，民间组织可以加强灾后重建监督力度；94.8%的民众认为，民间组织可以有效参与舆论引导和舆论监督工作。

智力支持：82%的民众认为民间组织可有效支持制定完善灾后重建规划，79.8%的民众认为民间组织可有效组织专家对灾后重建工作进行智力支持。

其他：87.4%的民众认为，民间组织可以有效动员捐款捐物等组织性支持工作，支持灾后重建的工作

2. 重建工作方面

福利机构建设管理与运作：92.9%的民众认为民间组织可以有效解决孤儿抚养问题，84.6%的民众认为民间组织可以有效解决养老院、孤儿院的管理工作，78.1%的民众认为民间组织可以有效参与灾区社会福利制度设计工作。

教育及心理救助：90.5%的民众认为，民间组织可以有效参与灾民心理救助；89.6%的民众认为，民间组织可以有效参与解决灾区学生教育问题；84.3%的民众认为，民间组织可组织灵活多样的活动，培养居民遭遇突发事件的疏散和避灾能力。

应急机制建设：84.3%的民众认为，民间组织可建立信息共享和发布平台；83.6%的民众认为，可通过民间组织建立独立的民意快速调查体系；75.8%的民众认为，民间可有效参与灾害风险评估体系的设计。

资料来源：清华大学媒介调查实验室 http://netranking.nppcn.com

第十一章　我国非营利组织的发展趋势

教学内容：

(1)我国非营利组织发展的机遇。

(2)现阶段我国非营利组织发展过程中面临的挑战。

(3)我国非营利组织发展的趋势。

教学要求：

(1)了解我国非营利组织发展的机遇。

(2)了解现阶段我国非营利组织发展过程中面临的挑战。

(3)了解我国非营利组织发展的趋势。

我国真正意义上的非营利组织的发展尚处于起步阶段，组织发展和生存的国内国际环境在发生急剧的变化，非营利组织的发展任重而道远。一方面，改革开放以来，我国的社会领域经历了和正在经历着重大的改革，我国的非营利组织是从国家权力的全权控制下，在市场经济的内在要求下生成并快速发展；另一方面，20 世纪 80 年代中后期一些国际非营利组织发展迅速，形成遍布世界各国的庞大的网络体系，90 年代后，大量涌入我国，在多个领域开展工作，多方位与我们的社会中介组织或政府部门合作，极大地促进了我国非营利组织的发展。在这种发展环境中，我国非营利组织面临怎样的机遇与挑战，呈现出什么样的发展趋势？

第一节　我国非营利组织发展的机遇

非营利组织是现代公民社会的组织载体。自 20 世纪 90 年代中期以来，随着我国社会主义市场经济体制的建立，非营利组织获得了很大的发展空间，具有了一定的规模，其作用也日益显现。尤其是最近几年，这类组织有了非常大的发展。据民政部统计，当前，我国非营利组织已经达到近 50 万个，如果加上农村经济合作组织和社区组织，已有 60 多万个。实际数量更多。这是社会自由发展的结果，会使中国社会更有创造力，对社会发展有好处。中国正在出现一个历史上前所未有的强大动力，这将推动非营利组织长期发展。

一、社会主义市场经济为非营利组织的发展带来了生存空间

传统的计划经济体制下，政府是“全能政府”，社会资源由政府统一配置，政府依靠单位制度、户籍制度等各种制度，管理和控制着社会生活的各个领域，包括经济领域、社会领域及文化领域等。改革开放以后，中国社会发生了全面而深刻的变化。以经济领域为突破口，从政企分开入手，逐步明确行政、事业、企业单位各自的社会角色及功能，进而引发了社会领域的变革，要求建立适应市场经济的组织、功能体系，使得全能政府的逐步解体，中国社会结构进行了大的调整与变迁。这一改革促使传统公共管理体制逐渐走上解体，政府由微观管理转向宏观管

理，由直接管理转向间接管理，由部门管理转向行业管理，由“全能政府”转向“有限政府”，社会趋向多元化，政府逐步放权于社会，强化社会权力和自制能力。市场与社会因现实的需要脱颖出来，传统的“一元化”社会结构已逐步朝着国家、社会、市场“三元”结构发展，有学者将其概括为“权力多极化”过程，并指出伴随着政治领域权力的减弱，经济领域和社会领域的权力正在逐渐成长，原先那种政治领域垄断一切的“单级结构”正在向三个领域分享权力的“多极结构”转变，这是中国社会结构演变的基本脉络。这种多极结构的实质在于，将市场与社会从国家桎梏中解放出来，明确其各自的功能、活动的方式与遵循的基本法则。这种多极化结构打破了公共职能国家垄断的传统，并促使传统“公共职能”履行模式的瓦解，进而为公共行政职能的社会分担以及行政的间接化提供了基础与前提。

建立社会主义市场经济体制，从以下两个方面促使非营利组织的产生及发展：一方面，公民社会所要求的私有产权、平等自治等契约关系、法治原则、尊重和保护社会成员的基本权利、自治性质、个人选择等基本特性，也正是市场经济的基本特性，因而公民社会与市场经济是相伴相生的，甚至在一定程度上市场经济就是公民社会本身。随着社会主义市场经济体制的建立，我国公民的个人权利如迁徙与就业的权利，消费与福利的权利，思想、交往、隐私等权利，个人财产权利等也得到了前所未有的发展。这一切表明市场经济为非营利组织的产生奠定了坚实的基础。另一方面，随着社会主义市场经济的建立和完善，也对非政府组织的建立提出了需求，开拓了发展空间。社会主义市场经济体制建立后，“单位人”向“经济人”和“社会人”的转变，以往属于单位管理但实际上应由社会管理的事务从单位中逐渐剥离，同时，随着经济快速的发展，公民的生活需求也日益提高并多样化，大大增加了社会管理的任务。伴随着政府机构改革和职能的转变，政府将从更多的直接控制的领域退出来，非营利组织将承担更多更具体的职能，整个社会的民主化和多元化进程加快，这一切都将大力推动中国非营利组织的发展。可以说，自上而下的改革探索和自下而上的参与冲动推动着中国非营利组织越来越多地介入到各种社会事务及其决策过程中，并在其中发挥越来越大的作用。

二、社会中间层的形成为非营利组织的发展奠定了社会基础

社会理论指出一个稳定的社会必须要有一个稳定的社会结构，而稳定的社会结构是靠合理的社会阶层结构来实现的。社会阶层结构是指社会各阶层在社会结构中的分布形态。目前，理论界比较一致的看法是，“橄榄型”的社会结构是比较合理的社会阶层结构。这种社会阶层结构的特点是“两头小，中间大”，即拥有大量资源的处于社会较高层级的阶层和拥有很少资源的处于社会底部的阶层在规模上都比较小，处于社会中间层级的阶层规模和力量较大。也就是说在现代社会中，大多数人从事着有较高社会地位的职业，并享有中等或中等以上收入，他们成为社会的主体，对社会的主导价值观有较强的认同，与国家稳定和发展利益相一致，同时也是经济发展中的主导型消费群体和社会变迁中缓冲社会矛盾的稳定力量。在此社会阶层结构形态中，社会各阶层之间的利益矛盾和冲突不大，大多数社会成员很少对社会感到不满，因而最稳定、最有利于社会的持续发展。

很长一段时间，我国社会的阶层结构呈现“金字塔形”，即社会较高阶层人数很少，中间阶级呈过渡状，而社会底部阶级规模很大。随着社会主义市场经济的发展，中国经济保持稳定快速的增长，国内生产总值年增长率保持在9%左右，人民收入不断提高。据中国国家统计局2008年发布的报告显示，1978年，中国城镇居民人均可支配收入为343.4元，到2007年达

13 785.8元，比1978年增长39倍多，年均增长13.6%，扣除价格因素，实际年均增长7.2%。1978年，中国农村居民人均纯收入只有133.6元，到2007年达4 140.4元，比1978年增长近30倍，年均增长12.6%，扣除价格因素，实际年均增长7.1%。难怪西方经济学家惊叹："在近20年的时间里，中国10多亿人口的收入提高了4倍。在人类历史上，还从来没有过如此多的人，在物质生活方面经历如此快速的改善。"社会经济的飞速发展不仅改变了人们的物质生活和精神需求，使社会利益多元化，也使得人们的教育水平得以提高。更为重要的是，随着利益多元化的不断发展，社会阶层结构不断分化。学者们普遍认为，目前，在中国已经形成了一个特殊的社会中间层，包括民营企业的创业人员与技术人员、受聘于外资企业的管理技术人员、个体户、私营企业主、中介组织从业人员、自由职业者等。这些人员一般文化程度高，从事非体力性劳动，以知识与技能服务于社会，家庭年收入达到中等以上水平，社会参与意识强，更关心周围生活环境的变化，更乐于参加各种社会活动，成为非营利组织的志愿者资源，形成了非营利组织的社会基础。社会中间层的形成与发展对于整个社会志愿意识的培养和志愿行为的实施具有良好的导向作用，这在一定程度上给非营利组织的发展提供了宝贵的资源。

三、法律及政策环境的不断优化为非营利组织提供了重要保障

非营利组织得以存在、发展的基本前提即合法性的需求，无论非营利组织具有多少存在的现实合理性，在政府利用法律手段全面强化规章制度的背景下，任何非营利组织都必须全面符合法律的要求。非营利组织面对的法律环境已成为其生存和发展的基本依托。国外的实践表明，非营利组织的健康发展，其作用的充分发挥，根本路径在于完备的法律保障。一方面，国家必须以有效保障结社自由权利为立法导向，赋予非营利组织以独立法律地位和自主活动权利，保证社团在市场经济条件下的社会化、民主化的环境治理机制中发挥重要作用；另一方面，正如政府和市场都有可能失灵一样，非营利组织也有其内在的局限性，甚至可能发生非法结社和从事非法活动的现象。因此，对其结社权利的滥用必须予以防范，将非营利组织的活动纳入法制化、规范化的轨道，才更有利于非营利组织的发展。

目前，随着现行法律法规的改善，一个法制化的外部环境正在逐步形成。对非营利组织来说一个不可否认的事实是，十多年来中国政府正在探索一条走向分类管理和逐步实现法制化的道路，1988年和1989年，国务院先后发布了《基金会管理办法》和《外国商会管理暂行规定》，1989年10月又发布了《社会团体登记管理条例》。1998年10月，国务院在对原有条例作了大幅度修订的基础上颁布了新的《社会团体登记管理条例》，同时发布《民办非企业单位登记管理暂行条例》；1999年8月，中国历史上第一个有关非营利组织的专门法案《公益事业捐赠法》出台。这是我国第一部直接规范捐赠行为、涉及有关优惠政策的社会捐赠法规，对我国非营利组织的发展具有积极的推动作用。该法明确了要鼓励包括非营利组织在内的社会公益事业的社会捐赠，规范捐赠和受赠行为，保护捐赠人、受赠人和收益人的合法权益，促进公益事业的发展。

2004年3月《基金会管理条例》的颁布和实施，使公益性非营利基金会具备了规范发展的法制框架。与发达国家相比，我国目前基金会显得十分弱小。据2002年的不完全统计，80家全国性基金会基金拥有量近30亿元人民币。民政部对52家全国性基金会1999年6月末的资产状况进行分析，48%的基金会资产规模在人民币1 000万元以下，地方性的基金会资产贫乏，将近40%的地方性基金会的基金未能达到规定的210万元人民币的标准。再看美国，基

金会在 2000 年就已达到 56 600 多家，资产总额达 4 860 亿美元，每年向社会资助达 290 亿美元。英国的威尔卡姆基金会，基金总额超过 120 亿英镑，每年用于医学研究的资助多达 3 亿英镑，远远超过政府在此方面提供的资金。“随着市场经济发展，一些促进公益事业发展的产品都可以也应当主要由政府以外的其他组织提供，我国基金会的数量和质量还都不能与之相称，基金会的发展已成为社会的紧迫需要。”

然而，制度缺失是困扰基金会发展的关键。据广东省一项摸查显示，30％的基金会没有建立完善的理事会制度，40％的基金会组织财务制度不健全。这使得基金会在发展过程中出现了种种纰漏：直接或变相从事借贷、信托等金融活动，将资金用于股权投资或实业投资等现象屡见不鲜；一些基金会组织机构规范缺失，决策权力集中在几个甚至某个人手中；不少基金会财务会计方法简单，所有资金混同管理，使得基金会的运作处于封闭和不透明的状态，使得主管机关、捐赠人和社会公众对基金会的监督缺乏基本途径。1988 年的《基金会管理办法》有 14 条，共 900 多字，对于基金会的组织形式、内部决策程序、财务会计制度、资产使用管理、社会监督机制等诸多问题没有规范，使得基金会在具体运作的许多环节无章可循。

整体来说，关于非营利组织宏观管理的较为规范、严整和系统化的法律制度框架正在形成。

四、现代公民意识的觉醒为非营利组织的发展提供了必要前提

现代公民意识包括独立人格意识，权利意识，责任义务意识，自由、平等、民主意识，公德意识等。现代公民意识的觉醒是非营利组织发展的必要前提。美国一直都十分重视公民意识的培养，公民意识的形成最早可以追溯到英国移民初到北美的时期，早在第一批移民来到北美的时候，他们就开始了公民意识的培养，在前往北美的轮船“五月花”号上，这批人签署了后来被称为“五月花号”公约的文件，为建立自愿、自治、平等的公民政府奠定了基础，公约中提到：“为了上帝的荣耀，为了吾王与基督信仰和荣誉的增进，吾等越海扬帆，以在弗吉尼亚北部开拓最初之殖民地。因此，在上帝面前共同庄严立誓签约，自愿结为一民众自治团体。”

在经济市场化和社会多元化的进程中，我国公民参与社会治理的热情越来越高，公民自由、自主、自治和志愿服务的意识逐步培养和觉醒起来。中国自古有着社会自组织和自愿结社的传统，随着经济和社会的改革，随着政府逐步退出许多社会控制领域，自上而下的人为的行政限制越来越少，公民通过各种形式参与经济、社会乃至政治过程的机会越来越多、热情越来越高，在这个过程中人们的自由权力得到认同，自主精神得到提倡和发扬，自治机制得到培育，志愿服务的社会风尚逐渐形成，推动着整个社会资本的建设，从而为中国非营利组织的发展奠定了重要的文化基础。2008 年 12 期香港《亚洲周刊》在“封面专题”栏目载文指出，“5・12”四川大地震后，来自全国五湖四海、奔赴灾区现场的志愿者（义工、志工），在一周之内，已达 100 万人，他们以网络、手机等方式自发集结，奔赴灾区，他们小规模编队，临时组合，却展示世界史上最大规模、也最快速的一次民间动员。他们救急扶难，发挥人道精神，展示中国公民社会责任感，超越意识形态限制，推动中国现代化进程。这支民间百万大军，被选为亚洲周刊 2008 风云人物。

第二节　我国非营利组织发展的挑战

非营利组织已经并正在成为我国社会经济发展中的一支重要力量，然而就其能够和应当发挥的作用而言，中国非营利组织的发展是远远不够的。特别是和国外非营利组织的发展相比，和正在兴起并日趋完善的市场经济的发展相比，和改革开放中社会巨大变迁带来的需求相比，我国的非营利组织显得先天弱质、后天困难。它们在获取和运用资源、协调关系、发挥作用等方面都不存在明显的优势。大多数非营利组织在政府规章制度和市场挤压下艰难寻求生存和发展之路，难以展现像我们在国外非营利组织身上看到的勃勃生机。

一、非营利性组织缺乏独立性

西方发达国家在几百年既有经济发展的过程中，已经形成了一个强大的公民社会，即"独立于国家之外，但又受到法律保护的社会经济生活领域，以及与之相关联的一些社会价值和准则。"这一强大的公民社会形成了良好的社会自我管理的习惯，他们的自助管理能力和意识非常强大。改革开放 30 年来，虽然社会力量不断增强，公民社会也在不断发育和成长，但由于历史传统的影响，政府依然是社会主导力量，社会的自我治理能力还很低。我国现有的非营利组织独立性差，对政府依赖倾向严重，许多非营利组织没有明确的使命，他们不是从社会的需要出发，为了满足公众的利益建立，而是根据政府需要建立，这使得这些组织在观念上、组织上、职能上、活动方式上、管理体制上等各个方面，都严重依赖于政府，甚至依然作为政府的附属机构发挥作用。

1.非营利组织缺乏人事任免权

非营利组织的管理人员来源，应该由组织自身根据组织目标选择。但中国许多非营利组织的主要管理人员来源于政府主管部门的派遣和任命，或是由组织负责人提名，并由组织业务主管部门批准任命。只有 30％的组织根据组织章程，通过民主选举的方式选出组织的管理人员。由于我国对非营利组织实行的是"双重管理"，即指非营利组织在民政部登记注册前，必须得到主管单位的批准。根据民政部规定："社会团体的业务主管部门主要是指各级政府的职能工作部门和当地的职能工作部门。有些社会团体的业务主管部门不便由政府工作部门或党的工作部门承担时，经民政部门与有关业务部门协商同意后，也可以委托有能力进行资格审查和业务指导的其他单位承担这一职责。"这样，我国非营利组织运作的方方面面都被列入业务主管部门的管辖范围之内，非营利组织实质成为业务主管部门的下属机构。业务主管部门通过控制人事任免权，进而控制着非营利组织。

2.缺乏民主决策程序

中国非营利组织的决策方式可以分为以下几类：一是由理事会或全体会议等正式决策机构决策，约占所有非政府组织的 46.6％；二是无正式的决策机构，由负责人个人决策，约占所有非政府组织的18.9％；三是无正式决策机构，由两个以上的负责人协商决策，约占所有非政府组织的 17.8％；四是无正式决策机构，由全体成员协商进行决策，占所有非政府组织的 10.7％。当然还有其他方式，这里很难一一列举。另外，就非营利组织的理事会而言，有的非营利组织的理事会在 5 人以下，有些达到 6～15 人，有些理事会成员超过 100 人。整体来看，我国非营利组织有近一半缺乏正式决策机构，缺乏民主决策机制。

3. 财务状况混乱，经济独立性不够

从我国1998年非营利组织的资金来源结构上看，政府财政拨款占非营利组织的资金来源的53.6%，企业提供的资金和公共捐赠资金之和不到非营利组织的资金来源的8%，可见，我国非营利组织资金主要来源于政府拨款、补贴，这使得非营利组织对政府依赖性过强。在获得收入后，非营利组织将重要收入用于组织的人工费用开支，而在活动经费方面则很小。我国非营利组织中，有相当一部分每年年终由会计制作年度财务报告，但无严格的审计。大多数非营利组织财务制度尚不完善，甚至很多非营利组织甚至没有年度财务报告。财务的透明化是非营利组织建立社会公信力的基础，如果没有严格透明的财务制度，那么非营利组织的廉洁性就没有办法保证。建立严格完善的财务报告制度是我国非营利组织规范化运作的关键。

这一系列的弊端造成了我国非营利组织缺乏资金、人才，缺乏独立的运营能力，一些非营利组织不求发展，徒有虚名。

二、对非营利组织的管理混乱

朱莉·费希尔说："国家的政治环境要比地理位置更能决定国家对待NGO的方式。"一国的政权类型、政治文化、国家执行政策的能力以及政治稳定的程度等因素都将对非营利组织的发展和作用的发挥产生重大影响。在西方国家，公共领域概念是以国家与社会的剧烈分化发展为前提的，"结社自由"作为宪法权利得到了切实保障。政府不仅许可和承认非营利组织的存在，并且提供多方面的支持，包括制度供给、资源保障等。正是在这种宽松的政治环境下，西方非营利组织在获得充分的活动空间，成为举足轻重的"第三种力量"。在我国，国家与社会之间显然没有这种分化，长期以来，政治国家占据了社会生活的各个领域。在封建社会和近代的中国也存在一种类似公共领域的公共场所，但这种公共场所与公共领域的差距是巨大的。随着我国政治改革的深入发展，尽管国家已经在逐渐退出社会生活领域，但是它依然保持着强大的影响力。中国正处于经济体制转轨和社会转型的历史时期，相比社会经济的迅速变迁，制度和文化建设方面出现一定程度的空缺。对非营利组织的发展而言，首先面对的是来自现行法规和政策上的严格的制度限制。当前我国在民间组织管理上的基本特点是门槛高、限制多、监管不力。

现行的双重管理体制、分级管理原则和"非竞争性原则"，都与传统的计划经济管理体制相关，它们设置了一个对于普通公民来说高得难以逾越的门槛，在相当程度上限制了非营利组织通过登记注册来获得合法地位。目前，我国非营利组织可以通过以下途径取得合法资格：在民政部门合法登记；以企业法人身份在工商部门注册，经本单位批准成立，在单位内部开展活动。在社会经济发展中，不同的利益集团产生了大量利益冲突，相对弱势的社会群体受到了不同程度的伤害，要求参与各种公共政策的制定，维护自己的利益。在实际维权过程中，他们深刻地感到，由于自身的弱势，需要组织起来增大力量，才有可能在公共参与中发出声音。维权和参与的形式多种多样，几乎所有社会政治权利领域都有公民自觉参与，如环境权、教育权、人权、妇女地位、土地流失、劳工权等。一些社会群体，例如农民、农民工和妇女儿童等，是利益受到侵害的主要社会群体。这种广泛的维权现象，使得社会弱势群体的结社倾向大为提高。相当多的地方的农民建立了公开、半公开或者不公开的农民协会和农民维权协会，城市中也出现了大量的农民工的组织，帮助农民工和企业主谈判工资等。尤其是维权类的社会组织在民政部门不可能登记，绝大部分社会组织不登记，而是埋头实际发展和活动。湖南某县出现的已有

3 000 人加入的农民协会虽然不被政府承认,他们在县、乡、村三级建立了结构性的组织,进行了有效活动。

一个组织一旦登记成立,除了象征性地接受财务管理方面的"年检"之外,没有任何日常性的评估和监督管理方面的制度约束,同时也难以落实有关公益事业的减免税待遇。其结果,使得整个第三部门内部良莠皆存,实际上损害了真正的公益组织。近来频频出现的公益腐败现象,如挪用巨额善款进行非正常投资等,不得不引发人们思考,肩负神圣使命的非营利组织为什么会出现这么多腐败丑闻?对非营利组织合理有效的监管的缺失应该是主要原因。如"中国妈妈"胡曼莉利用"丽江妈妈联谊会"法定代表人的身份,盗用慈善组织的名义不断地为自己谋取私利,被"美国妈妈"告上法庭。

国外一般按照宗旨、收入分配及其开展的活动严格划分营利和非营利两种不同性质的组织,并对不同性质的非营利组织给以不同的税制待遇和相应的管理办法。国内则没有这样的区分和明确规定,如把本来就包括营利和非营利两种类型的民办学校全部规定为非营利组织,对基金会不分运作型和资助型统统算作公益组织,在财务管理上更是胡子眉毛一把抓,统统采取事业单位财务管理办法,这中间存在的巨大制度空间为各种违法犯罪行为提供了方便。同时,在基本的制度建设方面,如理事会制度、社会监督机制、财务公示制度等方面,现行政策上并没有具体明确的要求,使得非营利组织各行其是,无所适从。

三、非营利组织发展缺乏良好的法律环境

近年来,虽然非营利组织发展的法律环境不断改善,但与国外相比,中国的非营利组织的法律法规还很不完善,国家立法工作落后于非营利组织的发展。具体表现在,就目前促进和保障我国非政府组织发展的法律法规来说还很不健全。在非政府组织体系发达的两方国家,都有针对非政府组织的基本立法,如奥地利《社团法》、法国《非营利社团法》、匈牙利《公益组织法》等。而有些国家则针对具体类的非政府组织也有立法,如法国《商会法》、克罗地亚《基金会法》等。

法治化管理是鼓励结社的必要途径,因此相关的法律要完善,要尽快出台新的社团管理条例或者社团法,同时要加大有关执法部门的执法力度,加大对社会组织行为的管理和执法力度。从国外的经验看,如日本、韩国等,其非营利组织在 20 世纪 90 年代中期的兴起,都以法律政策环境的改变为转折点。整个第三部门的发展是一个长期而曲折的历史过程,在这个过程中只强调非营利组织自身的能力建设远远不够,需要通过政策的调整和制度的重建来营造一个有利于非营利组织发展的法律政策环境。在这个过程中,政府的态度越是积极和大度,就越能够抓住时机,减少损失,推动非营利组织走向与政府之间实现合作与互动的良治之道。法制建设是一个需要时间的过程。其中不仅要有来自政府的自上而下的努力,还要有非营利组织自下而上的积极推动。如日本政府长期以来对国内非营利组织采取的是谨慎和限制的态度,1995 年,阪神大地震中数以万计的非营利组织在抗震救灾中发挥了政府所发挥不了的积极作用,唤起了整个社会对非营利组织的重视,政府也改变了观念。在非营利组织的直接参与和大力推动下,日本国会在 1998 年通过了《特定非营利活动促进法》,从根本上改变了非营利组织发展的法律环境。我们也渴望在汶川大地震后政府也能够改变观念,促进我国非营利组织的发展。

四、非营利组织发展不平衡

由于对非营利组织了解不够,特别是对民间自发组成的非营利组织的类型、数量、作用、社

会影响、生存和活动状况等情况不清，一些地方政府部门对非政府组织的发展缺乏热情和支持。“政府包揽一切”“怕添乱、怕麻烦”等思想观念，是抑制非政府组织发展的重要原因。由于社会转型期旧体制的影响依然存在，政府职能转变尚未完成，社会独立性还很差，对非政府组织的支持力度欠缺、资源获得困难，促进非政府组织健康发展不可或缺的公民意识、参与意识、公益精神不足，这也使非政府组织遇到很多困难和阻碍。这表现在中国非营利组织的发展在区域之间、城乡之间和不同领域之间，呈现巨大的差距。

就区域不平衡来说，不仅东西相比西部发展严重不足，沿海和内地相比内地发展严重不足，而且同为东部和沿海，区域之间非营利组织的发展也有很大差距；就城乡不平衡来说，城市、特别是特大城市非营利组织发展得较快，开展的活动较为集中，社会对非营利组织的认知和公信度也较高，但是在中小城镇特别是广大的农村地区，除了扶贫开发的少数外来的非营利组织之外，真正当地的非营利组织很少，社会对这些组织的关注和支持也很少；就不同领域之间的不平衡来说，非营利组织在那些相对来说政策宽松、易于得到资源而进入门槛较低的领域已经开始出现低水平重复的现象，但那些存在大量社会问题、迫切需要公民参与的领域，包括一些重要的公共政策领域，如失业与就业、社会保障、劳工权益保护、国际区域冲突和外交等领域，却因种种原因极少有非营利组织进入。这对于非营利组织整体部门的发展无疑是一个很大的欠缺。

五、非营利组织能力较差

资金、人才等资源不足制约组织的发展，除了受到社会经济发展水平、制度环境与社会文化方面的限制之外，更重要的原因在于非营利组织自身的能力不足，包括一个组织的活动能力、管理能力、创新能力、扩张能力和可持续发展能力等。中国的非营利组织一般来说规模比较小，资金筹措能力比较低，动员社会资源的能力也就比较弱，加上组织管理不规范、不透明、不民主，又缺乏评估和社会监督，内部治理结构不健全，缺乏决策机制和制度，缺乏长期稳定的常设机构，导致决策失误和损失，使得它们难以得到社会的广泛认同和普遍的社会公信，不能发挥应有的积极作用。

由于非营利组织能力不足，造成了组织公信力差。公信力是指社会对一个组织的认可及信任程度。非营利组织的运作依靠社会性资源的支持，工作成果是一种公共物品，这种性质决定了公众不但要监督非营利组织的工作和服务品质，还要了解组织的运作是否符合公众的利益，取得社会的认可。如果社会认可度高，非营利组织就可以持续获得社会的支持和帮助，形成良性循环。我国非营利组织的认可度普遍偏低。

公信度偏低导致非营利组织获得资源能力不足。在资金获得方面，许多非营利组织资金严重不足，无法开展正常的活动，其中有不少组织处在名存实亡的“休眠状态”；也有一些组织为了维持生存发展，在通过各种渠道开展与其自身业务不相干的经营性活动或者违法活动。公众和企业担心捐赠的财务被贪污，因而不愿捐赠。2006 年中华环保联合会开展的中国环保非政府组织现状调查结果显示，我国 76.1%的环保民间组织没有固定经费来源。在人力资源方面，非营利组织专业人员很少，主要依靠兼职人员，直接导致了非营利组织创新能力缺乏。绝大多数受到政府支持的自上而下的非营利组织中，基本的工作人员几乎都来自政府机构，其中有许多是从第一线退下来的离退休人员；很多自下而上的非营利组织则没有或几乎没有固定的人才通道，定员和编制极为有限，主要依靠志愿者开展活动。由于专业性人才匮乏、基础薄弱，非营利组织参与政策制定和实施社会监督的能力不足、成效不高。

六、非营利组织缺乏自身理念

理念或使命是非营利组织存在和发展的灵魂。著名管理学大师德鲁克认为，非营利组织是使命感、责任感最强的组织，它们以“点化人类”和“改变社会大众”为目的，“以使命为先”，没有理念就没有非营利组织。当前中国非营利组织缺乏明确的理念和强烈的使命感，这使得它们难有拔地而起的能动性、创新性和艰苦创业的自觉性，并从而带来被动、盲目、短视、缺乏坚韧不拔的精神和动力不足，使组织发展难有后劲。因此，非营利组织要提高活动能力和社会作用，首先要提升理念意识，明确自己的定位，继而完善组织的制度化建设和改善环境，从而实现自己的使命。

而海外非营利组织参与中国大陆扶贫，既不是为了获得中国政府的好评，也不像本土的非营利组织那样是为了赢得自身发展，而是出于对理念的忠诚。这种理念有两种成分，即扶贫与民主。因此，它们的扶贫表现出双重动机——扶贫与自由或民主化。

以香港乐施会为例，它的扶贫项目的理念框架如下：

第一层次为核心理念，即“以人为本，以权利为本”。

第二层次为策略性目标。

第三层次为策略性目标下的刺激目标，有以下内容：

(1)持续生活的权利。刺激目标为生活在贫困状况下的人们将得到食物和收入的保障，同时在更大程度上使用和控制他们赖以生存的自然环境；生活在贫困状况下的人们将获得有偿雇佣的权利、有尊严的工作条件、劳工权利和其他经济模式中受益的机会。

(2)享受基本服务的权利。刺激目标为通过增加人们能负担和足够的基本健康服务、清洁水供应、卫生、公共健康服务和住房，使生活在贫困状况下的人们的健康状况得到明显的改善；所有生活在贫困条件下的儿童将获得受高质量基本教育的权利，同时生活在贫困条件下的成人也有受教育的机会以帮助他们摆脱贫困。

(3)生活和安全的权利。刺激目标为有效地减少在自然灾害中直接遭受侵袭而死亡、生病的人数(武装冲突除外)，有效地减少遭受个人或公共暴行、强迫搬迁或武装冲突破坏的人数。

(4)被聆听的权利。刺激目标是具体为边缘人群将得到他们的公民政治权利，当制定涉及影响他们生活的决策时，他们有效的声音影响这种决策，并且当他们有效地行使这些权利时，能得到道义上的支持和操作技巧。

(5)平等的权利。刺激目标是具体为妇女、少数民族和那些由于其身份的原因被压迫或被边缘的人群将享受和其他人一样平等的权利和地位。

从香港乐施会项目理念框架的设立中可以看出，“以人为本，以权利为本”的理念强调的并不仅仅是把贫困人口的基本权利直接赋予他们，而是通过一套相对比较完善的实现机制来保障这些权利的获得，更加强调了基本权利的可实现性。在第二层次的五大基本权利中持续生活的权利、享受基本服务的权利、生活和安全的权利是出于对扶贫的关注，而被聆听的权利和平等的权利则是出于对民主的关注。

(资料来源：杨韵新，《香港乐施会中国西南项目办》)

第三节　我国非营利组织发展的趋势

一、非营利组织呈现职业化和专业化趋势

职业化是指普通的非专业性职业群体逐渐符合专业标准，成为专业性职业并获得相应的专业地位的动态过程。某一行业职业化的构成因素：①系统的知识体系；②专业的判断标准；③专业的道德和信条；④获得社会的认可；⑤有一套专业的文化。职业化有两个维度：个体的职业化和行业的职业化。个体的职业化是指个体具备这样的素质和技能：能从事高度的心智活动，具有特殊的知识技能，受过长期的专业训练，不断在职进修，以之为长期职业，遵守专业伦理。而行业的职业化是指社会承认并保护该行业的存在，提供专业的知识技能培训，有专门的行业协会，有行业进入门槛，有既定的市场，有通行的标准能够让成员流动，有约束其成员行为的道德规范。职业化精神是内在的精神动力，是对职业的价值观与态度。

专业化主要指一部分知识含量极高的特殊职业。弗雷德逊指出，作为一个职业发展的模式，包含了不同的职业身份和排他性的市场保护，使得每一个职业有所区分而壁垒分明。在英、美，专业群体成了官方职业分类目录中的一部分，并随着社会的发展缓慢地往这一群体中补充进新的成员。在欧洲，职业身份和社会保障的获得在于其成员的学位，由此奠定学位持有者在有关职业（公务员和其他技术、管理职业）中的精英地位。专业化是管理者的职业化进程的前提。行业的专业化宗旨在知识、技能的系统化方面能够传承下来，就形成了行业标准，并有相当数量的人群从事该行业。其中能力的专业化是核心。对非营利组织的管理者而言，像决策能力、沟通能力、知识应用能力等，都应当达到一定的水准，才符合专业化的标准。

国外非营利组织的职业化程度很高，它们的从业人员把自身的工作视为一种职业，与企业员工没有本质的区别。而就实际数据来看，非营利组织是吸纳就业的一个重要渠道。1995年，在美国、英国等22个国家中，非营利部门的就业达1 900万人，相当于各个国家最大私营公司就业总和的6倍多，占所有服务行业就业人数的10%，占所有公共部门就业人数的27%。2004年，在德克萨斯州，在非营利机构中就业的人员数量与该州在各级政府部门中就业的人数相等。就业岗位不足是我国长期以来的现象，尤其是20世纪90年代末期以来，就业形势严峻。造成这种现象主要由于三方面原因：一是由于深化国企改革造成的一些工人下岗或者失业，二是城镇新增劳动力就业人数较大，三是农村有大量的富余劳动力要转移到城市里就业。近年来国家采取了一系列措施，用经济的发展推动就业工作，完善就业市场机制，取得了显著的成效。但国民经济发展所能提供就业岗位的空间和机会难以大幅度增长，使得就业形势愈发严峻。统计数字显示，2008年，全年城镇新增就业1 113万人，但年末城镇登记失业率为4.2%，比上年末提高0.2个百分点。在今后相当长的一段时期内，这一问题还会是中国政府长久面临的难题。职业化和专业化的非营利组织的快速发展是解决就业问题的一个有效渠道。

同时，一些非营利组织可以通过开展培训教育项目，帮助下岗工人转变观念，掌握新技术，为他们再次就业集聚资本。非营利组织在提供培训方面有三个优势：一是能够提供大量的价格低廉的服务，这里与减轻下岗职工的经济负担，使最大范围内的人员有机会接受教育培训的机会；二是能够提供质量高的服务，这主要缘于其非营利性和良好的公信力；三是非营利组织提供的服务最贴近服务对象，他所提供的教育项目具有很强的针对性，容易被公众接受和

理解。

二、非营利组织呈现出联合化趋势

我国非营利组织发展的联合化趋势表现在三个方面：

(1)非营利组织内部的联合。1995年之前，中国非营利组织之间的联系与合作相对较少，而1995年之后非营利组织之间的沟通与合作迅速增多。当前，非营利组织之间沟通的形式主要有：①会议的形式，如“地球村”每年举办一些会议邀请全国各地的环保非营利组织参加；妇女类非营利组织每年举办一次全国性的性别与发展年会；另外学术研究机构也举办一些有关非营利组织的会议邀请各类非营利组织参加。②沙龙的形式，如“绿色家园志愿者”每月举办一次环保方面的沙龙；社会性别与发展协作者小组每月举办一次性别与发展沙龙；一些在非营利工作的年轻人发起的非营利组织沙龙等。③网络的形式，如“绿网”通过网络的形式将全国各地的环保志愿者有机联系起来；基金会与非营利机构网络和清华大学的公益信息网为非营利组织提供了一个沟通与信息交流的平台等。非营利组织注重通过非正式的联合，放大自己的声音，特别是新生代的草根非营利组织，通过倡议书，甚至借助联合国体系、国际金融机构等的力量，更为积极地影响政府的决策。

(2)非营利组织与企业的联合。我国非营利组织与营利组织的共存式发展日益成为社会经济的一部分(在教育、健康、生物科技等方面表现得尤为明显)。一方面，一个非营利组织难以获得的净资产和商业市场，大都是企业易于获得的；另一方面，非营利组织易于获得的私人捐助和政府特权，却又是营利性企业向往却又无法轻易获得的。因此，非营利组织与企业的合作与融合，伙伴关系深层次的建立，可以赢得更多的机会，摆脱更多发展束缚的自然行为。企业与非营利组织的融合与伙伴关系的建立，不会导致非营利组织的公共意识形态的磨灭，而更多带来的是双方的平衡与获益。在教育产业和医疗产业中，相关研究成果和产品的出售，使得双方组织都获得了更好的结果。此外，伙伴双方可以通过相互学习，获得彼此的知识和技能，应用对方的技术，对问题的分析或管理的风格等。这种伙伴间相互交流信息、传达思想的过程可以产生新知识，开创出新的方法。

(3)非营利组织与政府的联合。非营利组织的健康发展，需要政府必要的支持和扶持。公共空间中政府与非营利组织，能否、如何成立一种伙伴关系，关系到社会的更好发展。非营利组织，多是基于共同的利益诉求和服务需求而建立的，并服务于这些诉求和需求，可以成为政府在众多公共服务领域的良好助手和合作伙伴，可以有效地改善公共治理，促进人民物质、文化、精神需要的不断满足。随着我国政府改革的不断深入，一些公共服务特别是社区层面的社会服务，非营利组织将更多地参与和承担；政府采取具体措施，通过政府基金、财政专项等方式，给予符合社会发展需要的非营利组织一定的税费减免、资金支持、信息服务等具体援助。通过一定的政府支持和扶持，在合作中引导，可以使得我国非营利组织在法制规范的轨道上健康有序发展。20世纪70年代，香港特区政府发表社会服务白皮书，提出建立政府与非政府机构的“伙伴”关系，明确了政府与非政府机构共同负责社会服务的模式。政府和民间非营利组织在提供社会服务方面的角色非常明确。以社会福利服务为例，政府(社会福利署)主要负责制定服务政策，拟定发展路向，向立法会申请拨款，监察非政府机构的服务表现，向市民提供法定及核心的福利服务等。民间非营利组织则按政府的既定服务政策向市民提供优质的核心及非核心的福利服务，持续向社会福利署反映服务的需求及服务使用者的意见。

三、非营利组织呈现出网络化趋势

随着信息技术的高速发展和网络时代的到来，非营利组织形式和活动形式也发生了深刻的变化，越来越多的非营利组织开始重视网络的力量，以因特网为活动阵地，利用网络广阔的资源空间，搭建起交流信息、共享资源、聚集力量的平台，开展活动。技术进步使得信息的传播和交流、组织间的联系和合作变得迅捷而高效。对于那些规模较小的非营利组织来说，介入各种活动的成本也变得低廉而高效。网络化主要表现在两方面：一种是有形社团或公益项目，通过建立自己的网站，他们利用网络宣传组织理念，交流组织活动，进行网上募捐等。二是指虚拟社团，他们直接在网上建立并开展相关活动，包括网上虚拟社区、聊天室、活动站等。如"绿网上海"，该社团作为绿网（中国）的成员组织，以网络为平台，进行信息交流、成员招募和活动的组织策划。虚拟社团具有传播速度快、受众范围广、成员活跃性强、社会影响大的特点，为组织提供了便捷高效和低成本的发展模式。

网络化趋势有助于非营利组织更好地实施项目。如2006年由中国青少年发展基金会、全国省级青基会、中央电视台新闻中心和100家新闻媒体联合发起"圆梦行动"获得了极大成功，该项目旨在帮助贫困学生实现上大学的梦想。除周密策划、精心设计外，成功主要得益于依托媒体，动员社会各界广泛参与，尤其是网络的应用。为了支持和保障"圆梦行动"的管理工作，中国青少年发展基金会开设了专门网站"上大学啦"（www. shangdaxuela. cn）作为活动的宣传、交流和管理平台。信息化手段的应用，保障了"圆梦行动"管理的畅通、严密、高效。青少年发展基金会为"圆梦行动"专门设计了一整套管理软件，供全国系统内的日常沟通和信息交流；专门设计了全国统一的《申请表》及规范填报要求、上报时间和流程，使信息交换变得快捷而准确。网站也成为捐赠者自主参与、监督以及被捐赠者了解个人资助状况的平台。在"上大学啦"网站上，每个贫困学生的资料都向社会公开，供捐助者选择；每一笔捐款都进行公布，供捐款者查询、监督。凡经捐方选择资助的学生即进入"已接对库"，不能重复接对。捐方捐款到位后，该学生的信息自动进入"已资助库"。中国青少年发展基金会在拨款的同时，也为捐方寄发《接对资助证书》、向受助生下发《资助通知书》。网络数据库的出现，使双方信息不对称的情况得到改变。通过网络，捐赠者知道他的钱到了哪里，被资助者也了解到自己是不是已经被资助，透明是最好的监督。

"陕西青年与环境互助网络"通过网络的形式将西安各高校的环保志愿者有机联系起来，针对大学生开展野外生存训练，暑期野外科学考察，个人、组织能力建设、环协团队培训；针对公众进行有效的宣传及环境教育，如环保大讲堂、环保沙龙、纪实生态摄影展、报告会；针对中、小学生开展环境教育等活动。通过开展环保实践，唤醒绿色意识，以此推动和帮助西安各高校大学生以及环保社团开展环保实践活动，为环保事业培养"绿色人才"。

四、非营利组织发展呈现出国际化趋势

国际化是指语言、文化、观念、商务等各方面与世界接轨的一种国际模式。非营利组织的国际化反映出组织为获取更多的资源或达成组织使命而逐渐走向国际化的形态。伴随着全球化的兴起，类似绿色和平组织、国际红十字会等非营利组织，数量和影响越来越大。这类组织在全球化进程中走向国际化是必然的趋势。我国非营利组织发展呈现出国际化趋势，主要表现在两方面。

第一，海外非营利组织进入并本土化。从20世纪80年代初直至1995年第四届世界妇女大会在北京召开之前，中国人对非营利组织非常陌生。在联合国开发计划署的支持下，1984年中国第一个开展国际民间组织合作的工作小组出访了欧洲四国，寻求合作渠道并进行可行性研究。1985年，中国国际经济技术交流中心成立了国际民间组织联络处。1987年，国务院正式确认交流中心为国际民间组织合作事宜的协调结构。从1987年至今，越来越多的国际民间组织进入了中国，从刚开始从事以扶贫、技术援助的项目为主，到目前为止的合作领域已经包括了社会发展、经济合作和环境保护的各个方面。国际民间组织的合作促进了中国民间组织的不断成长与壮大。以国际环保非营利组织为例，根据中华环保联合会的调查，港澳台及国际环保非营利组织驻大陆机构，占我国环保非营利组织总量的2.6%。尽管总量不多，但是海外环保非营利组织特别是一些国际著名的环境非营利组织一般都拥有雄厚的经济实力、很强的行动能力，因而在我国环境保护领域产生了重要的影响。例如“绿色和平组织”协同中国政府一起反对跨国公司在转基因食物方面不负责任的行为；“香港地球之友”与中国国家环保局系统合作建立的地球奖，多年来为在环境保护领域有突出贡献的个人和青年团体带来了资金支持和社会的承认等。

第二，国内非营利组织国际化。随着越来越多的国际非营利组织的本土化，也标志着中国非营利组织步入了全球非营利组织发展潮流之中。越来越多的中国非营利组织已步入了国际合作与交流的新舞台。当前，我国政府实施非营利组织“走出去”的策略，鼓励非营利组织在扶贫、救援、慈善、福利、教育、医疗事业等领域加强对外合作，尤其是加强与不发达国家(如非洲国家)的交流与合作。其实，早在20世纪80年代，我国政府就开始吸纳非营利组织参与对外人道主义援助。从1991年开始，中国政府及红十字会通过国际红十字会和伊拉克红新月会先后9次向伊拉克提供了价值为3 070多万元人民币的药品和食品等人道主义援助。2004年12月26日，印度洋海域发生海啸。中国政府在灾难发生的第二天，即宣布提供价值为2 163万元人民币的紧急人道主义救灾物资和现汇援助，随后陆续追加5亿元人民币救灾援助和2 000万美元多边捐助。在这次国际救援中，中华慈善总会和中国红十字会成为政府指定接收社会捐款的非营利组织。这两个组织在救援行动中发挥了巨大作用。印度洋海啸救援期间，中国扶贫基金会联合美国慈善组织向受灾国捐赠了530万元的药品。2005年美国新奥尔良飓风灾难发生后，扶贫基金会积极组织人员到灾区开展灾害评估，这是中国唯一一个做灾害评估的小组，同时联合北京50所高校，开展了“我们与新奥尔良人民在一起”活动。因此，可以看出，中国非营利组织已经行动起来，超越狭隘的民族主义的界限，走进国际舞台，在国际事务中发挥越来越重要的作用。

本章小结

非营利组织是现代公民社会的组织载体。当前我国非营利组织的发展面临前所未有的机遇：社会主义市场经济为非营利组织的发展带来了生存空间，社会中间层的形成为非营利组织的发展奠定了社会基础，法律及政策环境的不断优化为非营利组织提供了重要保障，现代公民意识的觉醒为非营利组织发展的前提。但同时，我国非营利组织发展也遇到了挑战，具体表现在非营利性组织缺乏独立性，包括缺乏人事任免权、缺乏民主决策程序、财务状况混乱等；经济独立性不够，对非营利组织管理混乱；缺乏良好的法律环境；在区域之间、城乡之间和不同领域之间发展不平衡，呈现巨大的差距；非营利组织能力不足，包括组织的活动能力、管理能力、创新能力、扩张能力和可持续发展能力等；非营利组织自身理念缺乏。最后，指出我国非营利组织发展将呈现出职业化、专业化、联合化、网络化、国际化趋势。

专业名词中英文对照

圆梦行动	Oneiromancy action
环保沙龙	Environmental protection salon
组织公信力	Organization's credibility
维权	Safeguard legal rights

思　考　题

1. 试述我国非营利组织发展的机遇。
2. 如何看待我国非营利组织面临的挑战？
3. 谈谈你对我国非营利组织专业化和职业化趋势的看法。
4. 如何理解非营利组织的联合化趋势？

案例：北京惠泽人咨询服务中心的成长发展之路

背景：成立于2003年初的北京惠泽人咨询服务中心（以下简称“惠泽人”）从“想做好事(Doing Good)”开始，汇集了数以百计的志愿者，自愿为社区弱势群体提供心理健康咨询服务；到关注如何“把事情做好(Doing Better)”时，组织内部出现分歧，创始人和大量志愿者相继离开组织，痛定思痛后进行自我反省和能力建设，探索志愿者组织的民主德治与法治建设；再到“做什么好事(What Doing)”，通过科学化制定组织使命和发展战略，自觉地根据使命战略目标开展项目工作和专业能力建设，从而转型成为志愿服务能力建设的支持性民间组织。在从2003—2008年的不懈努力中，“惠泽人”不懈地追寻使命，使组织迈向使命化、法治化、科学化和可持续化的“四化”发展之路。

2003年初，已经积累了8年以上专业志愿服务从业经验的翟雁和时乐决定利用自己的心理咨询专业特长，创办一个从事社区心理服务的志愿者组织。她俩自掏腰包，在工商管理局进行登记注册。恰好此时另有一名NGO男性从业者自愿加盟，“三个臭皮匠就可以顶个诸葛亮”，两位女性发起人自然欢迎有加。他以实物投资方式作为股东，参与了组织创立工作。“惠泽人”的三名股东组成了董事会，实施一票否决制的决策方式，在组织章程中规定了组织使命为“充分整合社会资源，满足当代社会需要，提高人民生活质量，促进建立和谐社会”，同时，还规定“股东不得利用机构资源进行个人营利性活动，中心不进行利润分配”。为保证机构创办资金足以维持组织生存，三名股东作为组织创始人志愿者，承诺3年内不领取薪酬。

到2004年5月，“惠泽人”志愿者团队已扩张到200多人，获得项目资助20多万元。领导人意识到此时必须加强组织管理，逐渐成立了志愿者协会，并试行社团民主化运行机制。利用“五一”长假期，“惠泽人”40多名志愿者代表来到昌平无名山脚下，选举了3名志愿者代表与股东共同组成机构执管会，负责机构的日常决策与管理，形成了新的组织机构，并一致通过了“用生命影响生命，携手共建公民社会”的组织使命。随后的“惠泽人”股东大会也据此修改了组织章程，明确组织为非营利性质，但就是否成立理事会没有形成决议。

2005年，就在组织领导人忙着筹资并与政府合作开发社区矫正政府购买机制，志愿者们来来往往、热热闹闹，开展大量志愿服务项目的同时，“惠泽人”内部出现了越来越多的问题：股东会和执管会讨论的内容不到两个小时就被散布得满城风雨；某志愿者可以因为与某人不和而不再参与志愿服务，也可以因为对津贴拿多拿少不满而愤然离去；组织内部矛盾与冲突随之频出。

2005年底，“惠泽人”高层管理团队终于出现分裂。一名股东办理完退股手续后向法院起诉，向“惠泽人”索要志愿服务薪酬，在法庭上我们听到了“我不是做志愿服务，我是在为‘惠泽人’打工”振振有词的辩护。与此同时，执管会中的志愿者集体辞职，理由仅仅是“我们做点志愿服务只是来找乐子的”；另一名组织发起人也提出了辞呈：“我实在跟不上了……”

组织问题的发生仅仅只是表象，“惠泽人”实质面临着使命缺失和志愿失灵的巨大考验。

在严峻的危机之中，有一些坚定的志愿者默默地站在机构领导人身边。当领导人因为心力憔悴而终日以泪洗面时，他们总是给予耐心鼓励和全力支持说：“我们相信你。”当领导人被执管会要求回家反思时，他们又牺牲休息时间一直坚守在办公室值班。他们说：“‘惠泽人’不仅仅是在做好事，也是在做一份事业。一个人做不成一个事业，我们必须帮忙。”当项目管理出现问题时，他们又挺身而出，不仅保障活动如期开展，也保证项目资金的公正合法使用。他们说：“我们要对得起捐赠人！”

2006年2月，惠泽人在原有组织岗位上招聘了第一批付薪员工5人，由中心主任和部门主管员工组成执管会。7月，经过近半年的筹备，惠泽人第一届理事会正式成立，由来自研究机构和高校的学者、企业家、志愿者代表和发起人等7人组成。理事会一致通过决议，重新审视并制定惠泽人使命和战略规划。9月，在战略合作伙伴VSO的支持下，由VSO国际专家为“惠泽人”主持了为期一周的使命重审和战略规划研讨会，并进行了组织发展咨询和辅导。“惠泽人”发起人、理事代表、顾问、全体员工、新老志愿者代表、合作伙伴和受益者代表都参加了研讨会，经过组织发展回顾与评估、组织内外部环境分析、社会志愿者资源评估、澄清了组织限制与定位，达成了多数共识。

2007年年初，执管会根据战略规划重新调整了组织结构，大刀阔斧地取消了心理部，并停止了社区心理服务型项目和日常心理咨询服务，关闭了心理热线，只继续保留了社区心理矫正项目。

好的治理结构在“惠泽人”危机时刻发挥了至关重要的作用。理事会监督着“惠泽人”项目开发方向和资金的合法使用，并为组织建设提供专业咨询与支持。在理事会的决策下，新的战略规划将工作重点转移到关注志愿者及其组织的能力建设上；同时发展政府、市场和NGO合作伙伴关系，加强志愿者培训师培养、课程开发和培训体系建设；将原有的社区心理服务项目孵化为社区志愿服务中心，通过政府购买专业服务促进其成为当地社区的志愿服务力量。

坚信使命，“惠泽人”在理事会的指导和帮助下开展了学习型组织建设活动，每周组织员工和核心志愿者学习和研讨“惠泽人”使命及战略规划，将使命融入到思想和行为之中；坚守使命，“惠泽人”与战略合作伙伴VSO共同开发了西部NGO的志愿服务能力建设体系，并在南都基金会的支持下与四川赈灾NGO合作，投身于赈灾志愿服务机制探索及其能力建设体系开发；坚持专业化发展，“惠泽人”接受友成企业家扶贫基金会委托，合作开发中国扶贫志愿者管理体系；坚定信念，“惠泽人”最终成为北京奥组委志愿者部的志间志愿力量；坚持使命，“惠泽人”重新找回了社区志愿服务阵地，开发了新的政府购买合作伙伴，继续为更多的民间组织和志愿者搭建和疏通志愿服务的渠道与机制，各类型专业志愿者又重新聚集在“惠泽人”团队中，他们活跃在各自的志愿服务岗位上。

“惠泽人”从一个服务组织转型到支持组织，从2名志愿者发起人到拥有200多名志愿者的志愿者组织，再到6名全职员工和60多名较稳定志愿者的专业民间组织；从最初自投资金、自发性开展志愿服务活动，到自觉地根据使命战略规划开展项目工作和专业能力建设。如同孩子成长过程，他们单纯快乐，自以为是，幼稚无知，热情冲动，勇往直前，尝试失败，困惑不解，痛苦彷徨，期待明天；总是在关键时刻，他们得到了社会支持，同伴互助，能力建设，信念支撑；他们走过了与大多数NGO相似的组织发展之路：自愿与感性—自知与理性—自觉与德性。

资料来源：《中国非营利组织管理案例集(2009)》(电子版)，NPO信息咨询中心主持，2009年4月。

第十二章 我国非营利组织的实践与探索

教学内容：

对具体实例（自然之友、北京地球村、北师大“农民之子”社团及四川圣爱特殊儿童援助基金会）进行分析。

教学要求：

通过实例分析，进一步熟悉非营利组织在我国的发展状况及发展趋势。

改革开放和市场经济的发展推动了我国的非营利组织的迅速发展。非营利组织日益成为我国社会生活中不可或缺的组织形式，发挥着政府、市场不可替代的作用。非营利组织的大量涌现，一方面是因为中国政府认同了市场经济体制，确立了“小政府，大社会”的改革目标，为非营利组织的发展提供了较为宽广的空间，使其可以涉及社会服务、调查研究、行业协会、专业学会等多个领域；另一方面是由于政事分开的行政体制改革，使很多事业单位转变为从事实体性活动的非营利组织。

第一节 自然之友

随着我国社会主义民主政治的改革和发展，各界民间组织蓬勃兴起、快速发展，已成为政府与企业之外的第三方力量。民间组织中最活跃的环保民间组织，已成为推动中国和全球环境保护事业发展与进步的重要力量。

环保民间组织是以环境保护为主旨，不以营利为目的，不具有行政权力并为社会提供环境公益性服务的民间组织。

1993 年 6 月 5 日，自然之友的几位发起人举办了中国首次民间自发的环境研讨会——“玲珑园会议”。1994 年 3 月 31 日，“自然之友”成立，标志着中国第一个在国家民政部注册成立的民间环保团体诞生。创始人是梁从诫、杨东平、梁晓燕和王力雄。其中，全国政协委员、中国文化书院导师梁从诫教授任会长，社会文化和教育问题专家杨东平教授任副会长。自然之友支持政府保护环境的各项政策、法规和措施，尽可能地予以配合和监督。十多年来自然之友累计发展会员 8 000 多人，其中活跃会员 3 000 余人，团体会员近 30 家，累计获得国内国际奖 15 余项，如“亚洲环境奖”“地球奖”“大熊猫奖”和菲律宾“雷蒙·麦格赛赛奖”。各地会员热忱地在当地开展各种环境保护工作，已有多位会员荣获各级嘉奖，由自然之友会员发起创办的 NGO 已有十多家。历经十年的创立与发展，自然之友成为中国具备良好公信力和影响力的环境 NGO，对中国环保事业和公民社会的发展做出了贡献，并已成为标志性组织之一。

1. 愿景

以环境教育和自然保护为基石，建立和传播具有中国特色的绿色文化，促进可持续发展事业。

2. 目标

具备良好的公信力，创建公众参与环境保护的平台，培育中国民间环保力量。

3. 定位

推动完善公众参与的理念、制度、途径和进程，敏锐有力地发现中国可持续发展事业中的前沿课题，集合自身和各方力量推动观念、知识传播、推进制度的创新和实践，创建成为一个集调研、倡导和行动的公共平台。

4. 优先行动领域

环境教育，自然保育，公众参与。

5. 宗旨与活动

"自然之友"以推动群众性环境教育、提高全社会的环保意识、倡导绿色文明、促进中国的环保事业以争取中华民族得以全面持续发展为宗旨。

"自然之友"支持中国政府、社会组织及个人，一切有利于环境保护及社会持续发展的政策、措施和活动，并愿与它(他)们合作；同时，根据条件，对与此相悖的不环保行为进行监督、批评、揭露和吁请有关方面予以制止。

"自然之友"开展环境保护方面的国际(地区间)民间合作；根据条件，参与全球性环境保护活动。

"自然之友"开展环保教育、传播绿色文明的主要方式和手段：学校课外教育、各种形式的成人教育、出版物、美术和音像作品、大众传媒、群众性活动等，特别注重通过各类活动在青少年中培养环境意识。

"自然之友"根据条件支持和组织会员开展环境科学和环境理论研究、收集环境信息，进行社会调查，以为其环保活动提供依据，并提高团体自身水平；通过各种方式，开展会员间的联谊和交流。

6. 近年来开展的主要项目和活动

(1)环境教育类：美化环境行动，羚羊车项目，绿色希望行动，绿地图项目，绿色文化论坛。

(2)自然保育类：保护地与公众参与，保护草原联合项目。

(3)绿色消费类：健康骑行，绿色选择。

(4)倡导行动类："蒲公英"小额资助项目，《自然之友通信》26 度空调节能行动。

(5)调查研讨类：白河行徒步考察，中国环境绿皮书，中韩荒漠化防治合作。

(6)其他："自然生活与思想"征文，绿色公益讲座，秦岭保护区社会调查，墨盒回收，夏至关灯活动。

1995 年，"自然之友"组织发起了保护滇金丝猴和藏羚羊行动，这是我国环境保护民间组织发展的第一次高潮。近年来，组织志愿者开展环境志愿服务活动，积极倡导公众以实际行动参与环境保护，开展社会监督；扶贫解困，推动发展绿色经济；关注弱势群体，维护社会公众的环境权益；保护生物多样性，为子孙后代留下更大的发展空间。

"自然之友"成长的十年，也是中国 NGO 蓬勃发展的十年。尤其是在大城市，许多人都知道了什么是非政府组织(NGO)，"自然之友"等民间环保组织的环境宽松了很多。

第二节　北京地球村

北京地球村环境教育中心(简称北京地球村)成立于 1996 年 3 月 7 日，是一个致力于公众环保教育的非营利民间环保组织，后于2004年4月12日注册为北京地球村环境教育中心。

1. 组织网站

www.gvbchina.org.cn。

2. 组织关注领域

可持续消费的理论与实践，绿色社区的建设与发展，生态修复与保护，青少年的环境教育与交流。

3. 地球村的宗旨

通过营造大众环境文化，促进中国可持续发展。

4. 组织使命

地球村的宗旨是通过倡行绿色生活、营建绿色社区、培育绿色传媒，来推动中国的生态文明建设。

5. 基本理念

地球是人类唯一的村庄，保护环境是每一个地球村民的责任。

6. 地球村做过的重要工作及社会影响

(1)地球村自1996年4月22日起在CCTV-7独立制作《环保时刻》。这个中国唯一的由民间环保组织制作的电视专栏每周播出一期，持续了5年，以可持续消费和可持续生产的大众教育为主题，并制作环境教育培训的系列光盘。2001年以来，改为在CCTV-10《绿色空间》和一些地方电视台不定期播出。地球村摄制组不仅着眼于中国的公民环保，还以草根组织特有的眼光，到十几个国家进行拍摄采访，介绍国际环保经验。

(2)地球村相继撰写和出版了一系列倡导绿色生活方式的读物，包括与国家环保总局合作的《公民环保行为规范》《儿童环保行为规范》以及《绿色社区指导手册》《绿色之声环保歌曲集》和环保教育培训的系列光盘，为环保走进生活和提高公民素质提供了大众教育的普及读物。

(3)地球村的环境教育始终立足社区。1996年，地球村帮助西城区大乘巷家委会建立了垃圾分类试点，并向各级政府送交垃圾分类提案，9年来一直努力推动垃圾分类和循环经济的公众教育和公众参与。1999年初，与宣武区政府和物业公司合作，在建功南里建立了绿色社区模式，即社区层面的环保设施和公民参与机制。2001年，北京市奥林匹克运动会申办委员会(简称"奥申委")采纳了地球村提出的绿色社区推广策划方案，使其成为绿色奥运行动计划的内容之一，并在绿色社区试点接待国际奥委会评估团，为北京申奥成功贡献力量。地球村绿色社区的理念和经验已得到政府和社会比较广泛的认可，并受邀在全国十几个省市进行绿色社区的讲演和培训。

(4)将生活环保和社区环保带进农村。1999年，地球村在延庆县井庄镇碓臼石村，租了2 800亩山林作为环境教育基地。农户实行垃圾分类，使用太阳能灯，种植无公害食品。摸索了"生态保护、环境教育、乡村建设、民俗旅游"四位一体的乡村可持续发展模式。城里人在亲近自然的同时接受多种形式的环境教育，又给贫困的村民带来了收入。这片有着山地、林地、湿地、荒野及山泉小溪和40多户农户的小山村，已发展成集农户环保、绿色旅游和环境教育培训为一体的生态区。

(5)地球村还通过一些大型公民活动来推广生活环保。地球村与全国诸多民间组织共同发起和组织的"2000地球日中国行动"，举办一系列的公民论坛和"中国地球周等公民行动"，让近千万的公民参与了以"倡导可持续消费，选择绿色生活"为主题的承诺活动。

同年，发起"绿天使行动"组建"绿天使艺术团"，北京83万小学生和他们的父母填写了由地球村和少工委发放的环保承诺卡，让绿色奥运、绿色生活的理念走进家庭；地球村与《中国音乐周报》合作的全国首届环保歌曲征集活动，在音乐界刮起了一股绿色旋风；出版环保歌曲集《绿色之声》，并出版发行环保歌曲光盘《地球村组歌——环保金曲》，《地球村组歌——绿天使专辑》；

2001年，地球村与中国消费者协会共同策划的《千万个绿色志愿者在行动调查承诺卡》，则对全国的消费者产生了影响。而"中国可持续消费论坛"使可持续消费由公民活动走上学术和政策研究的殿堂。

2002年，与中国消费者协会和太平洋经济合作发展委员会合办首届"中国可持续消费论坛"，讨论节约型循环型社会的可行性道路和消费者教育，促进消费者和生产者的绿色生活交流，帮助绿色产业的发展。

2002年，主办《关于可持续发展首脑会议的NGO座谈》，英国副首相出席；并在众多草根组织的支持协助下，组织了中国草根环保组织代表团参加在南非约翰内斯堡举行的"联合国可持续发展世界首脑会议"，为中国在国际社会的新形象起到积极的作用。

2003年，地球村在宣武区政府支持下发起将厨余垃圾分类投放的"绿袋子行动"，并帮助椿树园社区建立居民环境议事会。同年与东四奥林匹克社区共同推动绿色社区行动，让奥运精神走进社区。

从2003年开始与能源基金会合办可持续能源论坛，相继举办了关于快速交通、燃油经济性、家电节能等论坛；提供了记者与专家对话的平台，提升记者在推动国家可持续能源政策方面的专业能力。

2004年冬，在奥组委支持下将环保节能卡送进80家奥运签约酒店的40 000多个房间，帮助酒店进行节能教育，配合绿色奥运计划的实施。

2005年1月在铁道部、奥组委和保护国际的支持下共同实施"绿色列车"活动，将列车变成绿色奥运和绿色生活方式的流动课堂。

继2004年与其他环保组织共同发起了"26度空调节能行动"活动后，2005年，又发起"26度空调节能行动——2005我们承诺"活动，倡导了夏季使用空调，推进节约型社会。2007年，地球村与50家民间组织发起的"节能20%公民行动"共4次在十几个城市联合行动，直接受益人群上万人，受影响人群至少百万(仅昆明一个城市的"11·28减塑行动"就牵涉了全市所有的超市)。地球村和多家民间组织发起的空调节能行动为国务院所采纳，从而对于整个国家的空调温度乃至大众的生活都产生了积极的影响。

这些活动对于民间组织的专业能力的提升，公民意识和公民行为的改变乃至政府节能政策的推进，发挥了有效的作用。这些活动使我们每个公民都应该意识到：我们每个人都是环境灾难的制造者，也是环境灾难的受害者，更是环境灾难的治理者。每个公民都应该行使自己的环保权利与责任：关心环境质量、监督环境执法、参与政策建议、选择绿色生活。

地球村在做好绿色生活、绿色智库、绿色社区、绿色传媒这些方面的工作之外，还强调绿色伙伴。作为一个具有理论研究、影视制作、社区教育和国际交流综合能力的中国民间组织，北京地球村一直与政府有关部门保持良好的伙伴关系，通过可操作的模式，使我们的环保理念逐步影响政府主张，从而产生一定的影响力。地球村的工作同时受到国际社会和国际媒体的广泛关注。美国CNN有线电视、新闻周刊、英国路透、日本、挪威、加拿大、澳大利亚、瑞士等国家的媒体多次予以报道。1998—2000年期间，地球村成为全国环境基金会的首届民间组织联络站，2001年，受联合国环境署的委托成为中国NGO信息联络站。地球村是世界自然联盟教育委员会成员和亚太地区环境新闻工作者联盟成员，国际消除持久性有机污染物联盟在全球的第9个联络点，也是OECD年会唯一的中国民间环保组织代表，中国唯一一个参与Business For Environment的民间环保组织。

在通往绿色的道路上，北京地球村得到了来自政府、企业、基金会、媒体、专家和NGO姐妹们的支持。他们将继续努力，提升政策建议的实力，提供企业社会责任培训，提高草根行动和公众影响的能力，与更多的绿色伙伴一路同行！

第三节　北师大“农民之子”社团

一、“农民之子”社团概况

北京师范大学（北师大）“农民之子”——中国农村发展促进会，自1999年成立起即以促进消除城乡差距、推动社会公平进步为己任，其宗旨为团结关注中国农村社会发展的在校大学生及社会有识之士，以知识帮助农村、建设农村，在实践中增强大学生的社会责任感和忧患意识；调动全社会对广大农村的热情关注，最终促进以人为中心的农村可持续发展事业的实现。

“三农”问题即农民、农村、农业问题一直是中国的重要问题。自20世纪90年代中期甚至更早开始，农村的发展以及农业的发展（主要是广大的中西部地区）已处于相对停滞状态，在某些方面甚至出现倒退；大量农村人口涌入城市，成为边缘群体。然而鉴于中国农村人口和面积的分量，中国最终的现代化必然需要农民、农村、农业的现代化，需要城乡和谐发展。因此，中国的“三农问题”引起了国人乃至世界的关注，成为社会各阶层、各界有识之士瞩目的焦点。相当多的有志大学生组织参与了一系列有关“三农问题”的调查。也正是在此基础上，北师大几位志同道合的博士生、硕士生、本科生于1999年12月发起成立了农民之子——中国农村发展促进会，简称“农民之子”。

“农民之子”的成立及发展得到了北师大及北京兄弟院校广大学生的积极响应、支持与参与，得到了学校领导及社会各界的关怀和支持，在学术科研、流动儿童教育、民工教育、农村社会调研实践等方面付出了较大的努力，并取得了一定的成绩，已逐步发展成为一个集思想性、学术性、实践性和公益性于一身，具备一定影响力，全国知名的大型学生社团。2006年4月，“农民之子”社团被选为北京市高校系统实践社会主义荣辱观活动的8个优秀典型之一，被评为“以服务人民为荣”的榜样，获得“校园大使”称号。

二、社团常规活动

1. 农村调研实践

调研是“农民之子”社团的一个基本项目。“农民之子”社团从1999年至今，先后自己组织，与中央电视台、“k12教育网站”、国务院农村发展研究中心、国家统计局、中国改革杂志社合作组织了大学生假期农村调研，深入四川、湖北、山东、内蒙古、江苏、河北、河南、安徽、山东、吉林、贵州、湖南、陕西等广大农村地区，支农支教，并以调查报告的形式向上述机构反映了底层情况；参与编辑了多本《大学生支农调研报告集》，组织编写了《农村法律宣传手册》《农村农民减负手册》《大学生支农调研手册》等；发起并已连续作了3期“一帮一助学”活动，帮助数百名农村失学儿童继续上学；在学校内外引起了广泛影响。为更好地参与乡村建设，构建农村与外界的桥梁，社团中的成员也在实践中努力学习，提高自身理论水平，并积极寻找可扎根研究的农村定点，得以更扎实、深入而有建设性地调研和思考。

2.流动儿童教育

伴随着我国城市化进程的加快，大量农村人口迁移到城市定居，城市流动儿童的教育问题就越来越紧迫。“农民之子”在成立之始就同国务院发展研究中心合作开展对114所打工子弟学校的调查，为有关部门提供了大量的第一手资料，并由此开始组织了上百名大学生志愿者到多所打工子弟学校义务支教，给流动儿童带来了知识和信心。

为给孩子们更好地创造高质量成长环境，该社团还先后举办了三次“同在蓝天下”打工子弟学校文艺会演活动，举办流动儿童教育论坛，同中国劳动力资源研究会合作对打工子弟学校的校长进行培训，同中国陶行知研究会、奥尔夫音乐协会共同举办针对艺术教师的培训活动；创办面向打工子弟学校孩子、老师的报纸《布谷鸟》(前身为与首都师范大学晨曦社合办的《打工子弟之声》)；2002年儿童节，该社团向社会发出《关注流动儿童教育的倡议书》；2004年10月下旬至12月下旬举办“家乡·梦想·北京”——“龙门杯”北京首届打工子弟学校作文竞赛，呼吁尽早解决流动儿童教育问题，为这些孩子提供包括学校教育、家庭教育、社会教育在内的全方位支持；并自社团成立以来一直坚持在打工子弟学校开展心理状况、家庭教育情况调查，以及组织本校大学生进行支教活动，为促进打工子弟学校合法化，促进城市义务教育公平实现而努力。

3.打工者文化教育

大量农村人口流入城市，成为城市建设的主力军，但由于城乡差距，他们大多处于城市的边缘，承受着身份歧视，得不到合法权益的保障和维护，缺乏再学习的机会。“农民之子”深入城市中这一群体开展了教育培训、法律宣传、文娱联欢等活动，力求做他们与外界沟通的桥梁，为他们提供交流的平台，了解他们的需求，协助扩展其知识水平，增强其思维意识，促进他们与外界的平等对话。2000年开办“义务民工文化技术学习班”；2002年暑期与农友之家(前打工者文艺演出队)合作在北京师范大学举办“打工者法律与维权培训班”，受到建筑工人、绿化工人的欢迎；在2003—2006年组织了“农民之子——打工者交流培训”活动，内容涉及法律维权、家庭教育、心理健康等；与滋根基金会合作编写《进城打工者手册》，为打工者在城市更便利、更好地生活提供力所能及的帮助；组织开展“打工者生存状况调查”，了解他们问题、需求、真实状况，争取为政府部门的相关政策的制定和执行提供参考数据，并呼吁社会各界的关注。

4.开展学术研究，组织讲座、沙龙

三农问题的解决，需要不断提高学术水平、增强思想理论建设，并深入实践。“农民之子”于2000年6月承担了香港乐施会课题“农村外出劳动力在家子女受教育状况研究”和2000年11月，同北京天则经济研究所的合作课题“义务教育体制改革政策建议”；2001年1月与天村文化研究所合作，对山东古城村“村企合并案”进行了调研；2003年11月，组织调研队对北京市打工者生存状况作了深入的调查，并帮助民工讨要回工资数十万元；2004年5月，对吉林通榆地区的退耕还林情况进行了调查；2004年7月，参加全国大学生“单车骑行万里千村活动”，从北京骑车到安徽阜阳南塘村，全程1 200多公里，沿途宣传最新“三农”政策法规并对沿途村落《中央一号文件》的落实情况作了系列调查，并完成一系列相关报告。2005年11月至12

月，承接北京文化研究院的调研课题"北京外来务工人员精神文化生活状况调研"。历次调研活动都圆满完成了任务，提高了"农民之子"社团的科研能力和社会信誉。

为号召更多大学生关心、关注和了解三农，活跃校园学术气氛，积极宣传介绍与三农相关的国情和先进的理论研究，加强自身学习。著名学者茅于轼、温铁军、陆学艺、于建嵘、秦晖、党国英、李强等都曾经到我校做学术演讲，成为"农民之子"的良师益友，为社团思想建设和社会实践能力的提高起到很大的帮助作用。举办讲座的同时该社团也定期、不定期地开展学术沙龙，邀请专家、老师参与交流讨论，以加强思想的交流和学习。

三、大学生社团发展的优势和局限

1. 大学生社团发展的优势

大学生社团的优势其实就是大学生的优势：

(1)大学生特殊的社会地位所决定。人们认可、相信大学生社团所做的事情。

(2)大学生年轻，充满朝气和活力，了解国家和社会的最新状况，又具有最新的知识。

(3)大学生单纯，充满理想，没有世俗社会的急功近利。大学生志愿者参加活动是没有报酬的，还要投入较多的时间和精力。

(4)大学生没有太多的生活压力，这部分压力主要由自己的家庭来承担。

2. 大学生社团发展的局限

大学生社团发展的局限：

(1)成员流动性。这是大学生社团最大的局限，这种流动包括正常的新老换届，也包括一些由于学业繁重、兼职、个人兴趣转变等造成的成员流动。这个问题无法避免，因为大学生社团只是注册于学校的某个部门，并不具有独立的法人地位。大学生社团的成员也是凭着自己的兴趣而来，没有任何的经济报酬，而可能要付出很多，因而就不可能对他们具有强制性。另外现在的大学生深受社会的影响，尤其是社会不良风气的影响和市场经济的冲击，因此校园社团的发展现在面临很多困难。

(2)精力有限。不管是小学生还是大学生，都是学生，都应该以学业为主。而现在的大学生由于就业压力大而导致学业压力很大，不光要学专业课，还要学英语、计算机；不光要参加期中和期末考试，还要参加各种社会考试以获取各种证件。这种教育体制决定了社团能做的事情很有限。

(3)经费不足。现在一般大学社团很多，大部分属于团委主管。现在社团要搞活动，尤其是要搞一些比较大的活动，就要有一笔不小的开支。而经费所限往往使一些有意义的活动难以展开。大学生往往是单纯的消费者，让自己出经费做这些事情，数目较大的项目难以承担。

四、关于如何促进大学生社团发展的探讨

1. 如何处理大学生学习与社团工作的关系

要处理好这方面关系最好是能把学业和做社团工作有机结合起来，相互促进。如果做不到这一点则要处理好两者之间的时间分配，不能因为做社团工作而影响了学业，也不能因为以学业为重而不做任何社团工作。

2. 如何加强学生社团与社会力量的联系

大学生社团有自己的优势，但毕竟力量有限，也有很多局限。而社会力量，包括一些 NGO

组织、想做公益事业的商业组织、专家学者、热心人士等则力量要大得多，知名度也比学生社团大得多，拥有的资源（包括财力、物力、人力、权力等）更比学生社团多。当然这也不能一概而论。因此，要加强两者之间联系，促进两者之间的合作。

第四节　四川圣爱特殊儿童援助基金会

一、圣爱概况

四川圣爱特殊儿童援助基金会是由基督信徒开始创办的，政府独立注册的、具有法人资格的非营利民间慈善机构（NGO）。基金会在 1993 年就已经投资创办了成都圣爱幼稚园，为了能帮助更多的残障儿童，在国外友人的倡导下，1994 年 3 月向政府有关部门提出申请成立四川圣爱基金会，1994 年 12 月，经中国人民银行四川分行批准，报四川省民政厅注册登记，1995 年 2 月正式挂牌服务。1998 年更名为四川圣爱特殊教育培训中心（简称特教中心）。该基金会的宗旨是根据自身的能力尽心、尽性、尽意、尽力地爱人，联络海内外各界人士、慈善机构、教会、教友，以“人道博爱”为基石，以“慈善公益”为准绳，力所能及地为我国各民族的弱势人群，特别是残障儿童提供特殊的专业服务。基金会的目的主要是在海内外募集资金为我国 56 个民族的孤儿、残障儿童和其他弱势群体提供特殊教育、康复训练、职业培训、就业安置、老人服务等公益服务。

特教中心的服务范围主要是为中、重度自闭症、弱智、多重残障以及重度弱智者提供特殊教育及康复社区服务师资培训及家长培训和相关的咨询服务。其服务项目主要有特殊教育与康复训练，学龄阶段儿童随班就读先导计划，0～3 岁儿童早期教育，成人部（16 岁以上职业教育训练），该项目属中心独立的部门，在彭山设有独立的场所对成人部学员进行职业教育训练。

该基金会从成立起就得到了从政府各级领导及有关部门的关心、支持，特别是得到了国际慈善机构在经济、资源等方面强有力的援助，经历了从无到有，从弱到强，从一个非专业机构，发展成为一个在国内外都享有一定公信的专业机构，无论在社会工作和专业的特殊教育方面，都取得了一定的成绩。目前，该基金会在四川成都、云南已经创办为孤儿、残障儿童提供特殊服务的学校。15 年来，先后到该机构接受专业教育和培训的中、重度和极重度的残疾儿童 223 人，在“中心”康复后回家自理生活的 37 人，47 人通过训练回归正常学校学习，登记咨询要求到机构接受训练的 871 人，注册入学的 162 人，日前在校的 66 人（彭山就业基地的 12 人），新校舍建成后来学校的残障儿童 80 人。

二、发展历程

1993—1995 年创业期。1993 年创办全国第一家残疾儿童的“圣爱幼稚园”，由于当时缺乏特殊教育的专业人员，只能以养育残障儿童为主要目标进行工作。1994 年基金会注册、1995 年挂牌服务后，陆续得到国外基金会和专业机构的支持。学生由 7 人增至 20 多人，员工由 7 人增至 12 人。虽然经费极度紧张而短缺，专业理论和技能不足，但凭着爱心和信心，使学校逐步走向发展。

1995—1998 年发展期。1997 年基金会接受（美国）香港悉达基金会捐赠的人民币 200 万元、挪威政府国际合作与发展机构的 160 万元，用于购置新学校用地。1998 年正式迁入新校址，1999年挪威协力会开始了为期四年的正式援助，使得特教中心在以后的合作中得到了长足的发展和极大的提高，从一个非专业的保育机构成长为一个专业的教育机构。特教中心在教育教学和行政管理以及财务管理方面，有了很大的提升和改善，特别是培养了一个专业的教师团队和积累了大量的专业培训资料，为以后的专业化发展道路奠定了扎实和良好的基础，特教中心也成为多家机构首选的培训基地。这一时期有学生近50人，员工18人。学校在专业上有了极大的提高，并逐步形成了独特的教学模式。

1998年，基金会与国际机构去云南西部的迪庆、德钦、维西的藏族、傈僳族、纳西族、白族地区，四川东藏地区的乡城、理塘、雅江、巴塘、道孚藏区、牧区，深入到民众基层进行考察制订援助计划。

1999—2002年。1999年1月，挪威协力会开始了给基金会为期四年的援助计划。从1995年基金会挂牌服务后，特教中心首先就对凉山彝族自治州甘洛县和越西县两个无人看管的麻风村进行援助。1999年3月，日本文部省拨款给崎玉大学与特教中心合作，进行自闭症儿童"发育诊断的工具开发与自闭症残疾儿童发育症状之中日比较研究"。1999年，特教中心与美国慈善机构去西藏拉萨进行考察，并与自治区有关机构进行洽谈如何帮助当地的残障儿童及其他弱势群体。2000年11月决定在云南省德钦县霞若乡投资一所残障儿童及孤儿的福利特殊学校。2001年，雅江、理塘地震特教中心为灾区送去救援物资。2001年，当凉山州对外开放后，基金会通过法国国际助残的帮助，联系到德国在广州麻风病专门机构——广州汉达康复会，去凉山两个麻风村进行了检查。2001年11月，他们在彭山县投资四川省第一家专门为残障人士提供职业培训和就业安置的基地。2002年5月，基金会与荷兰国际援助基金会到马尔康、若尔盖发放救援物资和小额扶贫资金贷款。2002年3月，在美国机构的援助下，云南省德钦县霞若乡建立了第一所少数民族的特殊学校——云南省德钦县霞若圣爱特殊福利学校。

在这四年的发展中，特教中心有了巨大的变化，硬件方面增加了许多康复设施、设备和教学器材；教学管理、教师队伍建设、师资培训、学生教学活动和社会活动等方面都有了极大的改善；教师队伍的逐渐稳定，整体素质的普遍提高让机构在专业教学和管理上有了充足的保障；社会公益方面，为特别困难的家庭实行减免援助计划；在社区和家庭教育方面，提供家长培训和专题讲座，尤其在改善孩子和父母的亲子关系方面取得了明显的进步；特聘了特教泰斗——朴永馨教授——为专家组组长和顾问，邀请北京师范大学、华东师范大学、辽宁师范大学等学府的知名专家学者来校进行培训和讲课，同时拍摄和制作了特殊教育系列课程，使教师们可以不受空间和时间限制，接受长期而又正规的专业培训，并且开始为四川和云南的一些特殊学校提供专业支持；每月为家长提供系列讲座；特教中心已经在各个方面逐渐成为一个名副其实的培训中心，正朝着新的目标迈进。

2003—2006年。2003年，挪威协力会继续为特教中心提供为期三年的援助计划。挪威协力会的继续资助，保障了师资队伍的稳定，为学校持续发展创建了有利的条件，学校专业上的成长为各地各级机构提供了多种形式的培训。2003年，基金会为四川省残联引进350万元的援助资金，并到攀枝花、西昌地区进行残疾人康复扶贫援助考察与培训，同时配合成都市残联合作在成都市七大区进行残疾人社区康复工作和专业人员的培训工作。2003年与四川省教委合作进行特殊教育师资培训工作；2004年，基金会与美国雨水基金会到甘孜州九龙县捐赠轮椅车和贫困村民义诊；2005年，基金会与美国雨水基金会到云南德钦、维西、中甸县捐赠轮椅车给贫困村民义诊；2005年，成功转介两个学生进入普通小学分别就读四年级和五年级；另外在香港明爱(Caritas Hong Kong)的大力支持下，正式开始了早期教育项目，尝试寻求医疗和教育结合的模式，由儿科医生转介，然后由中心的特教老师评估后进行时段制的个别训练，不脱离普通幼儿园的生活和学习，取得了很好的效果，家长非常满意。2007年开始尝试做家庭教育计划。

2006年，挪威协力会又提供了为期两年的援助计划。但在实施过程中由于经费的缩减使学校的发展受到了一些限制。又遭遇学校校址拆迁，更使得学校雪上加霜，在生源和教学上受到极大的影响。2006年5月，学校不得不迁往三环路的一个农家院，因此，增加了很多不安全和不稳定因素。截至2007年，又遭遇了通货膨胀，物价大幅度提高的窘况，学校再次面临经济困难而难以谈到未来。尽管如此，学校的教师还是非常尽力，努力保持教学质量，保证孩子的安全和生活，并在早教项目中尝试开展家庭训练模式。另外基金会也努力争取和别的机构合作开展师资培训或进行项目合作。

15年来，基金会资助国内专家来川进行专业培训11次，引进国外专家义务来四川进行专业培训23次。基金会从1995年开始到2007年连续12年坚持到凉山甘洛、越西、冕宁麻风病进行援助工作。新中国成立50周年时，圣爱基金会作为“四川的精神文明典范”载入我国50年发展史册，这是极高的荣誉，更是一个奇迹。

专业名词中英文对照

环境教育	Environmental education
基金会	Foundation
大学生社团	University student associations
环保民间组织	Environmental Protection NGOs(Non-Government Organization)

思　考　题

1. 自然之友体现我国环保民间组织改革和发展的哪些趋势？
2. 环保民间组织的主要作用有哪些？
3. 你对加入大学生志愿组织如何看待？
4. 大学生社团应当怎样走出困境？谈谈你的看法。
5. 从圣爱的发展历程中，对中国NGO的发展有什么启示？谈谈你的看法。

参 考 文 献

[1] 王名,等.中国社团改革——从政府选择到社会选择[M].北京:社会科学文献出版社,2001.
[2] 徐晓林.中国公共管理研究精粹[M].武汉:武汉出版社,2003.
[3] 何增科.公民社会与第三部门社会[M].北京:社会科学文献出版社,2000.
[4] 王名.非营利组织概论[M].北京:中国人民大学出版社,2003.
[5] 郭国庆.现代非营利组织研究[M].北京:首都师范大学出版社,2001.
[6] 里贾纳 E 赫兹琳杰.非营利组织管理[M].北京:中国人民大学出版社,2001.
[7] 陈晓春.非营利组织营销学[M].长沙:湖南人民出版社,2003.
[8] 龚志民.消费经济学前沿[M].北京:经济科学出版社,2002.
[9] 文军,王世军.非营利组织与中国社会发展[M].贵阳:贵州人民出版社,2004.
[10] 朱政.治理视野中的中国行政改革[J].上海师范大学学报:社科版,2003(2).
[11] 黄恒学.公共经济学[M].北京:北京大学出版社,2003.
[12] 席恒.公与私:公共事业运行机制研究[M].北京:商务印书馆,2003.
[13] 哈罗德 孔茨,海因茨 韦里克.管理学[M].10版.北京:经济科学出版社,1998.
[14] 欧文 E 休斯.公共管理导论[M].北京:中国人民大学出版社,2001.
[15] 史蒂文 科恩,威廉 埃米克.新有效公共管理者[M].2版.北京:中国人民大学出版社,2001.
[16] 保罗 C 纳特,罗伯特 W 巴可夫.第三部门组织的战略管理——领导手册:中文版[M].北京:中国人民大学出版社,2001.
[17] 王乐夫.领导学——理论、实践与方法[M].广东:中山大学出版社,1999.
[18] 程昔武.非营利组织治理机制研究[M].北京:中国人民大学出版社,2008.
[19] 秦志华.人力资源总监(教学参考)[M].北京:中国人民大学出版社,2004.
[20] 吴东民,董西明.非营利组织管理[M].北京:中国人民大学出版社,2003.
[21] Joan E Pynes.公共与非营利组织人力资源管理[M].北京:清华大学出版社,2002.
[22] 郭玉华,杨宜音,应星.事业共同体——第三部门激励机制个案探究[M].杭州:浙江人民出版社,1999.
[23] 中国青少年基金会非营利组织研究委员会.扩展中的公共空间[M].天津:天津人民出版社,2002.
[24] 郑国安,等.非营利组织与中国事业单位体制改革[M].北京:机械工业出版社,2002.
[25] 赵曼主.人力资源开发与管理[M].北京:劳动与社会保障出版社,2003.
[26] 丁元竹,江汛清.志愿活动研究:类型、评价与管理[M].天津:天津人民出版社,2001.
[27] 吕珈,金明争.非营利组织财务管理基本理论研究[J].财经界,2008(2).
[28] 石宏.非营利组织预算管理研究[D].青岛:山东农业大学,2004.
[29] 李晨苗.试论非营利组织的财务控制[J].中国农业会计,2008.

[30] 陈昌柏.非盈利机构管理[M].北京:团结出版社,2000.
[31] 苗丽静.非营利组织管理学[M].大连:东北财经大学出版社,2006.
[32] 吴建安.市场营销学[M].3 版.北京:高等教育出版社,2007.
[33] 吴冠之.非营利组织营销[M].2 版.北京:中国人民大学出版社,2008.
[34] 王方华,周洁如.非营利组织营销[M].上海:上海交通大学出版社,2005.
[35] Berk, R A & Rossi, P H 1990. Thinking about Program evaluation. Newbury Park, CA: Sage.
[36] Chelimsky, E. Shadish, W R,(Eds.). Evaluation for the 21st century: a handbook. Thousand Oaks, CA: Sage Publications,1997.
[37] Whitmore E. Understanding and practicing participatory evaluation. San Francisco: Jossey-Bass,1998.
[38] 彼得德鲁克.非营利机构的经营之道[M].余佩珊,译.台北:远流出版社,1994.
[39] 邓国胜.非营利组织评估[M].北京:社会科学文献出版社,2001.
[40] 杨团,唐钧.非营利机构评估[M].北京:华夏出版社,1998.
[41] 英国海外开发署.发展中国家项目评估指南[M].北京:中国计划出版社,1996.
[42] 朱庆芳,吴寒光.社会指标体系[M].北京:中国社会科学出版社,2001.
[43] 王革非.战略管理方法[M].北京:经济管理出版社,2002.
[44] 陈莽.非营利组织战略管理问题研究[M].哈尔滨:黑龙江人民出版社,2003.
[45] 黄浩明.非营利组织战略管理[M].北京:中国人民大学出版社,2003.
[46] 王绍光.多元与统一[M].杭州:浙江人民出版社,1999.
[47] 陈振明.什么是政府的社会管理职能[J].东南学术,2005(4).
[48] 张洪武.非营利组织:社区建设的重要平台和依托[J].中共天津市委党校学报,2006(2).
[49] 陆明远.非营利组织发展与中国城市社区建设[J].学会,2005(8).
[50] 郭小聪,文明超.合作中的竞争:非营利组织与政府的新型关系[J].公共管理学报,2004(1).
[51] 朱莉 费希尔.NGO 与第三世界的政治发展[M].北京:社会科学文献出版社,2002 年.
[52] 赵曙明.我国管理者职业化胜任素质研究[M].北京:北京大学出版社,2008.
[53] 保罗 萨缪尔森,威廉 诺德豪斯.经济学[M].北京:经济学院出版社,1996.
[54] 李亚平,于海.第三域的兴起:西方志愿工作及志愿组织理论文选[M].上海:复旦大学出版社,1998.
[55] 唐俊辉,唐重振.试析非营利组织的人力资源管理[M].人才开发,2005.
[56] 中国青年志愿者 http://www.zgzyz.org.cn/volunteer
[57] 中国社区志愿者 http://www.cnvolunteer.org/
[58] 中国项目管理网 http://www.project.net.cn/
[59] 中国项目管理资源 http://www.leadge.com/

[60] [illegible]，2006.
[61] [illegible]：[illegible]出版社，2006.
[62] [illegible]
[63] [illegible]，2006.
[64] [illegible]
[65] Hinck, R. A. & Ross, [illegible]
[illegible] Sage.
[66] [illegible] Evaluation for the 21st century: a handbook [illegible]
Thousand Oaks, CA: Sage Publications, [illegible]
[67] Whitmore, [illegible] and [illegible] evaluation [illegible]
[illegible]
[68] [illegible]
[69] [illegible]
[70] [illegible]
[71] [illegible]
[72] [illegible]
[73] [illegible]
[74] [illegible]
[75] [illegible]
[76] [illegible]
[77] [illegible]
[78] [illegible]
[79] [illegible]
[80] [illegible]
[81] [illegible]
[82] [illegible]
[83] [illegible]
[84] [illegible]
[85] [illegible]
[86] [illegible]
[illegible]
[87] [illegible]
[88] [illegible] http://www.[illegible]
[89] [illegible] http://www.[illegible]
[90] [illegible] http://www.[illegible]
[91] [illegible] http://www.[illegible]